UTB **2645**

Eine Arbeitsgemeinschaft der Verlage

Beltz Verlag Weinheim · Basel
Böhlau Verlag Köln · Weimar · Wien
Wilhelm Fink Verlag München
A. Francke Verlag Tübingen und Basel
Haupt Verlag Bern · Stuttgart · Wien
Lucius & Lucius Verlagsgesellschaft Stuttgart
Mohr Siebeck Tübingen
C. F. Müller Heidelberg
Ernst Reinhardt Verlag München und Basel
Ferdinand Schöningh Verlag Paderborn · München · Wien · Zürich
Eugen Ulmer Verlag Stuttgart
UVK Verlagsgesellschaft Konstanz
Vandenhoeck & Ruprecht Göttingen
Verlag Recht und Wirtschaft Heidelberg
VS Verlag für Sozialwissenschaften Wiesbaden
WUV Facultas Wien

Jürgen Erfurt

Frankophonie

Sprache – Diskurs – Politik

A. Francke Verlag Tübingen und Basel

Jürgen Erfurt, Jahrgang 1954, ist Professor für Romanische Philologie (Linguistik) an der Johann Wolfgang Goethe-Universität Frankfurt/Main.

Bibliographische Information der Deutschen Bibliothek

Die Deutsche Bibliothek verzeichnet diese Publikation in der Deutschen Nationalbibliographie; detaillierte bibliographische Daten sind im Internet über <http://dnb.ddb.de> abrufbar.

© 2005 · Narr Francke Attempto Verlag GmbH + Co. KG
Dischingerweg 5 · D-72070 Tübingen
ISBN 3-7720-3376-8

Gedruckt auf chlorfrei gebleichtem und säurefreiem Werkdruckpapier.

Internet: http://www.francke.de
E-Mail: info@francke.de

Einbandgestaltung: Atelier Reichert, Stuttgart
Satz: NagelSatz, Reutlingen
Kartografie: Walter Budziak, Hattersheim
Druck und Verarbeitung: Hubert & Co., Göttingen
Printed in Germany

UTB-ISBN 3-8252-2645-X

Vorwort

Die Jahreszahlen 2004 und 2008 gelten im französischsprachigen Kanada und besonders in Québec als denkwürdig. Gedacht wird der vierhundertjährigen Geschichte französischer Sprache und Zivilisation in Nordamerika. Blieb die Inbesitznahme der neuen Welt 1534 durch JACQUES CARTIER im Auftrag des Königs von Frankreich zunächst noch folgenlos, gründen 1604 der Seefahrer SAMUEL DE CHAMPLAIN und seine Mitstreiter den Handelsstützpunkt Port-Royal (jetzt Annapolis) im heutigen Neu-Schottland (Nouvelle-Écosse/Nova-Scotia) und leiten die Kolonisierung in der *Nouvelle-France* ein. Den Sankt-Lorenz-Strom aufwärts erkundend, legen sie 1608 den Grundstein für die Stadt Québec. Warenumschlagplatz und Exporthafen, administratives und religiösen Zentrum sowie Ausgangspunkt für die weitere Erschließung des nordamerikanischen Kontinents, stehen Port-Royal und vor allem Québec am Anfang eines wechselvollen Prozesses der Verbreitung des Französischen in der Welt. Die Frankophonie *ante literam* nimmt von da an ihren Lauf. In den folgenden vier Jahrhunderten, getrieben von der kolonialen Konkurrenz mit Großbritannien und der Verwirklichung eigener hegemonialer Ziele, erlebt Frankreich Aufstieg und Niedergang seiner Kolonialreiche. Zur kolonialen Hinterlassenschaft zählen nicht nur die bis heute komplizierten politischen, ökonomischen und kulturellen Beziehungen zu den Staaten und Gebieten des einstigen Imperiums. Dazu gehört auch die Hinterlassenschaft seiner Sprache als dem Medium, von dem sich Frankreich und auch Belgien – vom späten 19. bis Mitte des 20. Jh.s die zweite französischsprachige Kolonialmacht – die dauerhafte kulturelle Bindung der kolonialen Untertanen an das Mutterland versprachen. Doch schon bevor sich die Niederlage der französischen Kolonialpolitik abzeichnet, bringen Intellektuelle aus Afrika und den Antillen einen antikolonialen Diskurs in Umlauf, der wenige Jahrzehnte später politische Realität erlangt. Darin nehmen Ideen wie die von Kooperation und Solidarität, von *négritude* und *métissage culturel* sowie vom Französischen als cinem wenn auch ambivalenten, so doch verbindenden Element zwischen Staaten und sozialen Eliten einen zentralen Platz ein. Auch diese andere Geschichte von französischer Sprache und Französischsprachigkeit in

der Welt ist eine wechselvolle und konfliktreiche zugleich. Als
Institution der internationalen politischen Beziehungen strebt die
Francophonie nach der Rolle eines global players. Doch gerät sie
damit nicht – so ist zu fragen – nach ihrem Aufstieg in den achtziger und neunziger Jahren an die Grenzen dessen, was sie selbst in
der Transformation ihres ursprünglich kulturellen Paradigmas in
ein politisches überhaupt verkraften kann? Zuversichtlich blickt
indessen die politische Francophonie nach vorn. Bei ihrem kürzlich
in Ouagadougou (Burkina Faso) abgehaltenen 10. Gipfeltreffen
bestimmte sie die Stadt Québec zum Austragungsort des 12. Gipfeltreffens im Jahre 2008 – in Würdigung der vierhundertjährigen
Geschichte französischsprachiger Kultur in Nordamerika.

Dieses Buch versteht sich als eine Einführung in die komplexen
Zusammenhänge von Sprache, Nation und Herrschaft, von Kolo-
nialismus und Postkolonialismus, von Multikulturalität, gesell-
schaftlicher Modernisierung und Globalisierung. Wie so viele
Bücher verdankt auch dieses seine endgültige Fassung der Unterstützung von Freunden und Kollegen. Herzlich danken möchte ich
Klaus Bochmann (Universität Leipzig), Gabriele Budach (Johann
Wolfgang Goethe-Universität Frankfurt/M.), Georg Kremnitz
(Universität Wien), Normand Labrie (University of Toronto) und
János Riesz (Universität Bayreuth), die das Manuskript des Buchs
gründlich und kritisch durchgesehen und mit zahlreichen Kom-
mentaren zu seiner Verbesserung beigetragen haben. Mein besonderer Dank gilt Tatjana Leichsering (Frankfurt/M.), die eine
frühere Fassung des Manuskripts mit den Augen einer Studentin
gelesen und kommentiert hat. Arno Scholz (Universität Stuttgart)
und Sabine Kube (Paris) haben mich mit ihren Erfahrungen bei
der Abfassung der Fallstudien zum *Rap* und zum *Nouchi* unterstützt. Meine Mitarbeiterinnen Ulrike Klemmer, Elisabeth Schultes
und Melanie Kunkel haben an der Herstellung der Grafiken und
Tabellen mitgewirkt und Korrektur gelesen. Tanja Kraft-Leicht-
weiss und Tatjana Leichsering trugen zum Aufbau einer bibliographischen Datenbank zur Frankophonie bei. Zu danken habe ich
dem Grafiker Walter Budziak (Frankfurt/M.) für die anschauliche
Gestaltung der Karten zu den frankophonen Räumen. Schließlich
möchte ich Jürgen Freudl (Tübingen) Dank sagen, der als Lektor
den Band betreut hat.

Frankfurt am Main, im Januar 2005   Jürgen Erfurt

Inhalt

Verzeichnis der Siglen und Akronyme

ACCT	Agence de coopération culturelle et technique
AEF	Afrique équatoriale française (auch: A.E.F.)
AFI	L'Année francophone internationale; Jahrbuch zur Frankophonie, hrsg. an der Université Laval in Québec, 1992 ff.
AIF	Agence intergouvernementale de la Francophonie
AIMF	Association internationale des maires et responsables des capitales et des métropoles partiellement ou entièrement francophones
AIPLF	Assemblée internationale des parlementaires de langue française
A.O.F.	Afrique occidentale française (auch: AOF)
AUF	Agence universitaire de la Francophonie
AUPELF	Association des universités partiellement ou entièrement de langue française
CFA	Communauté financière africaine – Afrikanische Franc-Zone
CFP	Communauté financière pacifique – Pazifische Franc-Zone
CIFDI	Centre international francophone de documentation et d'information de l'AIF
CIS	Comité international du suivi – Komitee zur Nachbereitung der Beschlüsse der Gipfelkonferenzen der Francophonie
CMF	Conférence ministérielle de la Francophonie
CODOFIL	Conseil pour le Développement du Français en Louisiane
CONFEJES	Conférence des ministres de la Jeunesse et des Sports des pays d'expression française
CONFEMEN	Conférence des Ministres de l'Éducation des pays ayant le français en partage
CONFEMER	Conférence des ministres de l'Enseignement supérieur et de la Recherche
CPF	Conseil permanent de la Francophonie
D.O.M.	Département d'outre-mer français (auch: DOM) – Französisches Übersee-Departement
FCFA	Franc der Communauté financière africaine (Währung)
FCFP	Franc der Communauté financière pacifique (Währung)
FF	Franc français (Währung)
FMU	Fonds multilatéral unique
FPA	Français populaire d'Abidjan

FPI	Français populaire ivoirien
HCF	Haut Conseil de la Francophonie
k. A.	Keine Angabe
OIF	Organisation internationale de la Francophonie
ONG/OING	Organisation (internationale) non gouvernementale; Nichtregierungsorganisation
T.O.M.	Territoire d'outre-mer français (auch: TOM) – Französisches Überseeterritorium
TV5	Internationaler französischsprachiger Fernsehkanal
UAM	Union africaine et malgache
UREF	Université des réseaux d'expression française

Verzeichnis der Karten, Abbildungen und Tabellen

1 Verzeichnis der Karten

2 Verzeichnis der Abbildungen

3 Verzeichnis der Tabellen

KAPITEL 1

Frankophonie, Französisch, Französischsprachigkeit: einleitender Überblick

1 Leitfragen, Gegenstand, Probleme, Thesen und die Struktur des Buches

1 Leitfragen

Dieses Kapitel hat zur Aufgabe, einen einleitenden Überblick über das Phänomen der Frankophonie zu geben und einige Fragen seiner Erforschung zu erörtern. Wie wir bei der Lektüre dieses Buchs sehen werden, ist die Frankophonie ein hoch komplexes soziales Phänomen, das mit dem Sachverhalt, Französisch zu sprechen oder diese Sprache in einzelnen Bereichen der gesellschaftlichen Organisation zu verwenden, nicht vollständig erfasst wird. Es gilt folglich der Frage nachzugehen, was Frankophonie bedeutet und welcher Zusammenhang zwischen Frankophonie, französischer Sprache und Französischsprachigkeit besteht. Weiterhin: Wie stellt sich die Dialektik von Einheit und Verschiedenheit in der Frankophonie dar? Und dazu vergleichend ist die Frage zu beantworten: Für welche anderen Kulturen gilt eine ähnlich vielräumige Verbreitung und was unterscheidet sie von der Frankophonie?

2 Gegenstand

Mit den Leitfragen ist bereits umrissen, was der Gegenstand dieses Kapitels sein soll. Es geht darum, in die Problematik der Frankophonie-Studien einzuführen und eine Reihe von Fragestellungen und Blickrichtungen zu entwickeln, die den Facettenreichtum der Frankophonie begreifbar werden lassen. Im Kern läuft die Darstellung darauf hinaus, zu zeigen, dass die Frankophonie heute sowohl als sprachlich-kultureller Raum französischsprachiger Gemeinschaften mit ihren Ideologien und Interaktionsformen wie als staatenübergreifendes politisch-institutionelles Gefüge von weltweiter Dimension zu verstehen ist. Jedoch sind diese beiden Seiten von Frankophonie nicht deckungsgleich. So geht es darum, die Frankophonie in ihrer Heterogenität, Dynamik und inneren Widersprüchlichkeit und gleichzeitig in ihrer Rolle als global agierender Akteur der politischen, wirtschaftlichen und kulturellen Beziehungen darzustellen. Es ist dies ein lohnendes Ziel im Begreifen dessen, wie sich Prozesse der Globalisierung in einer Vielzahl von Spannungs- und Konfliktfeldern artikulieren und welche Rolle ein kulturelles Phänomen wie die Sprache in der sozialen Organisation von Gemeinschaften, Staaten und Staatenbündnissen spielt.

3 Probleme

Historizität
Der mit diesem Buch intendierte einleitende Überblick über das Phänomen der Frankophonie muss als historische Momentaufnahme gesehen werden, und dies in zweierlei Hinsicht. Zum einen wäre der Überblick vor zehn Jahren sicher ganz anders ausgefallen als heute, und in zehn Jahren wird er wiederum ganz anders aussehen, weil sich das Phänomen der Frankophonie in starkem Maße verändert und auch die Sichtweisen auf dieses Phänomen einem Wandel unterworfen sind. Zum anderen ist der Facettenreichtum der Frankophonie vor allem in den Diskursen greifbar, die sie generiert und von denen sie generiert wird. Neue Diskurse, z. B. der der Frankophonie als Akteur der Globalisierung, treten nicht einfach zu den älteren hinzu, sondern sie strukturieren unter Umständen das gesamte Diskursuniversum der Frankophonie neu. Das Problem dieser Momentaufnahme besteht darin, das Fließende in den Griff zu bekommen und das historisch Bedeutsame für die Zwecke einer Einführung herauszupräparieren.

(Inter-/Trans-)
Disziplinarität
Studien zur Frankophonie sind an den meisten Universitäten im deutschsprachigen Raum Teil der Romanistik, die ihrerseits – der Tradition des 19. Jh.s folgend – das Studium der Sprachen und Literaturen der romanischsprachigen Völker als ihre Aufgabe ansieht. Für die Romanistik jedoch ist die Frankophonie ein relativ neuer und keineswegs unproblematischer Gegenstand, so wie alle Studien, die im Bereich der *Neuen Romania* angesiedelt sind. So liegt der Akzent der Frankophonie-Studien auf den französischsprachigen Literaturen außerhalb Frankreichs und auf der Verbreitung, den Formen und Funktionen des Französischen in der Welt. Methodisch erfolgt also der Zugang zur Frankophonie meist über die Sprach- und die Literaturwissenschaft, neuerdings, wiewohl vereinzelt, auch über die Kulturstudien im Sinne der *area* oder der

cultural studies, wie sie beispielsweise in Frankreich-Studiengängen oder an Frankreichzentren in den Mittelpunkt getreten sind. Wenn das vorliegende Buch in wesentlichen Zügen einer sprach- und textwissenschaftlichen Vorgehensweise folgt, sei jedoch zugleich die Problematik angedeutet, die daraus resultiert. Die Frankophonie hat sich in den zurückliegenden zwei Jahrzehnten mehr denn je zu einer Realität der internationalen Beziehungen, der Ökonomie und der Politik transformiert. Über das Forschungsinteresse von Sprachwissenschaft und Literaturwissenschaft hinaus ist sie zu einem Feld der soziologischen, politikwissenschaftlichen, ökonomischen, demographischen, ethnologischen und anthropologischen Forschung geworden. Heute ist unübersehbar, dass Forschung und Lehre auf dem Gebiet der Frankophonie-Studien im Rahmen philologischer Betrachtung alleine nicht zu leisten sind und ohne inter- und transdisziplinäre Betrachtungen nicht mehr auskommen. Doch ist das Beharrungsmoment in akademischen Disziplinen groß. Die Studierenden möchte ich deshalb nachdrücklich ermuntern, über den Horizont des eigenen Fachs hinauszusehen und sich auf die komplexe Realität der Frankophonie mit einem "Blick über den Gartenzaun" einzustellen. Der vorliegende Band will dazu einige Anregungen geben.

Ein drittes Problem besteht darin, dass wir uns daran gewöhnt haben, das Studium der Literaturen und Kulturen der Völker nach dem Kriterium der Sprache zu organisieren. Dies ist zweifelsohne ein einfaches und bequem zu handhabendes Kriterium, das über weite Strecken relativ gut funktioniert, solange nämlich die Literaturen als in Nationalsprachen verfasste Nationalliteraturen betrachtet werden. Eine Kollision von einschneidender Bedeutung bahnte sich jedoch mit der Herausbildung der amerikanischen Literatur in den USA und ihrer Emanzipation gegenüber der englischen Literatur an. Sollte die in englischer Sprache verfasste amerikanische Literatur als solche ernst genommen werden, dann bestand und besteht eine Hauptschwierigkeit darin, zu bestimmen, was eigentlich das Amerikanische an ihr ist, weil eben auch nicht ohne weiteres zu sagen ist, was an der englischen Literatur das Englische ist. Ganz ähnlich verhält es sich mit der französischen Literatur. Was eigentlich ist französische Literatur und wie soll mit all jenen Texten in französischer Sprache von Autoren verfahren werden, die nicht in Frankreich, sondern in Afrika geboren und aufgewachsen sind und nun entweder in Afrika oder in Frankreich oder auch in Deutschland oder in Kanada leben und in französischer Sprache arbeiten? Werden diese Literaturen verstanden als *"littérature française"*, als *"la/les littérature(s) d'expression française"*, als *"littérature en français"*, als *"la/les littérature(s) francophone(s)"* oder eben auch als *"la/les littérature(s) africaine(s)"*? Es ist dies nicht nur ein Problem der literarhisto-

Klassifikation

1.1.3

rischen Klassifikation im Zusammenhang mit der Infragestellung des Konzepts der Nation und der Beziehung von Nation, Sprache und Kolonialismus. Besondere Schärfe erlangt dieses Problem im Zusammenhang mit sozialen und regionalen Identifikationsprozessen, die im Zuge von gesellschaftlicher Modernisierung, Migration, Neuverteilung von politischen Einflusssphären und Verschiebung von Grenzen große Bedeutung erhalten haben.

Französisch Ein vierter Problemkreis hängt damit zusammen, dass unter französischer Sprache und unter Französischsprachigkeit nicht nur recht Unterschiedliches verstanden, sondern mit diesen Unterschieden auch Politik gemacht wird. Was dies genau bedeutet und welche Probleme es sind, die mit einer bestimmten Vorstellung von französischer Sprache im Leben von Individuen und Gemeinschaften entstehen, wird im Weiteren ausführlich behandelt. Die zu diskutierenden Probleme betreffen die Vorstellungen von Sprache im gesellschaftlichen Raum, d. h. die sprachlichen Ideologien, die z. B. mit Kategorisierungen wie *les francophones, les francisants, les franco-dominants, les francophones de souche, les francophones occasionnels, la nouvelle francophonie* (vgl. dazu Kapitel 2 und 5) oder auch mit einer (Selbst-)Kategorisierung wie *"I'm French, but I don't speak French"* verbunden sind. Sie betreffen ebenso die Realitäten der Ausformung und die Funktionen von Sprache in den jeweiligen Gemeinschaften: Gibt es eine – und nur eine – französische Sprache? Oder sprechen nicht auch genügend Argumente dafür, so wie es B. Müller bereits 1975 formuliert hat, die Existenz von verschiedenen französischen Sprachen – den "Französischs" – anzunehmen, mit je unterschiedlichen Normen, in verschiedenen regionalen und sozialen Ausprägungen? Hinzu kommt, dass diese "Französischs" im Munde der Sprecher mehr oder weniger stark von den anderen Sprachen beeinflusst werden, die ebenfalls zum Repertoire der Sprecher gehören.

Französisch- Schließlich ein fünfter Problemkreis: Bedeutet Französischspra-
sprachigkeit chigkeit, dass das Französische als Muttersprache erworben wurde und es sich um einsprachige Sprecher handelt? Oder bezieht sie sich auch auf solche Sprecher oder Schreiber, die Französisch erst im Laufe ihrer Sozialisation als zweite oder dritte Sprache, als Sprache der Bildung, als interethnische oder internationale Verkehrssprache oder als Sprache des beruflichen Milieus gelernt haben und folglich – unter Einschluss des Französischen – mehrsprachig sind? Dabei ist die Fähigkeit, in der einen oder anderen Sprache etwas auszudrücken, meist recht unterschiedlich entwickelt.

Auf einer anderen Ebene, dieses Mal nicht auf der individuellen, sondern auf der gesellschaftlichen, erstreckt sich die Französischsprachigkeit auf Staaten oder Regionen in dem Sinne, dass das Französische als offizielle Sprache und die Staaten oder Regionen

1.1.3

als einsprachig oder als mehrsprachig gelten. Das bedeutet jedoch noch lange nicht, dass die in einem solchen Staat lebenden Menschen ebenfalls französischsprachig wären. Ein Blick nach Afrika genügt, um zu sehen, dass in den offiziell französischsprachigen Ländern durchschnittlich etwa 5–10 Prozent und nur selten mehr als 20 Prozent der Bevölkerung Französisch erlernt haben. Wie viele davon es tatsächlich sprechen und vielleicht auch schreiben können, wenn sie es nicht schon kurze Zeit nach dem Schulbesuch mangels Praxis wieder verlernt haben, steht auf einem anderen Blatt.

Zugleich wissen wir, dass die Unterschiede in der Art, Französisch zu sprechen, sehr groß sind. Ein Bauer in der Picardie, eine Angehörige der gebildeten Mittelschicht in Paris, ein französisch sprechender Bankangestellter in Dakar, eine Gymnasiastin in Abidjan oder ein Arbeiter in einer Brauerei in Montréal artikulieren sich auf sehr verschiedene Weise.[1] In der Sprachwissenschaft ist hierbei von Soziolekten die Rede. **Soziolekte** gehören wie Dialekte und der Standard zum Spektrum der Varietäten einer Sprache. In einem Soziolekt bündeln sich sprachliche Merkmale, die das Sprachverhalten der Sprecher als Angehörige einer bestimmten sozialen Gruppe kennzeichnen. Der Bauer in der Picardie, die gebildete Pariserin und all die anderen unterscheiden sich nicht nur danach, wie sie Französisch sprechen oder auch schreiben – so sie überhaupt schreiben können –, sondern auch, in welchen Sprachen sie ansonsten noch mündlich oder schriftlich kommunizieren und welche Identifikationsprozesse mit der jeweiligen Sprachpraxis verbunden sind. Welche Varietät des Französischen als die "richtige", die "angemessene" oder die "prestigeträchtige" gilt, wer als legitimer Sprecher des Französischen anzusehen ist, das sind Problemfelder, die nicht selten zu **Sprachkonflikten** führen. Da Sprachen oder Varietäten im Aufeinandertreffen ihrer Sprecher niemals gleich sind, sind sie auf einer symbolischen oder auch ganz lebenspraktischen Ebene der Anlass für Ungleichbehandlung, Abwertung oder Diskriminierung. Die Sprachpraxis ist also oft genug ein Konfliktfeld, auf dem
* um die mit Sprache verbundenen Normen und Bewertungen gekämpft wird,

Soziolekte und Sprachkonflikte

---

1 G. Mendo Ze illustriert diese Problematik anhand eines Beispiels aus Kamerun, wo je nach ethnischer Herkunft der Sprecher die Aussprache und auch der Wortschatz variiert: *"il porte* sera diversement prononcé. Le Bamiléké dira: *il pokte.* L'Ewondo dira: *il pouorte.* Le mot *commissaire* sera prononcé *commssaire* par un locuteur fulfulde. *Peuple* sera prononcé *Péplé* par un locuteur bassa [...] Faut-il vraiment parler de norme et par extension de faute ici? Difficilement! [...] on dit: *chaud* pour *un petit ami, arrêter* pour *tenir, calculer* pour *attendre (quelqu'un) au tournant, chantier* pour *gargote, préparer* pour *faire la cuisine"* (1999, 26).

- die Sprache das umkämpfte Symbol für vielschichtige ökonomische, ethnische, religiöse und andere soziale Konfliktlagen ist,
- um die soziale und ökonomische Reproduktion von Gemeinschaften und die Verwertung der kulturellen Ressourcen gerungen wird.

4 Thesen

Das dem Band in konzeptioneller Hinsicht zugrundeliegende Verständnis von Frankophonie lässt sich in Form von Thesen wie folgt formulieren.

Erstens: Frankophonie wird verstanden als ein sozialer, sich in kultureller Hinsicht stark unterscheidender und wandelnder Raum, der als solcher in seiner Multikulturalität und sozialen Dynamik zu beschreiben ist.

Zweitens: Die Frankophonie als sozialer Raum hat vielfältige Diskurse und Formen sozialer Konstruktion wie Herrschafts-, Dominanz- und Dependenzverhältnisse, Institutionen, Organisationen und Staatenbündnisse generiert und wird durch diese strukturiert.

Drittens wird die Frankophonie als ideologisches Gebilde begriffen, in dem eine Idee von Frankophonie (*la mission civilisatrice, l'État-nation, langue nationale* etc.) zirkuliert, die für vielfältige Interessen funktionalisiert wird, und in dem sie mit anderen Ideologien wie *métissage culturel, négritude* oder Formen des Rassismus oder der Assimilation konkurriert.

5 Aufbau des Buches

Kapitel

Kapitel 1 führt in das Thema des Buchs ein und breitet überblicksartig die Sichtweisen auf das Phänomen der Frankophonie aus. Zusammen mit den Kapiteln 6 und 7 bildet es eine Art Klammer um die vier thematisch akzentuierten Hauptkapitel. Die Ausführungen in **Kapitel 2** widmen sich der eingehenden Betrachtung dessen, was unter *la francophonie*, d. h. der Verbreitung des Französischen im geographischen und sozialen Raum, zu verstehen ist. Hierbei fließen Angaben zu den Funktionen der Sprache in den jeweiligen Gesellschaften ein. Dieses Kapitel mündet in eine Diskussion darüber, wie die Verschiedenartigkeit, die in der Praxis des Französischen im frankophonen Raum zu konstatieren ist, konzeptualisiert werden kann. Auf diese Weise wird die in Kapitel 1 begonnene Diskussion darüber, was Französischsprachigkeit und Frankophonie bedeuten und wie die Verbreitung der französischen Sprache in der Welt beschrieben werden kann, vertieft und abgerundet. **Kapitel 3** geht der Frage nach, warum eigentlich das Französische heute auf mehreren Kontinenten und in einer großen Zahl von Ländern verbreitet ist. Es lenkt den Blick auf die Geschichte und insbesondere auf den Zeitraum zwischen dem 16. und dem 20. Jh., in dem das Französische zunächst in Frankreich selbst und dann in Europa zur großen Kultursprache avanciert und – in gewisser Weise parallel dazu – als ein Instrument der französischen Kolonialpolitik in Nord- und Mittelamerika, Afrika, Asien und der Inselwelt des Pazifiks verbreitet wird. In **Kapitel 4** stehen der Prozess der Institutionalisierung der Frankophonie als politischer Organisation und ihre Transformation zu einem Akteur der internationalen Beziehungen und der Globalisierung im Mittelpunkt. In diesem Kontext wird die Bezeichnung *la Francophonie* verwendet. Es knüpft hierbei an die Ausführungen zu Sprache, Nation und Kolonialismus in Kapitel 3 an und arbeitet heraus, wie sich seit den 1960er Jahren, d. h. mit Beginn der Phase des Postkolonialismus, unterschiedliche Interessen von afrikanischen Ländern, von Kanada und Québec, von Belgien und Frankreich in einem Institutionalisierungsprozess bündeln. Daran bemerkenswert ist vor allem, dass in diesem Transformationsprozess eine neue *entente* von Staaten entsteht, die nicht mehr nur durch ihre Französischsprachigkeit und koloniale Vergangenheit als einigendes Band miteinander verbunden sind. Mehr und mehr treten gemeinsame Interessen auf den Gebieten der Wirtschaft, Kultur, Demokratie und Menschenrechte in den Vordergrund. In dieser *entente*, die selbst zu einem Akteur der Globalisierung aufsteigt, drückt sich die Kritik an der mit der Globalisierung einhergehenden Neuordnung der Märkte und der internationalen Beziehungen in der Forderung nach Erhalt der kulturellen Vielfalt aus. Die Frankophonie stellt somit ein Exempel dafür dar, welche Rolle dem kulturellen Paradigma, der Lokalisierung und Regionalisierung im Prozess der Globalisierung zukommt. **Kapitel 5** stößt mit einer Reihe von Fallstudien in eine Forschungslücke vor. Bislang existieren nur sehr vage Vorstellungen über die Zusammenhänge und Wechselwirkungen von politischer Francophonie und der sozialen Praxis in frankophonen Räumen. Wenn diese Lücke hier auch nicht zu schließen ist, so wird zumindest ein Weg gezeigt, wie die Problematik des Zusammenhangs von *Francophonie* und *francophonie* in den Griff zu bekommen ist. Anhand von vier Fallstudien wird illustriert, was es bedeutet, die Frankophonie als einen diskursiven Raum zu verstehen, in dem die Sprecher oder die Gemeinschaften ihre Französischsprachigkeit als Konfliktfeld wie als Feld der sozialen Identifikation, als historisches Gepäck wie als Projektionsfläche für globale Ambitionen erleben und gestalten. Das kurze **6. Kapitel** hat zum Ausgangspunkt, dass sich die Fran-

1.1.5

cophonie als soziale Konstruktion durchaus anders denken lässt, als es die Fakten momentan vorgeben. Was wäre also, wenn …? **Kapitel 7** enthält neben dem Literaturverzeichnis eine Vielzahl von Quellen sowie das *Savoir-faire* für weitergehende Beschäftigung mit dem Thema. Es bietet Anleitung für die Daten- und Literaturrecherche, um selbstständig einschlägige Literatur zu finden und die Möglichkeiten des Internets zu nutzen.

Argumentation

Der Aufbau der einzelnen Kapitel ist so gewählt, dass die Leserinnen und Leser sowohl die soziale Relevanz als auch die wissenschaftliche Problematik des jeweiligen Gegenstands erkennen können. Deshalb beginnt jedes Kapitel mit einem Abschnitt, in dem die zu behandelnden Leitfragen formuliert, der Gegenstand der Darstellung umrissen und Probleme der Darstellung und der Begrifflichkeit benannt werden. Es geht darum, das Bewusstsein dafür zu schärfen, warum der eine oder andere Sachverhalt überhaupt als ein Problem anzusehen ist. Dies mündet dann in die Formulierung von Thesen, die es im jeweiligen Kapitel mit einer Reihe von Argumenten und dem Beschreiben von Prozessen zu verifizieren und schließlich zusammenzufassen gilt.

Darstellung

Ein Hauptproblem der Darstellung besteht zweifelsohne darin, auf knappem Raum der hohen Komplexität des Themas Frankophonie gerecht zu werden. Bei aller erforderlichen synthetisierenden Präsentation wird jedoch darauf geachtet, die Anschaulichkeit und das Problembewusstsein nicht zu kurz geraten zu lassen. Tabellen, Karten und Übersichten zum einen und die sehr konkrete Arbeit an Textpassagen und an empirischem Material aus der aktuellen Forschung zum anderen sollen dafür sorgen, die Lektüre des Buchs zu erleichtern und die behandelten Probleme anschaulich zu präsentieren. Der knappe Forschungsabriss am Ende von Kapitel 1 und die Angaben im Anhang dienen der bibliographischen Orientierung auf diesem interdisziplinären Forschungsfeld.

Schreibweise

'Frankophonie' ist ein mehrdeutiges Wort. Zum besseren Verständnis dessen, von welcher Bedeutung im jeweiligen Kontext gerade die Rede ist, bietet es sich an, die verschiedenen möglichen Schreibweisen zu nutzen. So erscheint die deutsche Schreibweise von 'Frankophonie' in Zusammenhängen, in denen es in einem allgemeinen Sinn um den Sachverhalt der Französischsprachigkeit und die Verbreitung des Französischen in der Welt geht. Das französische Substantiv 'francophonie' – mit Minuskel – steht für die sozialen und kulturellen Räume, in denen das Französische praktiziert wird. Hingegen ist das mit Majuskel geschriebene französische Substantiv 'Francophonie' dem Phänomen der institutionalisierten politischen Frankophonie und ihrer internationalen Organisation vorbehalten.

1.1.5

2   Was bedeutet Frankophonie?

1   Begriffsgeschichte und Bedeutungen

Das Adjektiv *francophone* und das Nomen *la francophonie* sind noch ziemlich "junge" Wörter im Französischen. Der *Trésor de la langue française* (vol. 8, 1980, 1220b) führt als Erstbeleg eine Stelle im Werk des französischen Autors RAYMOND QUENEAU aus dem Jahre 1959 an. Der belgische Philologe MAURICE PIRON verwies jedoch schon 1970 darauf, dass von *francophone* und *francophonie* bereits am Ende des 19. Jh.s die Rede war. So führen heute nahezu alle Darstellungen zur Frankophonie den französischen Kolonialgeographen ONÉSIME RECLUS (1837–1916) als Erfinder dieser Wörter an, nicht selten allerdings, ohne darzulegen, in welcher Bedeutung und in welchem Kontext er sie verwendet. In seinem Buch *France, Algérie et colonies*, Paris 1880, und auch in späteren Werken wie *La France et ses colonies* entwirft er eine Klassifikation der Völker und Territorien auf der Basis der Sprache und im Hinblick darauf, welche Möglichkeiten zu ihrer Assimilation an die Kultur der Kolonialmacht Frankreich bestehen. Wenn dabei das Adjektiv *francophone* für *qui parle français* bzw. 'französischsprachig' steht, so benennt RECLUS mit *la francophonie* die Länder und Regionen, in denen das Französische verbreitet sei.[2] Allerdings war den Bezeichnungen, die O. RECLUS einführte, das Schicksal des Vergessens beschieden. Mehr Erfolg hatte zwischenzeitlich das Wort *francité*, um Eigenschaften auszudrücken, die mit der französischen Sprache und Kultur verbunden sind, die dem 'Französischsein'[3] zugeschrieben werden, so etwa bei ROLAND BARTHES, der in den *Mythologies* einen französischen General, der nach dem Waffenstillstand im Indochinakrieg zu seiner ersten Mahlzeit Pommes frites bestellte,

francophone/ francophonie

---

2   J. RIESZ kritisiert zu Recht die Arglosigkeit und historische Naivität, mit der O. RECLUS als "Erfinder" des Konzepts der Frankophonie gefeiert und in den Institutionen und in den Diskursen von Repräsentanten der Francophonie als eine Art Gründungsvater erwähnt wird. Übersehen werde dabei, so RIESZ, die Verachtung, mit der Reclus sein Konzept der Neuordnung sprachlicher Räume im französischen Kolonialreich gegen die anderen Kulturen propagiert: "Kaum irgendwo anders wird so unverhüllt ein Programm der 'Glottophagie' (L.-J. Calvet) verkündet […] Ein banalisierter Sozialdarwinismus, das 'Recht des Stärkeren' oder das 'Gesetz des Dschungels' werden hier ganz naiv auf den sprachlichen Bereich übertragen" (Riesz 1998, 129 f.).

3   Das Konzept der *francité* ist vor allem mit den Texten von LÉOPOLD SÉDAR SENGHOR in den sechziger Jahren bekannt geworden und verweist bei ihm auf die Werte, die mit der französischen Sprache und Kultur verbunden sind und von der "civilisation française" ausgehen, vgl. X. Deniau 1983/1995, 14; F. Massart-Piérard 1999, 6.

mit dem Satz karikierte: *"Le Général connaissait bien notre symbolique nationale, il savait que la frite est le signe alimentaire de la 'francité'"* (Barthes 1957, 89).

Konjunktur   Eine erste Konjunktur haben die beiden Bezeichnungen tatsächlich erst in den 1960er Jahren, die ein für die internationalen Beziehungen, und so auch für die Frankophonie, hochdramatisches Jahrzehnt darstellen. Wer allerdings die Idee der Frankophonie auf den Weg gebracht hat, ist eine auch in der Gegenwart noch immer kontrovers diskutierte Frage (vgl. Riesz 2003a). Fest steht zumindest so viel, dass sich viele Staaten in Übersee, als sie Anfang der sechziger Jahre ihre Unabhängigkeit von den Kolonialmächten Frankreich und Belgien erreichen, dafür entscheiden, das Französische als offizielle Sprache zu wählen. Gleichzeitig müssen sie ihre Beziehungen untereinander sowie zu Frankreich und Belgien neu definieren. Die Frage, die sich hierbei förmlich aufdrängt, ist die nach der Sprache, in der die neue Politik gestaltet werden soll. AUGUSTE VIATTE (1969, 5) schreibt in seiner Darstellung der Frankophonie-Diskussion in den frühen sechziger Jahren: *"Francophonie, francophone: les deux mots sont à la mode, comme les réalités qu'ils désignent et auxquelles l'opinion publique se réveille désormais"*. Überregionale Verbreitung verdankt die Idee einer Frankophonie vor allem afrikanischen Politikern wie dem damaligen tunesischen Präsidenten HABIB BOURGUIBA (1903– 2000), dem Präsidenten von Niger HAMANI DIORI (1916–1989) und besonders dem senegalesischen Präsidenten und Dichter LÉOPOLD SÉDAR SENGHOR (1906–2001), der sie Anfang der sechziger Jahre in zahlreichen programmatischen Reden und Schriften über die kulturellen Beziehungen zwischen Frankreich und dessen gerade in die Unabhängigkeit entlassenen Kolonien propagiert (vgl. Riesz 2003a, b, Schmitt 1990, Kolboom 2002; dazu ausführlicher in Kapitel 4). Eine wichtige Rolle werden hierbei auch Politiker aus dem französischsprachigen Québec spielen. Vor nunmehr reichlich drei Jahrzehnten hat der Begriff der Frankophonie die große politische Bühne erklommen und ist seither in der französischsprachigen Öffentlichkeit und den Medien hochfrequent. Auch im deutschsprachigen Raum kann das Wort Frankophonie seit Anfang der siebziger Jahre zumindest im akademischen Bereich als eingeführt gelten, seit an mehreren Universitäten (Mainz, Frankfurt/M., Bayreuth, FU Berlin) Lehrveranstaltungen und selbst eigenständige Studiengänge zur Frankophonie angeboten werden.

La francophonie   Der Terminus Frankophonie wird heute in mehreren Bedeutungen verwendet (vgl. AFI 1994ff.; Tétu 1997). Zum einen bezeichnet er die Gesamtheit der Völker und Sprachgemeinschaften – meist jedoch bezogen auf jene außerhalb Frankreichs –, die in ihrer alltäglichen Lebenspraxis immer oder partiell das Französische verwenden. Französischsprachige Gemeinschaften verteilen sich über

1.2.1

mehrere Kontinente: Europa, Nord- und Mittelamerika, Afrika und Asien. Im Französischen bietet sich zur Kennzeichnung dieser Bedeutung von Frankophonie die Schreibung *la francophonie* – mit kleinem f – an.

Eine zweite Bedeutung von Frankophonie erstreckt sich auf die internationale politische Organisation von Staaten und Regierungen sowie einer Vielzahl von Institutionen, die im Dienste der internationalen Organisation der Francophonie stehen. Im Französischen wird dieser Bedeutung von Frankophonie durch die Schreibung *la Francophonie* – mit großem F – Ausdruck verliehen. In dieser Organisation stellt das Französische – als Nationalsprache, offizielle Sprache, Sprache der internationalen Kommunikation, Arbeitssprache oder Kultursprache – das einigende Band dar. Die Ziele der Organisation sind primär politischer, wirtschaftlicher und kultureller Natur. Seit den 1990er Jahren gehören ihr auch Staaten wie Rumänien, Bulgarien, Moldova, Mazedonien, Albanien u. a. an (vgl. ausführlicher in Kapitel 4).

La Francophonie

Nach dem Zerfall des französischen und belgischen Kolonialreichs und mit der politisch-nationalen Emanzipationsbewegung in Québec Anfang der 1960er Jahre, gemeinhin als "Stille Revolution", *la Révolution tranquille,* bezeichnet, streben zunächst Politiker aus Afrika und Kanada eine Neuregelung der internationalen Beziehungen zwischen ihren Staaten und Frankreich an, für die der tunesische Staatschef HABIB BOURGUIBA das Bild eines *"Commonwealth à la française"* prägte. Entscheidend für den Aufbau der internationalen politischen Organisation der Francophonie war die 1969 in Niamey beschlossene Gründung der *Agence de coopération culturelle et technique* (ACCT) als einer Institution, die die Aktivitäten zwischen den französischsprachigen Staaten koordinieren sollte. 1986 fand auf Initiative des französischen Präsidenten F. MITTERRAND (1916–1996) erstmals ein Gipfeltreffen mit 42 Teilnehmern, darunter 16 Staatschefs und 10 Regierungschefs, statt. Es ist dies der offizielle Beginn eines Verstaatlichungsprozesses der Francophonie und der Schaffung eines internationalen Netzwerkes von Regierungen und staatlichen und nichtstaatlichen Organisationen, deren Gemeinsamkeit sich darin ausdrückt, dass sie alle die französische Sprache benutzen, *ayant en commun l'usage du français,* wie es offiziell lautet. Zu diesen seither alle zwei Jahre stattfindenden Gipfeltreffen der Staats- und Regierungschefs, den *Sommets de la Francophonie,* versammelten sich zuletzt Ende November 2004 in Ouagadougou (Burkina Faso) die Repräsentanten von 63 Staaten und Regierungen, darunter auch solchen, die nicht das Französische, sondern eine andere Sprache zur offiziellen Sprache haben.

Die Zeitschrift *L'Année francophone internationale* (AFI), aber auch andere Autoren (vgl. u. a. Tétu 1997, 14; Ager 1996, 1), ver-

L'espace francophone

1.2.1

wenden in ihren Publikationen, sozusagen übergreifend zu den beiden vorher genannten Bedeutungen, die Wortfügung *l'espace francophone*. Damit drücken sie eine Bedeutung von Frankophonie aus, die weder ausschließlich geographisch und politisch noch ausschließlich linguistisch begründet ist. *Espace francophone* nimmt auf eine kulturelle Orientierung Bezug, die durch die französische Geschichte, Sprache und Kultur inspiriert ist und sich in Affinitäten zu anderen frankophonen Ländern ausdrückt, ohne dass die jeweiligen Räume selbst frankophon sind. Es handelt sich somit also um eine Bezeichnung dominant ideologischer Natur, die sich auf anderssprachige Räume erstreckt, seien es slawische, romanische oder kreolische. Es ist dies eine Bedeutung von Frankophonie, die sich erst vor wenigen Jahren in Reaktion auf die Neuordnung der internationalen Beziehungen nach dem Zerfall der Sowjetunion und der sozialistischen Länder sowie der Beschleunigung des Globalisierungsprozesses etabliert hat.

Frankophonie als diskursiver Raum

Im vorliegenden Buch, insbesondere im Kapitel 5, kommt noch eine weitere Bedeutung von Frankophonie zum Tragen. Im Zusammenhang mit anthropologischen und soziolinguistischen Forschungen wird die Frankophonie als ein *diskursiver Raum* begriffen (zum Diskursbegriff vgl. Abschnitt 5.1.3). Dieser diskursive Raum entsteht dadurch, dass sich die sozialen Akteure in Bezug auf die Frankophonie positionieren und in ihren Diskursen über Frankophonie Ideologien, Identitäten und kulturelle Interessen artikulieren und konstruieren. Der diskursive Raum erweist sich oft als ein konfliktgeladenes Terrain, auf dem die sozialen Akteure ihre Positionen vortragen und verteidigen, ihre Interessenkonflikte austragen und letztlich auch ihre unterschiedliche Verwurzelung in der sozialen Ordnung zum Ausdruck bringen. Zu denken wäre hierbei an jene Bevölkerungsgruppen aus dem Maghreb oder aus Schwarzafrika, die als Migranten in französischen Großstädten leben und die *Banlieues* und *Bidonvilles* in Räume der Frankophonie verwandeln. Auf ein ähnliches Phänomen stoßen wir in Belgien oder in Kanada, wo frankophone Migranten mit seit langem ansässigen Frankophonen um historische und soziale Legitimation kämpfen, um die Verteilung von staatlichen Subventionen ringen und über die (Re-)Produktion des *"fait francophone"* streiten.

2   Das Spiel mit den Zahlen

Annahmen

Aktivisten der internationalen Organisation der Francophonie argumentieren gelegentlich mit Zahlen, nach denen weltweit über 200 Mio. Menschen französischsprachig seien. Die Académie française spricht 1987 gar von 500 Mio. Frankophonen (vgl. de

Robillard 2000, 85). Wie mögen diese gigantischen Zahlen zustande kommen? Offenbar sind in die Berechnung all jene Menschen einbezogen worden, die in offiziell frankophonen Ländern leben und deshalb in irgendeiner Weise mit dem Französischen konfrontiert sind. Oder aber sie beziehen sich auf alle Schüler und Erwachsenen, die weltweit irgendwann und irgendwie Französisch als Zweit- oder Fremdsprache gelernt haben. Über die tatsächliche Praxis des Französischen und die sprachliche Kompetenz der Sprecher sagen diese Zahlen allerdings wenig aus.[4] Sie weisen jedoch auf einen sehr grundsätzlichen Fragenkomplex hin, indem sie die Frage aufgreifen, wer eigentlich frankophon ist, wie man frankophon wird und was es bedeutet, als Frankophone/r in einer bestimmten Gesellschaft zu leben (vgl. Kapitel 5).

So viel scheint festzustehen: Französisch ist Erstsprache von ca. 75 Mio. Menschen: 82 Prozent der Bevölkerung in Frankreich, 23 Prozent in Kanada, 41 Prozent in Belgien, 18 Prozent in der Schweiz und 58 Prozent in Monaco sprechen als erste und oft auch als einzige Sprache Französisch. Hinzu kommen weitere "erstsprachig" Frankophone in den USA, in der Karibik, in Afrika, Asien und im pazifischen Raum. In der Mehrzahl der Länder, in denen Französisch offizielle oder kooffizielle Sprache ist, sowie in zahlreichen weiteren gehört es zum Repertoire von Millionen von mehrsprachigen Sprechern, die das Französische in der Schule oder auf der Straße erlernen und die es im Kontext der Verwaltung, des Gelderwerbs, des beruflichen Engagements, der Bildung und Wissenschaft oder der Medien verwenden. So gibt ein in Frankreich populäres Nachschlagewerk wie der "Quid" in der Ausgabe 2004 112,7 Mio. sog. *Francophones réels* und weitere 60,6 Mio. als *Francophones occasionnels* an (vgl. S. 965). Wie diese Zahlen ermittelt wurden, wird nicht angegeben. Rein demographisch gesehen, liegt die Zukunft des Französischen in Afrika, wo die Bevölkerungszahlen deutlich anwachsen. Zuverlässige Angaben zur Zahl der mehrsprachigen Menschen, zu deren sprachlichem Repertoire Französisch gehört, gibt es jedoch nicht. Sind es 30 Mio., 50 Mio. oder mehr? Können sie diese Sprache verstehen, einiges oder vieles auch ausdrücken und vielleicht sogar auch schreiben? Je höher die Zahl wird, desto problematischer werden die Kriterien für die Bestimmung des *fait francophone*. Allerdings ist es umgekehrt genauso problematisch anzunehmen, dass (nur) frankophon ist, wer die Sprache lesen und schreiben kann und sie so spricht wie ein Conférencier im französischen Fernsehen.

Zahlen

---

4   Vgl. R. Chaudensons grundsätzliche Kritik an der Kategorisierungspolitik französischer Institutionen wie des *Institut de Recherches sur l'Avenir du Français* (IRAF) und dessen Unterscheidung in "les francophones", "les francisants" oder "les francophones occasionnels", in Chaudenson 1997.

Im Weiteren sollen die oben eingeführten Bedeutungen von Frankophonie unter dem Aspekt von Einheit und Verschiedenheit betrachtet werden, wobei es gleichzeitig darum geht, Grundlagen für die nachfolgenden Darstellungen zu legen und das Verständnis von Frankophonie im Hinblick auf die darin enthaltenen Verhältnisse und Widersprüche zu entwickeln.

3 Einheit und Verschiedenheit in der Frankophonie

Französisch in der Kommunikation

Französisch ist die Erst- oder Zweitsprache von weit über 100 Mio. Menschen auf der Erde, und sehr viel mehr Menschen lernen es als erste Fremdsprache. Zugleich ist es die erste Fremdsprache in der englischsprachigen Welt. Es ist offizielle oder kooffizielle Sprache in 29 Ländern. In weiteren Ländern hat es zwar keinen offiziellen Status, dennoch ist es dort eine bedeutende Sprache für Teile der Bevölkerung, denken wir an Algerien, Marokko, Tunesien oder die USA. Es ist offizielle oder Arbeitssprache bedeutender internationaler Organisationen wie der UNO, der in Paris ansässigen UNESCO oder der Europäischen Union, es ist eine wichtige Sprache der Diplomatie, die Sprache des internationalen Postwesens und der Olympischen Spiele. Französisch zu sprechen bedeutet, großräumig über Ländergrenzen hinweg kommunizieren zu können; eine Sprache zu sprechen, die wichtiges Kommunikationsmittel der internationalen Beziehungen ist, die oft – doch keineswegs überall – als eine prestigeträchtige Sprache angesehen wird.

Einheit

Es sind dies lediglich einige Anhaltspunkte dafür, dass dem Französischen seitens der Aktivisten der Francophonie eine einheitsbildende Bedeutung zugeschrieben wird. Sprache verbindet, wie es heißt, und sie hat symbolische Bedeutung für die Identität der Gemeinschaft und die kulturellen und politischen Werte, die in ihr mitschwingen: Freiheit, Gleichheit und Brüderlichkeit als die großen Ideale der Französischen Revolution, der nachfolgenden bürgerlichen Entwicklung und der internationalen Menschenrechtsdiskussion; das Denken der französischen Aufklärer des 18. Jh.s; der Glanz und die Größe der französischen Höhenkammkultur in Architektur, Malerei, Musik usw. Es sind dies Topoi, die den Einheitsdiskurs der Frankophonie und die vielen Festreden ihrer Repräsentanten zieren, Gemeinplätze also, die die tatsächliche Ambivalenz geschichtlicher Ereignisse wie der politischen, wirtschaftlichen und kulturellen Verhältnisse im frankophonen Raum überdecken, jedoch als Werte und Ziele wohl keineswegs altmodisch geworden sind.

Die Einheitsbekundungen der frankophonen Welt nehmen eine sprachpolitische und ideologische Dimension an, wenn es darum

geht, das Französische als "bedrohte Sprache" zu konstruieren, als
eine Sprache, die sich der Konkurrenz des Englischen zu erwehren
habe und sich dessen rasch wachsender internationaler Verbreitung
beugen müsse. Und nicht nur von außen her sei sie eine bedrohte
Sprache, sondern auch von innen, durch die Sprecher selbst, die sie
durch die Verwendung von Anglizismen in ihrer "Reinheit" beein-
trächtigen würden. Noch weitergehend, heißt es, sei mit der Bedrohung der Sprache vor allem die Bedrohung der kulturellen und
humanitären Werte und Vorstellungen verbunden, die ihr zugeschrieben werden bzw. die in ihr überliefert sind. Die daraus resultierenden Aufrufe zur Verteidigung des Französischen sind keineswegs neu. Bereits im 16. Jh. – wenn auch unter anderen sprachlich-
kulturellen Verhältnissen – tauchen sie auf. Die damaligen Feinde
waren das Latein und das Italienische, die der Emanzipation des
Französischen als Literatursprache im Weg standen.[5] Heute drohe
Gefahr vom Englischen. So macht die frankophone Welt mobil
gegen dessen Vormarsch in der internationalen Kommunikation, in
Wirtschaft, Dienstleistung, Handel, Kultur und Sport. Frankreich
und die frankophonen Länder messen der Verteidigung der Sprache
einen symptomatischen Stellenwert für die Verteidigung ihrer
Märkte und die Vermarktungschancen von französischsprachigen
Produkten und Dienstleistungen zu. Die Einheit in der Frankophonie versteht sich als Akt solidarischen Handelns gegen die Homoge-
nisierung der Welt durch das Monster der "McDonaldisierung".

Nichts kann bei einer Beschäftigung mit der Frankophonie
darüber hinwegtäuschen, dass es sich um kulturelle Räume, um
Diskurse sowie um Institutionen handelt, die untereinander
außerordentlich verschieden sind, weshalb es sich lohnt, sie in
ihrer Pluralität und Widersprüchlichkeit vergleichend zu betrachten. Ihr gehören Staaten an, die als Demokratien, und andere, die
als Diktaturen gelten, Staaten, die souverän sind, während einzelne Territorien noch heute in postkolonialer Abhängigkeit von
Frankreich verharren, denken wir an Französisch-Polynesien als
Teil der *Territoires d'outre-mer* (T.O.M.) oder an die Karibik-Inseln
Martinique oder Guadeloupe als *Départements d'outre-mer* (D.O.M.).
Die Verschiedenheit und die sozialen Grenzen innerhalb der Frankophonie geraten unübersehbar ins Blickfeld, wenn die Kategorien
der gesellschaftlichen Organisation ins Zentrum der Betrachtung
rücken, wie etwa Religion, Ethnie und Rasse. Auf Verschiedenheit

(Randnotizen:) Verteidigungsdiskurs

Verschiedenheit

---

5   Vgl. die berühmte Streitschrift von Joachim Du Bellay aus dem Jahre 1549
    Défense et illustration de la langue française, die im Grunde nicht auf eine Vertei-
    digung des Französischen, sondern auf seine Durchsetzung gegenüber dem
    Latein abzielt. Für die "Verteidigung" des Französischen gegenüber dem Italie-
    nischen kämpfte wenige Jahrzehnte später Henri Estienne in *Dialogues du
    nouveau langage français italianisé* von 1578/79.

stoßen wir ebenfalls bei den Positionen, die Frankreich, Kanada und Québec hinsichtlich der Gestaltung internationaler Beziehungen vertreten und die sich nicht selten in scharfer Rivalität zueinander befinden. Nicht zu vergessen ist die unterschiedliche soziale Rolle, die das Französische, oder genauer: die Varietäten des Französischen, im sprachlichen Repertoire der Sprecher wie in der Sprachpolitik der Staaten spielt, die sich nicht nur entlang von Sprachgrenzen organisieren, sondern auch entlang einer Trennlinie zwischen literater und analphabetischer Gesellschaft.

Ökonomie und Gesellschaft

Die zur Francophonie zählenden Staaten geben ein außerordentlich heterogenes Bild der ökonomischen, sozialen und zivilgesellschaftlichen Entwicklung ab. Unter ihnen sind einige der reichsten und mächtigsten Staaten der Erde, wie die zu den G8 zählenden Länder Frankreich und Kanada oder wie Luxemburg, Schweiz, Österreich und Belgien. Andere Länder befinden sich am äußersten Ende der Armutsskala auf der Erde, die dazu noch Orte unvorstellbarer Szenarien des Völkermords, der Verbrechen von marodierenden Banden und Kindermilizen sowie der wirtschaftlichen Ausplünderung sind. Nach der Klassifikation des Entwicklungsprogramms der Vereinten Nationen werden die Länder der Francophonie in wirtschaftlicher Hinsicht in die drei folgenden Gruppen eingeteilt: **Industrialisierte Länder und Reformstaaten.** Zu dieser Gruppe zählen Albanien, Belgien, Bulgarien, Kanada, Frankreich, Luxemburg, Mazedonien, Moldova, Polen, Rumänien, Tschechien, Schweiz, Slowakei und Slowenien. Die zweite Gruppe umfasst die **Entwicklungsländer.** Dazu zählen z. B. Ägypten, Côte d'Ivoire, Gabun, Kamerun, Kongo, Libanon, Marokko, Senegal, Tunesien oder Vietnam. Insgesamt 23 der 63 Staaten der Francophonie werden in der dritten Gruppe der **Länder mit geringer wirtschaftlicher Entwicklung** aufgelistet, darunter Benin, Burkina Faso, Haiti, Kambodscha, Laos, Mali, Mauretanien, Niger, Togo, Tschad und Zentralafrikanische Republik.

UN-Bericht

Detaillierteren Aufschluss über die wirtschaftlichen und sozialen Verhältnisse in diesen Ländern ermöglicht der *Rapport mondial sur le Développement Humain / Human Development Report,* den die Vereinten Nationen jährlich herausgeben. In diesem Bericht werden zentrale ökonomische Kennziffern wie z. B. das Bruttosozialprodukt mit demographischen und sozialen Daten korreliert. Ohne im Detail auf das Ranking und die einzelnen Daten einzugehen, erlaubt die Übersicht im Abschnitt 4.2 zumindest eine Orientierung bezüglich der wirtschaftlichen und sozialen Differenziertheit unter den frankophonen Staaten.

Solidarität

Innerhalb der Francophonie gelten die reichsten Länder Kanada und die kanadischen Provinzen Québec und Nouveau-Brunswick, die Schweiz, Belgien, Monaco und allen voran Frankreich als

1.2.3

Geberländer, d. h. sie investieren beträchtliche Summen ihres Staatshaushalts in Projekte der multi- und bilateralen Kooperation, in Entwicklungskooperation und humanitäre Hilfe. Sie finanzieren zu einem wesentlichen Teil die Agenturen der Francophonie wie den Fernsehsender *TV5*, die *Université Senghor* in Alexandria oder die *Agence universitaire de la Francophonie* (AUF).

4 Institutionalisierungsprozesse: la *Francophonie*

Als politisch-institutionelle Konstruktion hat die Francophonie in den letzten vier Jahrzehnten einen rasanten Wandel erfahren und dabei ihre Gründungsidee längst hinter sich gelassen. Wenn in der Gründungsphase der Francophonie Anfang der sechziger Jahre L. S. SENGHOR und andere einflussreiche Politiker immer wieder von *métissage culturel*, modern ausgedrückt, von Interkulturalität, und von *égalité* sprechen, so handelt es sich zunächst darum, nach Erringen der Unabhängigkeit vieler afrikanischer Staaten die Beziehungen zwischen den ehemaligen französischen und belgischen Kolonien, Frankreich und der übrigen französischsprachigen Welt neu zu definieren. In dieser Zeit entstehen eine Vielzahl von internationalen Organisationen und Assoziationen, deren zentrales Ziel die multilaterale Kooperation war, wie

Etappen der Institutionalisierung

- die 1960 erstmals zusammengetretene *Conférence des Ministres de l'Éducation des pays ayant le français en partage* (CONFEMEN),
- die 1961 in Montréal gegründete *Association des universités partiellement ou entièrement de langue française* (AUPELF),
- das *Institut international de droit d'expression française* (seit 1964),
- die 1967 gegründete *Association internationale des parlementaires de langue française* (AIPLF),
- die *Fédération internationale des professeurs de français* (seit 1967).

Einen entscheidenden Schritt in Richtung auf die Institutionalisierung der multilateralen Kooperation gehen die frankophonen Länder 1969/1970 in Niamey (Niger), wo sie die *Agence de coopération culturelle et technique* (ACCT) gründen, die sich von nun an als der zentrale Akteur und als Machtzentrum der Francophonie etabliert. Ein weiterer bedeutender Schritt folgt 1986, als der französische Staatspräsident F. MITTERRAND zum ersten Gipfeltreffen der Francophonie, zum *Sommet des chefs d'État et de Gouvernement ayant en commun l'usage du français*[6], nach Versailles einlädt. Bedeu-

---

6 Seit 1993 ist die offizielle Bezeichnung des alle zwei Jahre stattfindenden Gipfeltreffens *Le sommet des chefs d'État et de Gouvernement ayant le français en partage*.

tend ist diese Gipfelkonferenz deshalb, weil sie den Willen Frankreichs sichtbar macht, die Francophonie zu einem zentralen Feld der Außen-, Entwicklungs- und Kulturpolitik zu erklären. Eigens dafür lässt Mitterrand den Regierungsapparat umbauen und staatliche Institutionen zu ihrer Verwaltung gründen (vgl. die Übersicht in Abschnitt 1.2.5). Die Francophonie tritt in die Phase ihrer Verstaatlichung ein.

Transformationsprozess

Nach dem Zerfall der Sowjetunion und der sozialistischen Staaten Ende der achtziger, Anfang der neunziger Jahre hat die bis dahin existierende politische Organisation der Francophonie eine ganze Reihe neuer Mitglieder in Ost- und Südosteuropa gewonnen. Rumänien und Bulgarien werden 1993 die ersten Beitrittskandidaten, 1996 kommt die Republik Moldova und zwischen Ende der neunziger Jahre und 2004 Albanien, Armenien, Georgien, Kroatien, Litauen, Mazedonien, Polen, Slowakei, Slowenien, Tschechien und Ungarn hinzu. Mit der Aufnahme dieser Länder wird offensichtlich, dass Francophonie und Französischsprachigkeit nicht unbedingt noch etwas miteinander zu tun haben müssen.

OIF

Seit 1986 hat sich die Francophonie beträchtlich verändert. Nicht nur, dass die Zahl der Staaten, die an den Gipfeltreffen teilnehmen und die in der ACCT und deren Nachfolgeinstitution, der *Agence intergouvernementale de la Francophonie* (AIF; ausführlicher dazu in Kapitel 4) kooperieren, im letzten Jahrzehnt deutlich angestiegen ist, der Wandel drückt sich vor allem dadurch aus, dass sie ein neues Selbstverständnis ausgeprägt hat und als globaler Akteur auf die Gestaltung der internationalen Beziehungen Einfluss nimmt (vgl. Kapitel 4). Diesen neuen Kurs vertritt sie seit Mitte der 1990er Jahre. Er kommt in der Umbenennung der Francophonie in *Organisation internationale de la Francophonie* (OIF), im strukturellen Umbau der Organisation und in der Verabschiedung einer neuen Charta zum Ausdruck. Teil des neuen Kurses ist die Ausweitung ihres internationalen Einflusses. Gehörten der OIF zum 9. Gipfeltreffen in Beirut (2002) bereits 56 Mitgliedstaaten an, so wuchs deren Zahl mit dem 10. Gipfeltreffen in Ouagadougou (Burkina Faso) im November 2004 weiter an: Griechenland und Andorra werden als assoziierte Mitglieder und Armenien, Georgien, Ungarn, Kroatien und Österreich als Mitglieder mit Beobachterstatus aufgenommen. Somit umfasst die Organisation gegenwärtig 63 Staaten und Regierungen, davon 10 mit Beobachterstatus (vgl. die nachfolgende Tabelle). Es sind dies ein Viertel aller Staaten der Erde, in denen etwa eine halbe Milliarde Menschen leben, von denen bis zu 170 Mio. – so die wohl nach oben aufgerundete offizielle Angabe – mehr oder weniger intensiv das Französische verwenden.

Tab. 1: Mitglieder der OIF und AIF

Land	Beitritt zur OIF	Beitritt ACCT/AIF	Offizielle Sprache(n)
Ägypten	1983	1983	Arabisch
Äquatorialguinea	1989	1989	Spanisch
Albanien*	1999	1999	Albanisch
Andorra*	2004	–	Katalanisch
Armenien**	2004	–	Armenisch
Belgien	1970	–	Französisch, Niederländisch, Deutsch
Belgien/ Französische Gemeinschaft	1980	1980	Französisch
Benin	1970	1970	Französisch
Bulgarien	1993	1993 (seit 1991**)	Bulgarisch
Burkina Faso	1970	1970	Französisch
Burundi	1970	1970	Französisch
Dominica	1979	1979	Englisch
Dschibuti	1977	1977	Französisch, Arabisch
Elfenbeinküste	1970	1970	Französisch
Frankreich	1970	1970	Französisch
Gabun	1970	1970	Französisch
Georgien**	2004	–	Georgisch
Griechenland*	2004	–	Griechisch
Guinea	1981	1981	Französisch
Guinea Bissau	1979	1979	Portugiesisch
Haiti	1970	1970	Französisch
Kambodscha	1993	1993 (seit 1991**)	Khmer
Kamerun	1991	1991 (seit 1975*)	Französisch, Englisch
Kanada	1970	1970	Englisch, Französisch

* Assoziiertes Mitglied – *membre associé*.
** Beobachterstatus – *observateur*.

1.2.4

Land	Beitritt zur OIF	Beitritt ACCT/AIF	Offizielle Sprache(n)
Kapverden	1996	1996	Portugiesisch
Komoren	1977	1977	Französisch, Arabisch
D. R. Kongo	1977	1977	Französisch
Republik Kongo	1981	1981	Französisch
Kroatien**	2004	–	Kroatisch
Laos	1991	1991 (seit 1972*)	Laotisch
Libanon	1973	1973	Arabisch
Litauen**	1999	–	Litauisch
Luxemburg	1970	1970	Lëtzebuergesch, Deutsch, Französisch
Madagaskar	1989	1970–1977 seit 1989	Malgasy
Mali	1970	1970	Französisch
Marokko*	1981	1981*	Arabisch
Mauretanien*	1980	1980*	Arabisch, Französisch
Mauritius	1970	1970	Englisch
Mazedonien*	1999	2001	Mazedonisch
Moldova	1996	1996	Moldauisch
Monaco	1970	1970	Französisch
Neubraunschweig (= Nouveau-Brunswick/ New Brunswick; kanadische Provinz)	1977	1977	Englisch, Französisch
Niger	1970	1970	Französisch
Polen**	1997	–	Polnisch
Österreich**	2004	–	Deutsch
Québec (kanadische Provinz)	1971	1971	Französisch
Rumänien	1993	1993 (seit 1991**)	Rumänisch
Ruanda	1970	1970	Kyniarwanda, Französisch, Englisch

Land	Beitritt zur OIF	Beitritt ACCT/AIF	Offizielle Sprache(n)
Saint Lucia	1981	1981*	Englisch
São Tomé und Principe	1995	1999	Portugiesisch
Schweiz	1996	1996	Deutsch, Französisch, Italienisch, Rätoromanisch
Senegal	1970	1970	Französisch
Seychellen	1976	1976	Kreolisch, Englisch, Französisch
Slowenien**	1999	–	Slowenisch
Slowakei**	2002	–	Slowakisch
Togo	1970	1970	Französisch
Tschad	1970	1970	Französisch
Tschechien**	1999	–	Tschechisch
Tunesien	1970	1970	Arabisch
Ungarn**	2004	–	Ungarisch
Vanuatu	1979	1979	Englisch, Französisch, Bichelmar
Vietnam	1970	1970	Vietnamesisch
Zentralafrikanische Republik	1973	1973	Französisch

Als Organ, das die Kooperation zwischen den Regierungen organi- ACCT/AIF
siert und koordiniert, fungiert die 1970 gegründete und 1997
umstrukturierte *Agence intergouvernementale de la Francophonie* (AIF)[7],
der zur Zeit 50 Mitglieder angehören. Die zehn Länder mit Beobachterstatus in der OIF sowie Belgien, Andorra und Griechenland
sind nicht Mitglieder der AIF. Nach der Devise *égalité, complémenta-
rité, solidarité* gestaltet sie heute die multilaterale Kooperation in
zahlreichen Bereichen wie Bildung und Ausbildung, Kultur und
Medien, neue Technologien der Information und Kommunikation,

---

7   Von 1970 bis 1997 hieß sie *Agence de coopération culturelle et technique* (ACCT).
    Mit der neuen Charta der Francophonie von 1997 wurde sie zunächst in *Agence
    de la Francophonie* umbenannt, bevor sie kurze Zeit später – auf Drängen des
    damaligen Generalsekretärs B. BOUTROS-GHALI – ihre heutige Bezeichnung erhielt
    (vgl. Kapitel 4).

1.2.4

juristische Kooperation, Menschenrechte und Demokratie, ökonomische Entwicklung und Solidarität sowie Energie und Umwelt.

Vielsprachigkeit

Aus der oben stehenden Tab. 1 ist ersichtlich, dass insgesamt 32 der 63 Mitgliedsländer der OIF nicht französischsprachig sind. Unter den 22 Ländern, die seit Anfang der 1990er Jahre in die OIF aufgenommen wurden, ist mit Ausnahme der Schweiz keines offiziell französischsprachig. Besonderes Gewicht kommt freilich den 14 der 22 neuen Mitglieder zu, die geographisch von Litauen im Nordosten, Armenien und Georgien im Osten und bis Albanien und Mazedonien im Südosten Europas reichen. Sie gehörten bis Ende der 1980er Jahre zu den Unionsrepubliken der Sowjetunion, zu Jugoslawien bzw. definierten sich als unabhängige Staaten dem sozialistischen Lager zugehörig. Die Gründe dafür, sie trotz der Bedenken von frankophonen Mitgliedsstaaten in die OIF aufzunehmen, waren folglich andere als die sprachliche Verwandtschaft, nämlich historische, wissenschaftliche, kulturelle, bildungspolitische und allen voran ökonomische und global-politische. Gerade für Frankreich hatten letztere ein größeres Gewicht als das sprachliche Kriterium.

Von den politischen Umbrüchen in Osteuropa und ihren Auswirkungen im südlichen Afrika und in Südostasien überrascht, zugleich gegenüber der rasanten globalen Verbreitung des Englischen in der Defensive, kristallisierte sich – erst – Ende der 1990er Jahre die neue Sprachpolitik der Francophonie heraus. Das Neue besteht in der Verteidigung der Vielsprachigkeit auf der Welt gegenüber der Hegemonie der anglo-amerikanischen Kultur und der wachsenden Verbreitung des Englischen. *"Défendre et promouvoir le multilinguisme, éviter l'uniformisation et l'hégémonie de l'anglais dans le monde"* wird von nun an das Motto für die Anbahnung neuer kultureller Allianzen. B. Boutros-Ghali als Generalsekretär der OIF nimmt in diesem Sinne Kontakte mit der Lusophonie und der Hispanofonía (siehe Abschnitt 1.3) auf und engagiert sich bei UNO und UNESCO für den Erhalt der Sprachenvielfalt und der kulturellen Verschiedenheit. Nachträglich fügt sich somit auch die Mitgliedschaft von Bulgarien, Rumänien, Albanien und den weiteren nichtfrankophonen Staaten in der OIF zu einem sprachpolitischen Konzept, in dem die Verbreitung des Französischen innerhalb der Mitgliedsstaaten und der Erhalt der Vielsprachigkeit in der Welt die zentralen Säulen werden.

5 Frankreich und die Francophonie

Führungsmacht

In Frankreich lebt etwa die Hälfte bis ein Drittel der Französischsprecher der Welt, 59 Millionen Menschen von reichlich 100 bis maximal 170 Millionen. Frankreichs Ökonomie ist neben jener Kanadas die mächtigste im frankophonen Raum. Die Rolle Frankreichs als führende Macht unter den französischsprachigen Nationen und in der frankophonen Welt ist zwar nicht unumstritten, wohl aber eine Realität. Sie äußert sich in einem unverkennbaren Frankreichzentrismus, der bisweilen Formen eines Kulturchauvinismus annimmt.[8] Die große Herausforderung für Frankreich ist dabei, die in der Francophonie zusammengeschlossenen Staaten auf Kurs zu bringen gegenüber dem Hegemoniestreben der USA und dem Einfluss des englischsprachigen Commonwealth. Unter britischer Dominanz stehend, vereint der Commonwealth demographische Giganten wie Indien, reiche Staaten wie Großbritannien, Kanada und Australien und ansonsten etwa ebenso viele Mitgliedsländer wie die Francophonie.

In die Zeit der innen- und kolonialpolitischen Krisen der IV. Republik (1946–1958) und des nationalen Neubeginns unter CHARLES DE GAULLE als erstem Präsidenten der V. Republik (1958–1969) fallen die Unabhängigkeitsbewegung in Afrika und der Zerfall des französischen Kolonialreichs. Frankreich wie auch Belgien müssen reagieren, um weiterhin vor Ort präsent sein und ihre wirtschaftlichen Interessen sichern zu können. Konzerne wie Elf, damals noch ein Wirtschaftsimperium in staatlicher Hand, greifen gemeinsam mit französischen Geheimdiensten unverhohlen in die Innen- und Wirtschaftspolitik zahlreicher afrikanischer Länder ein, sichern sich die Förder- und Schürfrechte für Öl und Bodenschätze und füllen großzügig die Schatullen der neuen afrikanischen Potentaten. So diese jedoch ein Risiko für die Wahrnehmung der post-/neokolonialen Wirtschaftsinteressen darstellen, liegt die "Variante Lumumba" nicht fern. PATRICE LUMUMBA, der erste Ministerpräsident des unabhängigen Kongo, wurde unter Beteiligung des belgischen Geheimdiensts 1961 ermordet (vgl. Witte 2001).

In der Zeit von Kolonialismus und Postkolonialismus spielt Frankreich als Trumpfkarte die Verbreitung seiner Sprache und Kultur aus, womit es die Assimilation und somit die dauerhafte

Entkolonialisierung

---

8 Um es anschaulich zu machen: Man stelle sich das Gesicht eines angesehenen französischen Intellektuellen vor, der auf einer Vortragsreise im französischsprachigen Kanada eloquent, charmant, mit geschliffenem Satzbau und eben in bester französischer Manier gegenüber seinem Publikum tritt und hinterher zu hören bekommt, dass er doch einen deutlichen *accent parisien* spräche. Der Schock, der sich im Gesicht unseres Vortragsreisenden wohl kaum verbergen lässt, wenn sein *bon usage* zum *accent parisien* herabgestuft wird, erklärt sich daraus, dass hier die gemeinhin verinnerlichte Modellfunktion, das Prestige und die vermeintlich weltweite Geltung des hexagonalen Standards des Französischs vom Thron gestoßen wird. Alles nur eine Sache der Perspektive?

kulturelle Bindung der regionalen Eliten in Afrika und Asien verfolgt. Dass diese Konzeption über weite Strecken erfolgreich war, zeigt sich in den Unabhängigkeitsbewegungen in den Kolonialgebieten darin, dass einige der zuvor in Frankreich ausgebildeten afrikanischen und arabischen Politiker und Schriftsteller zur Stelle sind, um das Hohelied auf die *francité* und die *Francophonie* anzustimmen. Dabei steuern sie einen Kurs, der gewiss nicht konträr zu den neuen (oder den alten?) französischen Interessen liegt.

Verstaatlichung   Für Frankreich stellt die Francophonie seit der Präsidentschaft von François Mitterrand (1981–1995) eine Staatsangelegenheit erster Ordnung dar. In seine Amtszeit fällt die Umgestaltung der internationalen Beziehungen zwischen den frankophonen Staaten. Auf Erlass des Präsidenten wird 1984 im Elysée-Palast der *Haut Conseil de la Francophonie* (1984–2002)[9] angesiedelt, *"avec pour mission de préciser le rôle de la francophonie et de la langue française dans le monde moderne"*. Seit 1986 hat Frankreich ein eigenes Ministerium für die Francophonie, wobei 'Ministerium' hier als ein generischer Begriff verstanden werden muss, der entweder Staatssekretariat, eigenständiges Ministerium oder Hauptabteilung in einem Ministerium bedeutet (vgl. Calvet 1996). Flankierend stehen für die Frankophoniepolitik beträchtliche Ressourcen aus dem *Ministère de la Coopération* bzw. dem *Ministère des affaires étrangères* zur Verfügung.

Auf die neuerlichen ökonomischen und politischen Verschiebungen im Weltmaßstab reagiert Frankreich in den neunziger Jahren mit einer Neubestimmung seiner Francophonie-Politik, die es nunmehr deutlich auf ökonomische und politische Rentabilitätsüberlegungen zuschneidet. Die bislang dominante Orientierung auf die Verbreitung und die Verteidigung von französischer Sprache und Kultur ersetzt es durch eine aktive und offensive Politik als globaler Akteur der internationalen Beziehungen. Dazu gehört auch, für die Förderung der kulturellen Vielfalt im internationalen Maßstab einzutreten. Ziel dieser Offensive ist es, der Uniformisierung und Hegemonie seitens der USA und der englischsprachigen Welt zu begegnen.

---

9   Der *Haut Conseil de la Francophonie* wurde per Dekret des französischen Präsidenten Jacques Chirac am 22. April 2002 aufgelöst. Er wurde ersetzt durch den *Conseil Consultatif*, der nun beim Generalsekretär der OIF, Abdou Diouf, angesiedelt ist und der im Januar 2004, bei seiner Eröffnungssitzung, wieder in *Haut Conseil de la Francophonie* umbenannt wurde. Entscheidend ist folglich der institutionelle Transfer von einer Institution in der Regierung Frankreichs zu einer der OIF.

Abb. 1: Die Institutionen der Francophonie in der Regierung Frankreichs[10]

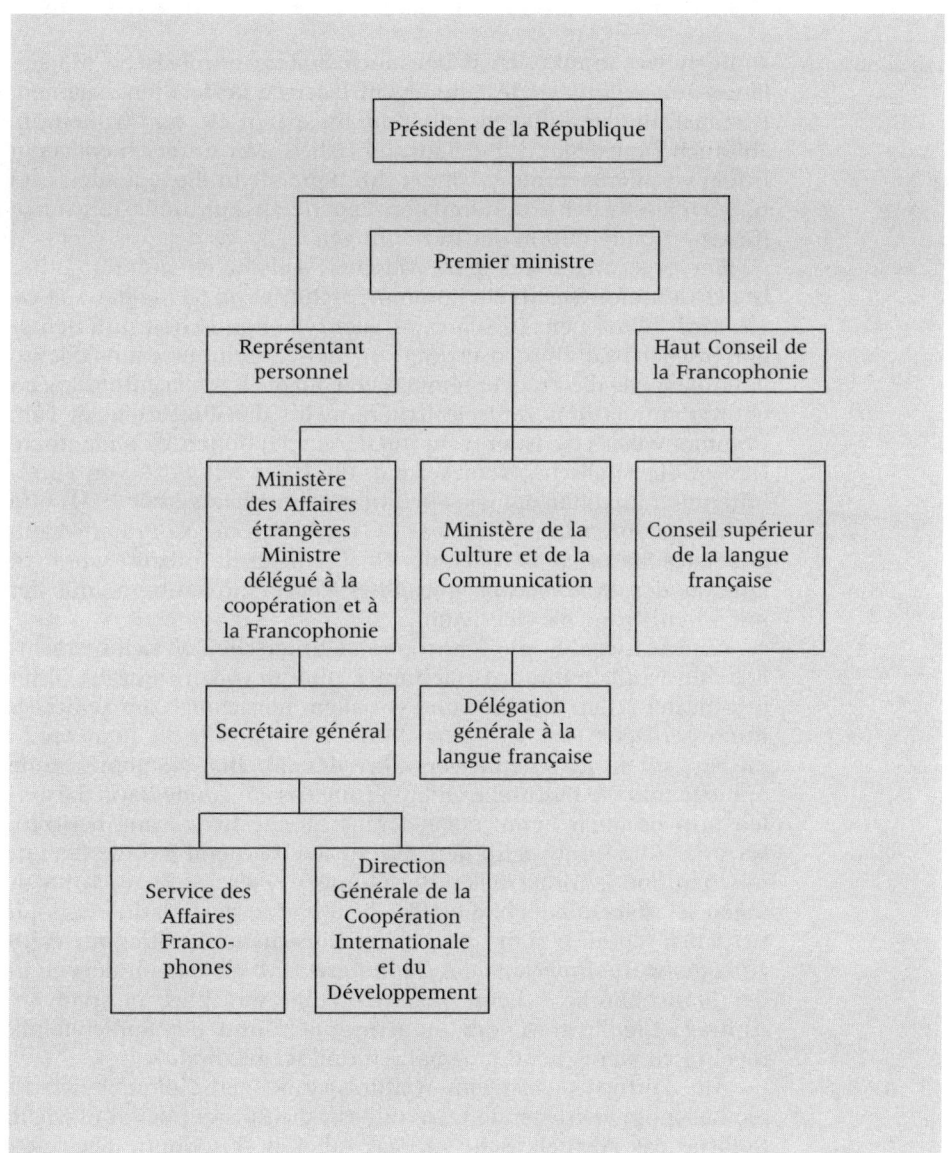

---

10 Adaptiert nach: http://www.diplomatie.gouv.fr/francophonie/instfr.html (Juli 2003). Bezüglich des *Haut Conseil de la Francophonie* vgl. Fußnote 9.

3 Andere "Phonien"

Kolonialismus Ähnlich wie Frankreich haben auch andere europäische Mächte lange Zeit koloniale Ambitionen in Übersee verfochten: Spanien, Portugal, England, die Niederlande, im späten 19. und frühen 20. Jh. auch Deutschland, Belgien und Italien. Mit unterschiedlichem Erfolg verpflanzten diese Länder ihre Sprache in die Kolonien und nutzten sie in der postkolonialen Epoche als kulturelle Ressource für eine Neudefinition der Beziehungen.

Commonwealth Hervorgegangen aus dem britischen Kolonialreich des 19. Jh.s, ist der Commonwealth ein Zusammenschluss von 53 Staaten mit ca. 1,6 Mrd. Menschen. In seiner sozialen, ökonomischen und demographischen Zusammensetzung ist der Commonwealth ebenso heterogen wie die Francophonie. Wiewohl die koloniale Bindung an Großbritannien das zentrale Kriterium für die Zugehörigkeit zum Commonwealth ist, ist er nicht mit der anglophonen Welt identisch. Das größte englischsprachige Land, die USA, seit 1776 von Großbritannien unabhängig, wie auch Irland, unabhängig seit 1921, und andere, gehören ihm nicht an. 1931 gab sich der Commonwealth ein erstes Statut, 1949, nach der Unabhängigkeit Indiens, wurde in London der *British Commonwealth of Nations* proklamiert, mit der britischen Krone als Oberhaupt.

Commonwealth und Francophonie unterscheiden sich beträchtlich hinsichtlich ihrer Ausdehnung und Bevölkerungszahl, ihrer organisatorischen Struktur und vor allem hinsichtlich der zentralen Interessenlagen (vgl. Hawkins 1996). Während für die Francophonie bis Anfang der neunziger Jahre des 20. Jh.s die gemeinsame Sprache und die kulturelle Orientierung das einigende Band darstellen und sie auch heute noch herausragende Bedeutung besitzen, setzt der Commonwealth den Akzent überwiegend auf die ökonomischen und kommerziellen Beziehungen. Zwar ist Englisch, sozusagen selbstverständlich, die offizielle Sprache, doch darin erschöpft sich auch schon, was in sprachlicher Hinsicht zum Commonwealth zu sagen wäre. Innerhalb des Commonwealth gibt es – anders als in der Francophonie – keine Institution mit sprachlich-normativem Auftrag. Die Prozesse des Sprachwandels und die Sprachpolitik regeln sich weitgehend pragmatisch und wenig direktiv.

Lusophonie Aus Portugals einstigem weltumspannenden Kolonialreich ist die Lusophonie entstanden. Sie umfasst die Staaten, deren offizielle Sprache das Portugiesische ist. Das Adjektiv 'lusophon', abgeleitet vom Namen der einstigen römischen Provinz Lusitania, bedeutet portugiesischsprachig, die *lusofalantes* sind die Sprecher des Portugiesischen. Nach dem Vorbild der Francophonie wurde im Juli 1996 in Lissabon – von der Öffentlichkeit nur mit geringer Aufmerksamkeit bedacht – die "Gemeinschaft der portugiesischsprachigen Länder" (CPLP) gegründet, die den institutionellen Pfeiler der Lusophonie darstellt.[11] Merkwürdig ist dabei das demographische Verhältnis zwischen dem einstigen Mutterland und der heutigen portugiesischsprachigen Welt: Reichlich 180 Mio. Menschen sprechen Portugiesisch, die meisten von ihnen leben in Brasilien (155 Mio.), während es in Portugal gerade einmal 10 Mio. sind. Portugiesischsprachig sind Angola (7 Mio.), Mosambik (6,4 Mio.), die Kapverden (751.000), Guinea-Bissau (321.000), São Tomé i Principe (123.000), Ost-Timor (220.000) sowie Macao (China), Goa, Diu und Damão (Indien). Wie in der afrikanischen Francophonie auch, sind die Einwohner dieser Länder nur zu einem geringen Teil *lusofalantes*; viele sprechen portugiesisch basiertes Kreol oder die anderen Sprachen dieser Länder oder Regionen.

Im Unterschied zu Commonwealth und Francophonie, deren Mitgliedstaaten über den ganzen Erdball verteilt sind, stellen die zur Arabischen Liga gehörigen 22 Staaten ein geographisch zusammenhängendes Gebiet dar, deren Mitgliedstaaten alle arabischsprachig sind. Mit dem Ende der Kolonialherrschaft schlossen sich im März 1945 Saudi-Arabien, Ägypten, Irak, Jordanien, Libanon und Nordjemen zu einer Art Föderation zusammen, der seither zahlreiche weitere Staaten des Nahen und Mittleren Ostens, Nordafrikas und des Horns von Afrika beigetreten sind und die zusammen heute über 300 Mio. Einwohner zählen. Die Arabische Liga fördert die kulturellen und ökonomischen Beziehungen zwischen den Mitgliedsländern und versteht sich als Mediator im Fall von Differenzen zwischen den arabischen Staaten. Sie ist – anders als Francophonie und Commonwealth – kein Instrument zur Verbreitung ihrer Sprache.

Arabische Liga

Über keine mit der Francophonie und der Gemeinschaft der portugiesischsprachigen Länder vergleichbare organisatorische Struktur verfügen die Länder, die einstmals dem spanischen Kolonialreich angehörten. Während der Terminus Frankophonie relativ weit verbreitet ist, hat sich der Terminus *hispanofonía* für die spanischsprachigen Länder und Kulturen in Mittel- und Südamerika, in Nordamerika, in Afrika und Asien noch nicht allgemein durchgesetzt. Zugleich stößt die ältere Bezeichnung der *hispanidad* heute auf Ablehnung in der Gemeinschaft iberoamerikanischer Länder, erinnert sie doch an ein konservatives Modell aus der faschistischen Franco-Zeit (vgl. Roy 1995, 21 ff.). Dem spanischsprachigen Raum gehören mehr als dreimal so viele Sprecher an wie dem frankophonen; die Schätzungen für Anfang der neunziger Jahre des

Hispanofonía

---

11 Vgl. die Homepage der *Communidade dos Países de Língua Portuguesa* (CPLP) unter www.cplp.org.

20. Jh.s schwanken zwischen 331 und 369 Mio. Menschen (vgl. Ludwig 1996, 820). Der größte Verbreitungsraum des Spanischen ist Mittel- und Südamerika. Trotz der relativ losen Bindungen zwischen Spanien und den lateinamerikanischen Ländern genießt in Fragen der sprachlichen Norm die *Real Academia Española* Autorität. Seit 1991, dem Jahr des ersten iberoamerikanischen Gipfeltreffens, wurde eine vielfältige Kooperation auf den Weg gebracht, so in der Kommunalpolitik, im Jugendaustausch, in der Wissenschafts- und Bildungspolitik, in der Wirtschaft usw. Auf die Ausstrahlung in den nichthispanophonen Raum orientiert, wirkt das inzwischen weltweit ausgebaute Netz von Instituten und Bibliotheken des *Instituto Cervantes* im Sinne der Verbreitung der spanischen Sprache.

Von Seiten der Francophonie wird seit wenigen Jahren dezidiert auf engere Kontakte zur spanisch- und zur portugiesischsprachigen Welt hingearbeitet. Als verbindende Stichwörter werden Wahrung und Förderung kultureller Verschiedenheit in der Welt vorgeschoben, die durch die wachsende Verbreitung des Englischen und das Hegemoniestreben anglophon dominierter Wirtschafts- und Gesellschaftsstrukturen bedroht sei.

Turkophonie

Nach dem Zerfall der Sowjetunion trafen sich 1992 in Ankara erstmals die Staatschefs der turksprachigen Länder Aserbaidschan, Kasachstan, Kirgisistan, Turkmenistan, Türkei und Usbekistan, um auf der Basis eines von ihnen geteilten sprachlichen, kulturellen und historischen Erbes eine Gemeinschaft zu schaffen, die sich dem Ausbau der sprachlich-kulturellen, wirtschaftlichen und politischen Beziehungen widmet. Die vereinbarte Kooperation reicht von einem Wörterbuch der Dialekte über den Bau einer Gaspipeline bis zur Entwicklung der Verkehrsinfrastruktur zwischen den Ländern des türkischsprachigen Raums (vgl. Roy 1995).

Russisch, Deutsch, Chinesisch

Zu den Sprachen, die über mehrere Staaten verbreitet sind und auf diese Weise ein wie auch immer geartetes Identifikationsmoment zwischen den Gemeinschaften darstellen, gehören weiterhin das Russische, das in den Nachfolgestaaten der 15 Unionsrepubliken der Sowjetunion verbreitet ist und von ca. 285 Mio. Menschen gesprochen wird; das Deutsche, das in fünf Staaten offizielle Sprache und in über 25 Ländern die Sprache von Minderheiten ist (vgl. Born/Dickgießer 1989); das Chinesische als die mit deutlichem Abstand von den meisten Menschen verwendete Sprache, die außer in China auch in Taiwan, Indonesien, Malaysia, Kambodscha und anderen Ländern verbreitet ist.

4 Bibliographische Orientierung zu den Frankophonie-Studien

Periodika

Verschiedene Aspekte der Frankophonie sind in den letzten beiden Jahrzehnten Gegenstand intensiver Forschung gewesen. Für einen Überblick, vgl. die Angaben in dem jährlich an der Université Laval in Québec herausgegebenen *L'Année francophone internationale* (1991 ff.) sowie in dem alle zwei Jahre vom *Haut Conseil de la Francophonie* herausgegebenen *Etat de la francophonie dans le monde: données* (1985 ff.). Aufschlussreich können die viermal jährlich erscheinenden Informationsbulletins *Le français à l'Université* (1996 ff.) der Agence Universitaire de la Francophonie und die auf ein breites Publikum orientierte Zeitschrift *Le français dans le monde* (Vanves) sein. Von Interesse sind weiterhin eine Vielzahl von Zeitschriften und Reihen, so *Francophonies d'Amérique* (Ottawa), *Présence francophone* (Québec), *Cahiers Francophones d'Europe Centre-Orientale* (Pécs/Wien), *Bayreuther Frankophonie Studien* (Bayreuth) oder *Francofonía* (Cádiz) wie auch andere Periodika, die immer wieder Themen der Frankophonie behandeln, so *Grenzgänge. Beiträge zu einer modernen Romanistik* (Leipzig/Frankfurt/M.), *Afrika-Jahrbuch. Politik, Wirtschaft und Gesellschaft in Afrika südlich der Sahara* (Opladen), *Französisch heute. Informationsblätter für Französischlehrerinnen und -lehrer in Schule und Hochschule* (Seelze-Velber), *Frankreich-Jahrbuch* (Opladen), *Jeune Afrique* (Paris), *Neue Romania* (Berlin), *Quo Vadis, Romania? Zeitschrift für eine aktuelle Romanistik* (Wien) oder die an der University of Western Australia unterhaltene elektronische Zeitschrift *Mots Pluriels* (www.arts.uwa.edu.au/MotsPluriels/MP.html).

Überblicks-darstellungen

Für das deutschsprachige Publikum liegt mit dem *Handbuch Französisch. Sprache, Literatur, Kultur, Gesellschaft*, hrsg. von Kolboom/Kotschi/Reichel 2002 ein Kompendium vor, das einige einschlägige Darstellungen zur Frankophonie wie auch eine Auswahlbibliographie (S. 844–869) enthält. Als kompakte Orientierung zur Verbreitung des Französischen außerhalb Frankreichs empfehlen sich Pöll (1998) wie auch Bd. V/1 des *Lexikons der romanistischen Linguistik*, hrsg. von Holtus/Metzeltin/Schmitt 1990. Einen Überblick über die frankophonen Literaturen bietet das entsprechende Kapitel in der *Französischen Literaturgeschichte*, hrsg. von J. Grimm ([4]1999). Alles in allem bleibt jedoch zu konstatieren, dass in den deutschsprachigen Ländern ein deutliches Defizit bei Einführungs- und Überblickswerken zur Frankophonie besteht, die sich der Komplexität des Phänomens annehmen. Dies ist umso erstaunlicher, als an einigen Universitäten seit nunmehr 30 Jahren Lehrveranstaltungen zur Frankophonie angeboten werden und mittlerweile auch eine große Zahl von Fachpublikationen zu diversen Aspekten frankophoner Gemeinschaften, Kulturen und Institutionen vorliegen.

Universitäten   In der deutschsprachigen Romanistik hat die Beschäftigung mit der Frankophonie eine eher sonderbare Geschichte, die mehr mit Ignoranz denn mit einer kritischen Haltung gegenüber dem eigenen Forschungsparadigma zu tun hat. Erst Mitte/Ende der siebziger Jahre findet an mehreren Universitäten – in der DDR wie in der BRD: Augsburg, Bayreuth, FU Berlin, HU Berlin, Frankfurt/M., Leipzig, Mainz, Marburg, Trier, Rostock – ein Schritt in Richtung auf Überwindung der streng eurozentristischen Perspektive der Romanistik statt. Von nun an kommen mit dem Konzept der Neuen Romania auch die außereuropäischen romanischen Sprachen und Literaturen in den Fokus der Forschung. Für die Frankophonie-Studien bedeutsame Zentren werden in dieser Zeit die Universitäten Bayreuth[12], Frankfurt/M., wo ein eigener Studiengang zur Frankophonie eingerichtet wird, das heute nicht mehr existente Québec-Zentrum in Trier und die kreolistische und Frankophonieforschung in Bamberg. Ein neuer Impuls für die Frankophonie-Studien geht vor allem in den 1990er Jahren von der Gründung weiterer Kanada- und Québec-Zentren aus, so an der PH Freiburg, in Leipzig, Dresden, Duisburg, Saarbrücken, Innsbruck und Graz.

La Francophonie   Einführungen und Überblicksdarstellungen, in denen die Francophonie in ihrer politisch-kulturellen Dimension und im Prozess ihrer Institutionalisierung dargestellt wird, liegen mit Barrat (dir.) 1997, Jones/Miguet/Corcoran (Hg.) 1996, Deniau 1983/³1995, Farandjis 1991, Guillou 1993, Léger 1987, Le Scouarnec 1997, Massart-Piérard 1999, Roy 1989, 1993, 1995, Abou/Haddad (dir.) 1994, Tétu ³1992, 1997 vor. Nicht selten sind diese Bücher von aktiven oder vormals prominenten Funktionären der Francophonie verfasst. Aufschlussreich sind sie daher neben vielem Faktischen und manchem Impressionistischen vor allem für die Analyse des Diskurses der Francophonie und dafür, wie ihre Autoren die Francophonie sehen möchten. Zugleich wird deutlich, welche Mythen die Elite der Francophonie konstruiert oder perpetuiert und wie sie deren Geschichte erzählt. Nicht selten treffen wir dabei auf einen Diskurs, der glättend oder harmonisierend divergierende Positionen ebenso ausblendet wie ein kritisches Hinterfragen des eigenen Tuns. Für die Phase der Herausbildung des Frankophonie-Diskurses in den 1960er Jahren ist Viatte 1969 aufschlussreich. Hervorhe-

---

12 Vgl. u. a. Riesz 1998, 2000, Riesz/Porra (Hg.) 2002, Glinga 1990, Lüsebrink 1990, Diop 1995, Prinz 1995 und die Reihe "Studien zu den frankophonen Literaturen außerhalb Europas".

benswert ist das Buch von Ager 1996, in dem unter dem Eindruck der Globalisierung vor allem die Verschränkung von ökonomischen, institutionellen und kulturellen Phänomenen untersucht wird. In dieser Hinsicht aktuell und instruktiv ist der Band von Bambridge et al. (éds. 2004). Annähernd 400 Organisationen und Assoziationen, die im Dienste der Verbreitung des Französischen und der Frankophonie stehen, werden in dem von Bruchet 2001 zusammengestellten Repertorium erfasst. Wenngleich nicht als Überblickswerk verfasst, vermittelt die Aufsatzsammlung von Kom 2000 die Position eines afrikanischen Intellektuellen zur Beziehung von Frankophonie und Postkolonialismus.

Unverzichtbar für die Kenntnis der soziolinguistischen Verhältnisse in den frankophonen Räumen ist der zweiteilige Sammelband von Robillard/Beniamino (dir.) 1993/1996, mit dem Valdman (Hg.) 1979 aktualisiert wird. Sprachpolitische und soziolinguistische Fragestellungen bestimmen die Arbeiten von Chaudenson 1988, 1989, 1991, 2001, der auch Herausgeber der Reihe *"Langue et développement"* (Aix-en-Provence) ist, in der u. a. zahlreiche Arbeiten von afrikanischen Sprachwissenschaftlern erschienen sind. Einschlägig sind die Bände von Eloy (Hg.) 1995 und Salhi (Hg.) 2002. Aufschlussreich und anschaulich werden Geographie und Geschichte des frankophonen Raums im *Atlas de la langue française*, hrsg. von Rossillon 1995 präsentiert. Detailliertes Zeugnis von geographischen und historischen Aspekten im Kontext der Verbreitung des Französischen legen zahlreiche Wörterbuchprojekte und Studien zum Wortschatz ab. Sie vermitteln eine genauere Kenntnis der regionalen und sozialen Variation des Französischen, des Sprachkontakts und des Sprachwandels (vgl. u. a. Baggioni 1990, Bavoux 2000, Beniamino 1996, Benzakour/Gaadi/Queffélec 2000, Brasseur 2001, Brasseur/Chauveau 1990, N'Sial 1993).

Nicht zuletzt veranlasst durch die zeitweise dramatische politische Entwicklung, die durch den Wunsch eines Teils der Eliten und der Bevölkerung in Québec nach Lostrennung von Kanada hervorgerufen wurde, richtete sich das Interesse auf die nordamerikanische Frankophonie und die Zusammenhänge von Sprache, Nation und multikultureller Gesellschaft. Dabei geriet die entsprechende soziolinguistische Analyse (vgl. u. a. Poirier [Hg.] 1994, Heller/Labrie [dir.] 2003) stärker in Kontakt mit den Instrumentarien von Ethnologie und Anthropologie (Meintel et al. [dir.] 1997 Soziologie (Thériault 1995, Thériault [dir.] 1999, Cardinal 1994), Philosophie (Taylor 1992), Geschichts- und Politikwissenschaft (Martel 1997, Dumont 1993), die für die Untersuchung von Industrieländern und Staaten, die sich mehr als einhundert Jahre nach dem Prozess des *nation-building* befinden, entwickelt wurden (vgl. Erfurt [dir.] 1996).

Sprachliche
Verhältnisse

1.4

Multi-
kulturalismus

Keineswegs nur in Frankreich und der französischen Soziologie (vgl. Schnapper 1991, 1994; Mohamed 2003), sondern auch in Belgien und Kanada werden Prozesse der Urbanisierung zunehmend mit Aspekten der Frankophonie verknüpft, weil die europäischen und nordamerikanischen Städte zu Sammlungsräumen für Migranten aus den ehemaligen Kolonien werden, die dort im Minderheitenmilieu ihre kulturellen Formen an jenen der dominanten Gesellschaft reiben (Meeuwis 1997; breiter orientiert sind Calvet 1994, Bulot [dir.] 1999, Heller/Labrie [dir.] 2003). Ähnliche Prozesse konstatieren wir auch im frankophonen Westafrika, wo Städte wie Dakar oder Abidjan Migrationszentren ersten Ranges und Orte einer außerordentlich hohen sprachlichen und pluriethnischen Dynamik werden. Wie das Französische im multikulturellen Raum der Frankophonie von Literaten erlebt wird, führt eindrucksvoll Spear (Hg.) 2002 vor.

Literatur

Überblicksdarstellungen und Einführungen zu den literarischen Verhältnissen im frankophonen Raum liegen mit Beniamino 1999, Brahimi 2001, Joubert et al. 1986, Joubert (dir.) 1994, Moura 1999 vor. Im deutschsprachigen Raum ist auf die erfolgreiche Reihe "Studien zur frankophonen Literatur außerhalb Europas", hrsg. von Riesz/Garscha/Lüsebrink bei IKO – Verlag für Interkulturelle Kommunikation, Frankfurt/M., zu verweisen. Zu einzelnen Regionen oder Ländern geben Aufschluss: Belgien und Luxemburg u. a. Berg/Halen/Angelet (Hg.) 2000; für die Schweiz Francillon (Hg.) 1996–1999; für Nord- und Mittelamerika Corzani et al. 1998, Gasquay-Resch (Hg.) 1994, Greif/Ouellet 2000, Hamel (Hg.) 1997; für die Karibik Antoine 1992, Delas 1999; für den Maghreb Bonn/Naget/Mdarhri-Alaoui (Hg.) 1996, Noiray 1998; für das subsaharische Afrika Halen/Riesz (Hg.) 1995, Hausser/Mathieu 1998, Kom 2000; für Asien, den Indischen und Pazifischen Ozean Joubert/Siphantong 1997 und Hausser/Mathieu 1998.

Geschichte

Die Kolonialgeschichte Frankreichs wird ausführlich von Coquery-Vidrovitch (dir.) 1992, Meyer et al. 1991 (= Bd. 1) und Thobie et al. 1990 (= Bd. 2) dargestellt, ohne allerdings auf die Frankophonie einzugehen. Eine afrikanische Perspektive auf die Geschichte Afrikas liegt mit M'Bokolo 1985 vor. Für einen konzentrierten Überblick empfiehlt sich auch Krosigk 1999. Die Geschichte der Frankophonie ist über einige vorliegende Skizzen hinaus erst noch zu schreiben.

1.4

La francophonie:
Französisch im geographischen und sozialen Raum

1 Leitfragen, Gegenstand, Probleme und Thesen

1 Leitfragen

Das zweite Kapitel widmet sich der Verbreitung des Französischen in der Welt. In diesem Zusammenhang gilt es, der Frage nachzugehen, welche Rolle das Französische für die jeweiligen Gemeinschaften, Gruppen oder Staaten spielt. Dabei soll aufgezeigt werden, in welchen sozialen Räumen und mit welchen Funktionen es im Kontext gesellschaftlicher Mehrsprachigkeit verwendet wird. Und schließlich stellt sich die Frage, wie angesichts des hohen Maßes an Diversität in der *francophonie* die Verbreitung und die Funktionen des Französischen in Form von Typologien systematisiert werden können.

2 Gegenstand

Wie in Abschnitt 1.1 bereits angedeutet, bündeln sich im Kontext einer Diskussion über Frankophonie, Französisch und Französischsprachigkeit eine ganze Reihe von Problemen. Einige der Probleme, die sich im Zusammenhang mit der Französischsprachigkeit in der Welt stellen, werden in diesem Kapitel eingehend behandelt. Dabei fließen in die Darstellung die komplexen Beziehungen ein, die zwischen der Sprachpraxis einerseits und Konzepten wie Sprachgemeinschaft, Ethnie, Identität, Mehrsprachigkeit, symbolischer und faktischer Herrschaft, Bildung, Elite etc. andererseits bestehen. Hierbei taucht immer wieder die Problematik von Einsprachigkeit und Mehrsprachigkeit im frankophonen Raum auf sowie die der Varietäten und Funktionen der Sprache, ausgedrückt in Begriffen wie Umgangssprache bzw. Vernakularsprache, Verkehrssprache bzw. Vehikularsprache und Standardsprache (vgl. dazu auch Kapitel 2 und 5). Den Abschluss dieses Kapitels bilden Überlegungen zur Typologie des frankophonen Raums und eine Systematisierung der Faktoren, die zur Erklärung seiner Diversität herangezogen werden.

3 Probleme

Funktionen/
Status

Im Diskurs der Francophonie wird immer wieder darauf verwiesen, dass 32 Länder französischsprachig seien und dass zu ihr mittlerweile 63 Länder und Regierungen gehörten, die untereinander das Französische teilten: *ayant le français en partage*, wie es offiziell heißt. Wenn in diesem Kapitel die Verbreitung des Französischen in der Welt behandelt wird, so kommen wir nicht umhin, die pauschalisierenden Angaben zur Zahl der französischsprachigen Länder und zur Bedeutung des Französischen genauer zu beleuchten und auch zu hinterfragen. Das Problem besteht folglich darin, zu klären, welchen Status oder welche Funktion das Französische in den jeweiligen Gesellschaften hat. Andernfalls übersehen wir ein Konfliktfeld erster Ordnung, das entsteht, wenn die fünf bis zehn Prozent der Bevölkerung in den afrikanischen Ländern, die (auch) französischsprachig sind und die soziale Elite repräsentieren, mit der Gesamtbevölkerung oder der Sprachpraxis des Staats gleichgesetzt werden. Wenn im Weiteren von Funktion oder Status die Rede ist, dann handelt es sich darum, zu beschreiben, welche Rolle eine Sprache im Rahmen der sozialen Organisation einer Gemeinschaft spielt. Status und Funktion werden hierbei oft als Synonyme gesehen. Aussagen über den sozialen Gebrauch oder die soziale Verwendung einer Sprache haben dann meist die Form: Sprachsystem x hat die Funktion/den Status y im Sozialsystem z (vgl. Ammon 1988, 232). In diesem Kapitel wird also die Praxis des Französischen in einer funktionalen Perspektive betrachtet. So werden die Angaben zu den Ländern und Regionen der Frankophonie um knappe Charakterisierungen der jeweiligen Rolle, die das Französische für die Gesellschaften oder die Gemeinschaften spielt, ergänzt. Neben den Status als offizielle Sprache im Land z treten so auch Angaben wie Schul- oder Bildungssprache, Gerichtssprache, Sprache des sozialen Aufstiegs oder Minderheitensprache. Zugleich sei daran erinnert, dass das Kriterium der Offizialität nur sehr wenig über die tatsächliche Verbreitung oder Nicht-Verbreitung einer Sprache aussagt. Französisch ist in Algerien weit verbreitet, doch ist es weder offizielle Sprache des Landes, noch gehört Algerien der Francophonie an.

2.1.3

Hier schließt sich unmittelbar ein zweites Problem an, das von Einsprachigkeit und Mehrsprachigkeit bzw. von Unilinguismus und Bi- oder Plurilinguismus. Überall, wo Kulturen in Kontakt sind, ist dies ein konfliktträchtiges Feld. Für die Frankophonie treten zwei Konfliktebenen hervor: eine sprachpolitische und eine individuelle. Sprachpolitisch betrachtet, sind Kanada, Belgien, die Schweiz und andere Staaten offiziell zwei- oder mehrsprachig. Das bedeutet jedoch nicht, dass auch alle Einwohner zwei- oder mehrsprachig wären. Vielmehr bedeutet die offizielle Zwei- oder Mehrsprachigkeit dieser Staaten eine Antwort auf die zwei- oder mehrmalige Einsprachigkeit ihrer Bürger. In dieser Konstellation kommt der Politik die Aufgabe zu, das Verhältnis zwischen den Sprachgemeinschaften zu gestalten, zwischen ihnen zu vermitteln oder aber die sich sprachlich manifestierenden Unterschiede zugunsten einer Gemeinschaft auszunutzen. Auf der individuellen Ebene öffnet sich ein Konfliktfeld aufgrund der Vorstellung, Zweisprachigkeit bedeute zweimalige Einsprachigkeit.[1] Mit anderen Worten: Es wird angenommen, dass das sprachliche Repertoire von zweisprachigen Sprechern so beschaffen sein müsse wie die sprachlichen Repertoires von zwei einsprachigen Sprechern. Wie abwegig, weil ahistorisch und asozial, diese Vorstellung ist, hat die Mehrsprachigkeitsforschung inzwischen zur Genüge dargestellt (für einen Überblick vgl. Lüdi 1996). Konfliktträchtig sind Einsprachigkeit und Mehrsprachigkeit vor allem an den Orten, wo Migration und soziale Mobilität in Konkurrenz zum Projekt des Nationalstaates und der Nationalsprache stehen. Und dies gilt auch für weite Teile der *francophonie*.

Einsprachigkeit/
Mehrsprachigkeit

Im Kontext von individueller und gesellschaftlicher Mehrsprachigkeit werden zwei Grundkonstellationen begrifflich unterschieden, wiewohl diese Unterscheidung bei genauerer Betrachtung nicht unproblematisch ist (vgl. Kremnitz 1990, 1995). Die erste Grundkonstellation ist jene, die als Diglossie bezeichnet wird. Hierbei handelt es sich darum, dass in einer Gesellschaft zwei oder mehrere sprachliche Varietäten oder Sprachen verbreitet sind, wobei deren Status *de facto* immer unterschiedlich und meist auch konfliktbeladen ist. Schon klassisch ist die Unterscheidung in eine *H(igh)*-Varietät und *L(ow)*-Varietät. Von Diglossie ist aber auch die Rede, wenn eine Funktionsverteilung zwischen den Sprachen oder Varietäten vorhanden ist, wie im Falle von Deutsch und Schwyzerdütsch in der Schweiz (vgl. u. a. Lüdi 1996). Eine andere

Bilinguismus/
Diglossie

---

1   Freilich gibt es dennoch Sprachkünstler wie S. Beckett, E. Canetti, R. Lafont, J. Semprún u.v.a., die im Laufe ihres Lebens große literarische Werke in zwei oder gar in mehreren Sprachen verfasst haben, vgl. dazu Kremnitz 2004, Kremnitz/Tanzmeister (Hg.) 1995.

2.1.3

Konstellation nimmt die individuelle Situation der Sprecher zum Bezugspunkt, die, wie im Falle der Frankophonie, darin besteht, dass die Sprecher mehrsprachig sind und sowohl Französisch als auch Sprachen wie Arabisch, Englisch, Lingala oder andere afrikanische, asiatische oder europäische Sprachen sprechen. In diesem Falle sprechen wir von individueller Mehrsprachigkeit, oft als Bilinguismus oder als Plurilinguismus bezeichnet, wobei das Französische zusammen mit den anderen Sprachen das sprachliche Repertoire der Sprecher bildet.

Repertoire   Im Repertoire der Sprecher sind die Sprachen unterschiedlich ausgebaut und genügen, je nach Lebensbereich, mehr oder weniger umfangreichen kommunikativen Anforderungen. Unterschiede ergeben sich

- nach Art und Zeitpunkt des Erwerbs der jeweiligen Sprache: als Erstsprache oder Zweitsprache, als Schulsprache, als Sprache der Kindheit oder als Sprache der Erwachsenenalphabetisierung;
- nach den Funktionen der Sprache in der Kommunikation: als Sprache des öffentlichen/amtlichen Lebens, der Bildung, der beruflichen Tätigkeit, der familiären Kommunikation;
- nach der Beherrschung von Varietäten: als gesprochene oder/ und geschriebene Sprache, als vernakuläre, d. h. umgangssprachliche und dialektale Varietät, und/oder als Standardvarietät, als hoch spezialisierte Fachsprache und/oder als Alltagssprache;
- nach der affektiven Bindung: als Sprache des Herzens und der Poesie, als Sprache der Solidarität, als Sprache der Unterdrücker oder der Unterdrückten,
- nach der Motivation, eine bestimmte Sprache zu lernen: als Sprache der sozialen Mobilität und der beruflichen Karriere.

Die Sprecher sprechen oder schreiben je nach Situation eine dieser Sprachen. Sie wechseln von einer in die andere und nicht selten mischen sie sie. Von ihrer Umwelt werden die Sprecher dahingehend wahrgenommen und danach bewertet, in welchem Umfang sie das zur Verfügung stehende Repertoire beherrschen, wie, in welcher Form und in welchen Machtkonstellationen sie ihr sprachliches Repertoire einsetzen.

4   Thesen

Die Argumentation in Kapitel 2 läuft auf folgende Thesen zu:

Erstens: Die Tatsache, dass das Französische auf mehreren Kontinenten und in zahlreichen Ländern verbreitet ist, muss um die

Betrachtungsweise ergänzt werden, dass es in der Frankophonie – im Sinne von *la francophonie* – unterschiedlichen sozialen Status mit vielfältigen Konsequenzen für die Sprecher wie für die Gemeinschaften hat.

Zweitens ist die Frankophonie als ein Raum der Bi- und Multikulturalität zu verstehen, in dem die französische Sprache und Kultur – mit unterschiedlichem Status und in verschiedenen funktionalen Zusammenhängen – mit anderen Kulturen in Berührung steht. Diese These wird in Kapitel 5 erneut aufgegriffen und dahingehend diskutiert, dass Kontakt der Kulturen zu Wandel- und Mischungsprozessen führt, die sich in der Ausdifferenzierung von Varietäten des Französischen und sogar in der Herausbildung von neuen Sprachen niederschlagen.

Drittens: Die Frankophonie stellt sich für die Mehrheit der darin lebenden Menschen als ein Spannungsfeld zwischen Einsprachigkeit und Mehrsprachigkeit dar, in dem die Sprache die symbolische wie die faktische Ebene für Prozesse der Hierarchisierung, Ein- oder Ausgrenzung und sozialen Bewertungen ist.

2 Französisch im geographischen und sozialen Raum

1 Französisch in Europa

Historisch betrachtet sind Frankreich und die angrenzenden französischsprachigen Regionen seiner Nachbarländer das Kerngebiet der heutigen Frankophonie. Von hier aus wurde das Französische, für das sich erste Belege im 9. Jh. finden und das im 16. Jh. als Gerichts- und Verwaltungssprache in Frankreich offiziell durchgesetzt wurde, über mehrere Kontinente verbreitet.

Frankreich und Monaco sind heute die einzigen Länder in Europa, in welchen das Französische alleinige offizielle Sprache ist. Frankreich mit seinen ca. 59 Mio. Einwohnern erstreckt sich über das kontinentale oder hexagonale Territorium hinaus, auf dem neben Französisch auch Baskisch, Bretonisch, Deutsch, Katalanisch, Korsisch, Okzitanisch und Flämisch sowie zahlreiche Migrantensprachen gesprochen werden, auch auf die französischen Überseegebiete der *Départements d'outre mer* (D.O.M.) und der *Territoires d'outre mer* (T.O.M.), in denen Französisch und eine Vielzahl von pazifischen und Kreolsprachen koexistieren. B. CERQUIGLINI legte 1999 ein Inventar der von den Einwohnern Frankreichs

Nationalsprache und Einsprachigkeit – Frankreich, Monaco

2.2.1

Karte 1: Französisch in West- und Mitteleuropa

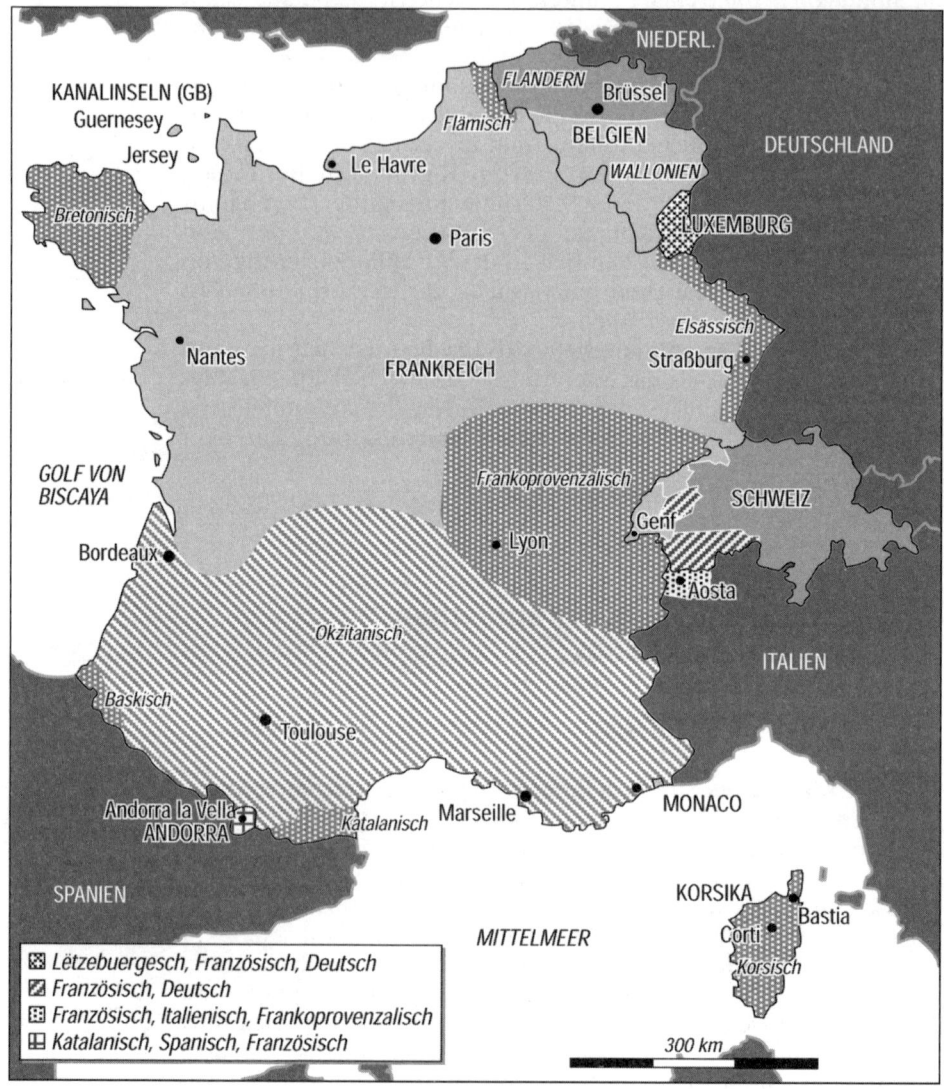

gesprochenen Sprachen vor. Darin sind 75 Sprachen erfasst, von denen 65 in den D.O.M./T.O.M. verbreitet seien. Aufgelistet werden auch die nicht-bodenständigen Sprachen Romani, Jiddisch, Armenisch sowie maghrebinisches Arabisch und Berberisch (vgl. HCF 2001, 38; Cerquiglini [dir] 2003).

Belgien mit seinen 10,2 Mio. Einwohnern hat mit Französisch (schätzungsweise 4,5 Mio. Sprecher)[2], Niederländisch (5,7 Mio.) und Deutsch (66.000) drei offizielle Sprachen und besteht aus vier Regionen, von denen das im Süden des Landes gelegene Wallonien offiziell und dominant französischsprachig und das im Norden gelegene Flandern offiziell und dominant niederländischsprachig ist. Im Osten Belgiens, an der Grenze zu Deutschland, liegt das deutschsprachige Gebiet. Eine zweisprachige und multikulturelle Insel im flämischen Teil, auf der Französisch die dominante Sprache ist, stellt Brüssel dar. Seit Jahrzehnten ist Belgien Schauplatz von Sprachkonflikten, die vor allem zwischen den Gemeinschaften der Flamen und der Wallonen entlang der Sprachgrenze und nachfolgend in der offiziellen Sprachpolitik ausgetragen werden.

Staatliche Mehrsprachigkeit – Belgien, Schweiz

Wie Belgien ist auch die Schweiz ein mehrsprachiger föderaler Staat, in welchem Französisch neben Deutsch, Italienisch und Rätoromanisch offizielle Sprache ist. Von ihren 23 Kantonen bilden die sechs im Westen gelegenen und ca. 1,2 Mio. Einwohner zählenden Kantone Genève, Vaud, Neuchâtel, Jura, Valais und Fribourg die "romanische" oder "welsche" Schweiz, *la Suisse romande*, auch als "Westschweiz" oder "Romandie" bezeichnet. Die ersten vier der genannten Kantone sind einsprachig französisch und die beiden anderen haben je einen deutsch- und einen französischsprachigen Teil.

In Belgien wie in der Schweiz gilt als sprachpolitischer Grundsatz das Territorialprinzip, d. h., dass in einer bestimmten Region in allen Bereichen der öffentlichen Kommunikation nur die jeweils festgelegte Sprache Geltung hat.

Territorialprinzip

Luxemburg mit seinen 409.000 Einwohnern ist offiziell dreisprachig: Lëtzebuergesch, Französisch und Deutsch. Während Lëtzebuergesch von allen Einwohnern gesprochen wird, haben Deutsch und Französisch für bestimmte Funktionen in Staat und Gesellschaft Bedeutung. Französisch wird von vier Fünfteln der Bevölkerung gesprochen und ist Verwaltungssprache und Sprache der Gesetzgebung. Deutsch wird vorrangig in den Printmedien verwendet. Der Gebrauch des Französischen erklärt sich vor allem aus seinem Prestige als Sprache des *Code civil*, der Außenpolitik und Diplomatie.

Funktionale Verteilung und Prestige – Luxemburg

Im alpinen Länderdreieck Frankreich, Italien und der Schweiz gelegen und zu Italien gehörig, ist das Aostatal/Val d'Aoste ein mit

---

2 Da in Belgien die offizielle Erhebung von sprachstatistischen Angaben vom Gesetzgeber untersagt ist, basieren die Angaben auf Schätzungen, die sich daran orientieren, in welcher Sprache die Einwohner ihre Steuererklärung ausfüllen, ihren Führerschein beantragen oder wie politische (Sprach-)Parteien ihre Wählerschaft rekrutieren.

Schul- und
Verwaltungs-
sprache –
Italien/
Val d'Aoste
dem Status einer autonomen Region Italiens versehenes mehrsprachiges Gebiet, in dem ca. 116.000 Einwohner leben. Neben Italienisch spricht die Mehrzahl der autochthonen Valdostaner Frankoprovenzalisch (*"patois"*), während für die Schule das Modell des französischen Standards gilt (vgl. Jablonka 1997, Bauer 1999).

Anzestrale
Sprache –
Großbritannien/
Kanalinseln
Auf den anglonormannischen Inseln Jersey und Guernsey, die noch im 19. Jh. überwiegend französischsprachig waren, finden sich heute nur noch wenige Sprecher des Französischen bzw. des Inselnormannischen, die überwiegend im fortgeschrittenen Alter sind (vgl. Jones 2001, Lösch 2000). Von anzestraler Sprache ist die Rede, weil für heutige Generationen das Französische die Sprache ihrer Eltern, Groß- oder Urgroßeltern ist. Indem sie heute diese Sprache wieder erlernen, knüpfen sie an die Sprache ihrer Vorfahren an. Im 2. Weltkrieg wurden nicht nur die Inseln, sondern auch deren Sprachenlandschaft zerstört. Seit 1948 Englisch offizialisiert wurde, haben Bedeutung und Verbreitung des Französischen stark abgenommen. Hier nur erwähnt werden soll das geschichtliche Faktum, dass vom 11. bis zum 15. Jh. die englische Aristokratie französischsprachig war und seither im englischen Bildungswortschatz eine große Zahl französischer Lehnwörter existieren.

Migranten-
sprache
Frankreich und die französischsprachigen Regionen Belgiens und der Schweiz sind Aufenthalts- oder Durchgangsorte für Migranten aus vielen Ländern, vor allem aus dem Maghreb, aus Schwarzafrika, Portugal und der Karibik. Aus ihren Ländern bringen sie ihre Kulturen mit, gleichzeitig sozialisieren sie sich und ihre Familien in Französisch. Bemerkenswert und symptomatisch, jedoch weitgehend unerforscht, ist hierbei das Phänomen der Remigration in die Heimatländer. Zu erwähnen sind hier z. B. jene portugiesischen Migranten, die in Frankreich weit über 1 Mio. zählen, von denen viele mit ihren nun in Frankreich sozialisierten Familien nach Portugal zurückkehren und dort eine Art französischsprachige Diaspora bilden.

Tab. 2: Französisch in Europa

Land/ Region	Haupt-stadt	Offizielle Sprache(n)	Andere Sprachen	Bev.-zahl (in Mio.)[1]	Reale Franko-phone[2]	Okkasio-nelle Fran-kophone[3]
Belgien	Brüssel	F, Nieder-ländisch, Deutsch	Italienisch, Lingala, Arabisch	10,2	4,5 Mio.	3,2 Mio.
Frankreich	Paris	F	Baskisch, Katalanisch, Korsisch, Deutsch u. a.; Arabisch, Portugie-sisch	59,2	57 Mio.	
Luxemburg	Luxemburg	Lëtzebuer-gesch, Deutsch, F	Portugie-sisch, Arabisch	0,4	0,3 Mio.	k. A.
Monaco	Monte Carlo	F	Italienisch, Englisch	0,03	k. A.	k. A.
Schweiz	Bern	F, Deutsch, Italienisch, Rätoroma-nisch	Spanisch, Portugie-sisch, Arabisch	7,2	1,2 Mio.	2 Mio.
Aostatal/ Italien	Aoste/Aosta	Italienisch, F, Deutsch	Frankopro-venzalisch	0,116[4]	45.000	k. A.
Jersey/GB	St. Helier	Englisch	F	0,085	5.720[5]	k.A.
Guernsey/ GB	St. Pieter Port	Englisch	F	0,059	k.A.[6]	

1   Angaben nach L'Année francophone internationale 2003.
2   Angaben nach Ager 1996, 23 ff.
3   Ebd.
4   Vgl. F. Jablonka 2001, 15. Mangels aktueller Erhebungen zur Zahl der Frankophonen im Aostatal sind nur Schätzungen möglich. Die Zahl der Sprecher des Französischen und Frankoprovenzali-schen schwanke zwischen 40 und 70% der Gesamtbevölkerung, vgl. ebd. Fußnote 1.
5   Angaben nach Lösch 2000, 64 zu den Sprechern des *Jèrriais* im Jahre 1989.
6   Nach Schätzungen zu Anfang der achtziger Jahre sprachen ca. 6 000 Einwohner das *Guernesiais*, vgl. Lösch 2000, 72.

Karte 2: Ost- und südosteuropäische Länder der Francophonie

Im 18. und 19. Jh. bestand zwischen den Aristokratien und den intellektuellen Eliten der ost- und südosteuropäischen Länder wie Polen, Russland, Rumänien und Bulgarien und denen Frankreichs ein enger Kontakt. Frankreich galt als Modell für die kulturelle Entwicklung und die nationalstaatlichen wie sprachlichen Modernisierungsbestrebungen in den Ländern des Balkans und Osteuropas, die lange Zeit unter türkischer und zeitweilig unter russischer Herrschaft standen. Französisch zu sprechen gehörte zum kulturellen Selbstverständnis der Eliten. An diese, auch heute partiell noch lebendige Tradition (vgl. Posner 2003) knüpft die Argumentation an, mit der die Mitgliedschaft dieser Länder in der internationalen Organisation der Francophonie legitimiert wird. Ein anderes Argument für deren Mitgliedschaft besteht in der Neuordnung der internationalen Beziehungen nach dem Zerfall der Sowjetunion und der sozialistischen Staaten. Hierbei treffen sich zwei Strategien: zum einen die der Francophonie auf dem Weg zum globalen Akteur und zum anderen die der kulturellen und wirtschaftlichen Entwicklung auf Seiten der ost- und südosteuropäischen Länder. Bislang ist dieser Problemkreis relativ wenig erforscht. Er zeigt zumindest, dass für die Strategen der Francophonie die Befürchtungen eines Verlusts an Glaubwürdigkeit und Identität bei den bisherigen sich über die Sprache definierenden Mitgliedern geringer wiegen als Kriterien der Ökonomie, Politik und Strategie.

Französisch als Symbol kultureller Orientierung

2 Französisch im Maghreb und Maschrik

Die Bezeichnungen *Maghreb* und *Maschrik* bedeuten im Arabischen 'Sonnenuntergang' bzw. der Westen und 'Sonnenaufgang' bzw. Osten der arabisch-islamischen Welt. Sie stehen jeweils für die im Nordwesten Afrikas bzw. im Nahen Osten gelegenen Länder. Zum Maghreb gehören Marokko, Algerien und Tunesien.[3] Zum Maschrik zählen die Länder des Nahen Ostens, von denen im Zusammenhang mit dem Thema Frankophonie vor allem der Libanon, in geringerem Maße Syrien, Ägypten und der Iran, aber auch Israel eine gewisse Rolle spielen.

Räumliche Gliederung

---

3   Gelegentlich werden auch Mauretanien und Libyen zu den Maghreb-Staaten gezählt, dann jedoch unter der Bezeichnung *Le Grand Maghreb*. Zur sprachlichen und kulturellen Situation im Maghreb vgl. Laroussi (Hg.) 1997. Mauretanien stellt ethnisch betrachtet eine Übergangszone vom "weißen" zum "schwarzen" Afrika dar, in dem Arabisch und Französisch die offiziellen Sprachen sind. In kolonialgeschichtlicher Perspektive wird es zu den schwarzafrikanischen Ländern gerechnet, da es der ehemaligen französischen Verwaltungseinheit *Afrique Occidentale Française* (A.O.F.) angehörte.

Karte 3: Französisch in den Ländern des Maghreb

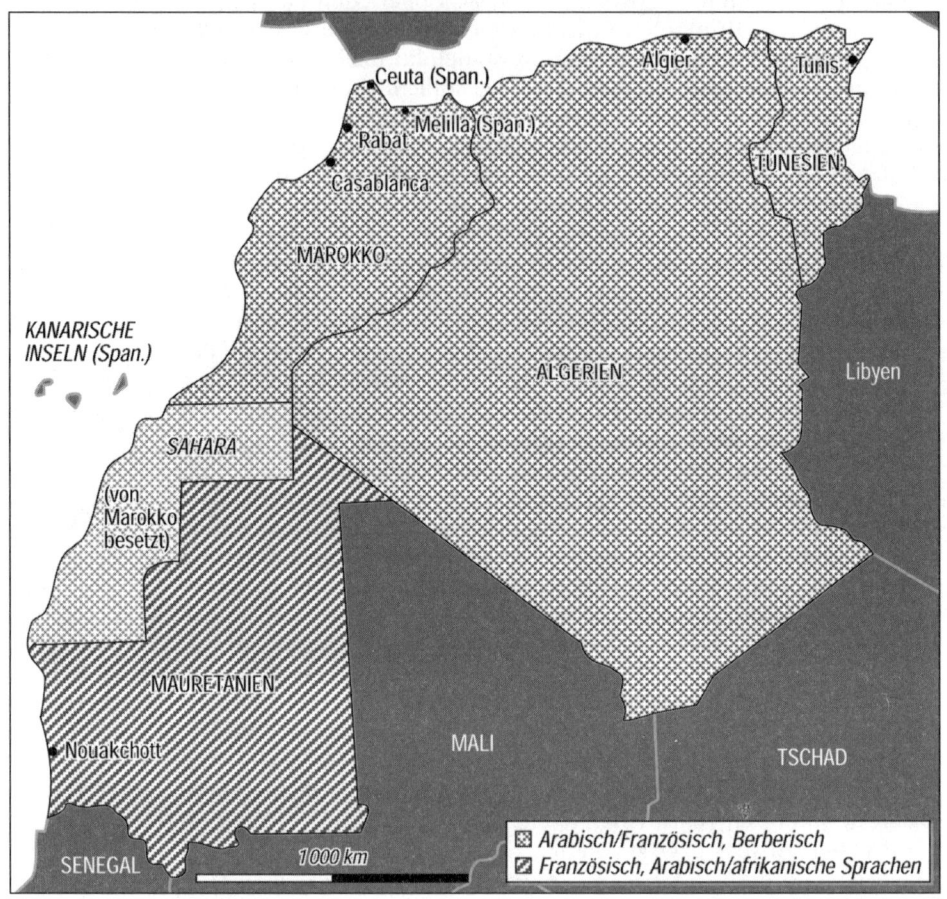

Sprachliche
Verhältnisse

In den Maghrebstaaten ist Arabisch die offizielle Sprache. In Mauretanien ist Französisch kooffiziell, in Marokko und Tunesien genießt es einen rechtlichen Sonderstatus im Bereich der Verwaltung und des Bildungswesens. In Algerien, wo seitens der offiziellen Politik die Arabisierung der Gesellschaft von den islamistischen Kreisen am konsequentesten vorangetrieben wird, hat es keinen offiziellen Status, wiewohl das Französische im öffentlichen Leben weit verbreitet ist. In all diesen Ländern konzentriert sich der Bilinguismus in Arabisch und Französisch, in Marokko, Mauretanien und Algerien auch der Trilinguismus in Arabisch, Berberisch/Kaby-

lisch und Französisch, vor allem in der sozio-kulturellen und ökonomischen Elite und bei den höher Gebildeten. Je nach Region und
je nach Berechnungsgrundlage gelten im Maghreb ein Drittel oder
auch nur 6 Prozent der Bevölkerung als frankophon. Wenn man
bedenkt, dass Französisch meist als Schulsprache gelernt wird und
zugleich weiß, dass in den einzelnen Maghrebstaaten bis zu 65 Prozent der Bevölkerung Analphabeten sind, dann wird deutlich, was
es heißt, dass das Französische wie überall in Afrika und im arabischen Raum eine Sprache der sozialen Eliten ist.

Die Länder des Maghreb gehörten zum Kolonialsystem Frank-   Kolonialismus
reichs und erlangten zwischen 1956 und 1962 ihre Unabhängigkeit
(vgl. Kapitel 3). Bis zu diesem Zeitpunkt und auch darüber hinaus
war Französisch *de facto* oder *de jure* die Amtssprache und die Schulsprache, womit längerfristig der frankophone Charakter dieser Region durchgesetzt wurde. Die heutigen Positionen der Maghrebstaaten zum Französischen und zu Frankreich sind indessen
unterschiedlich. Sie variieren einerseits in Abhängigkeit davon,
welche Rolle Frankreich in der Zeit des Kolonialismus spielte, und
andererseits davon, welche politischen, ideologischen und wirtschaftlichen Kämpfe heute – im Spannungsfeld von Islamisierung,
Arabisierung und Globalisierung – in diesen Ländern ausgetragen
werden. So wirkt besonders in Algerien die französische Kolonialpolitik bis in die Gegenwart nach, die bis zur Unabhängigkeit 1962
systematisch auf Ausmerzung der islamischen Kultur setzte und als
ein besonders dunkles Kapitel französischer Geschichte gilt.

Dies erklärt, warum in Algerien auch gegenwärtig noch die an-   Sprachpolitik
haltend starke Präsenz des Französischen in Bildungswesen, Medien
und Wissenschaft zwischen Befürwortern und Gegnern der Arabisierung und Islamisierung heftig umstritten ist. In Tunesien wird
dagegen mehr noch als in Marokko eine pragmatische Sprachpolitik
gegenüber dem Französischen verfolgt. Für alle Maghrebstaaten gilt,
dass der Mangel an finanziellen Ressourcen eine konsequente Arabisierung der Gesellschaft insbesondere in Bereichen wie Naturwis-
senschaft, Technik und Medizin nicht erlaubt. Die schulische und
universitäre Ausbildung in den betreffenden Disziplinen erfolgt weiterhin in Französisch, während in sozial- und humanwissenschaft-
lichen Fächern Arabisch an Verbreitung gewinnt.

Im Maschrik, der von Ägypten bis nach Syrien und ggf. bis zum
Iran reicht, und insbesondere im Libanon, gibt es eine nicht unbe-
trächtliche Zahl von Frankophonen, die sowohl im Zuge von Migration und Remigration als auch aufgrund von Bildungsaspirationen
und kommerziellen Beziehungen Französisch als Erst-, Zweit- oder
Drittsprache haben. In dieser von jahrzehntelangen Kriegen und
Konflikten geschüttelten multiethnischen und dominant arabophonen Region konkurrieren heute als Zweitsprachen Englisch und

Karte 4:   Französisch und die Mitgliedstaaten der Francophonie im Maschrik

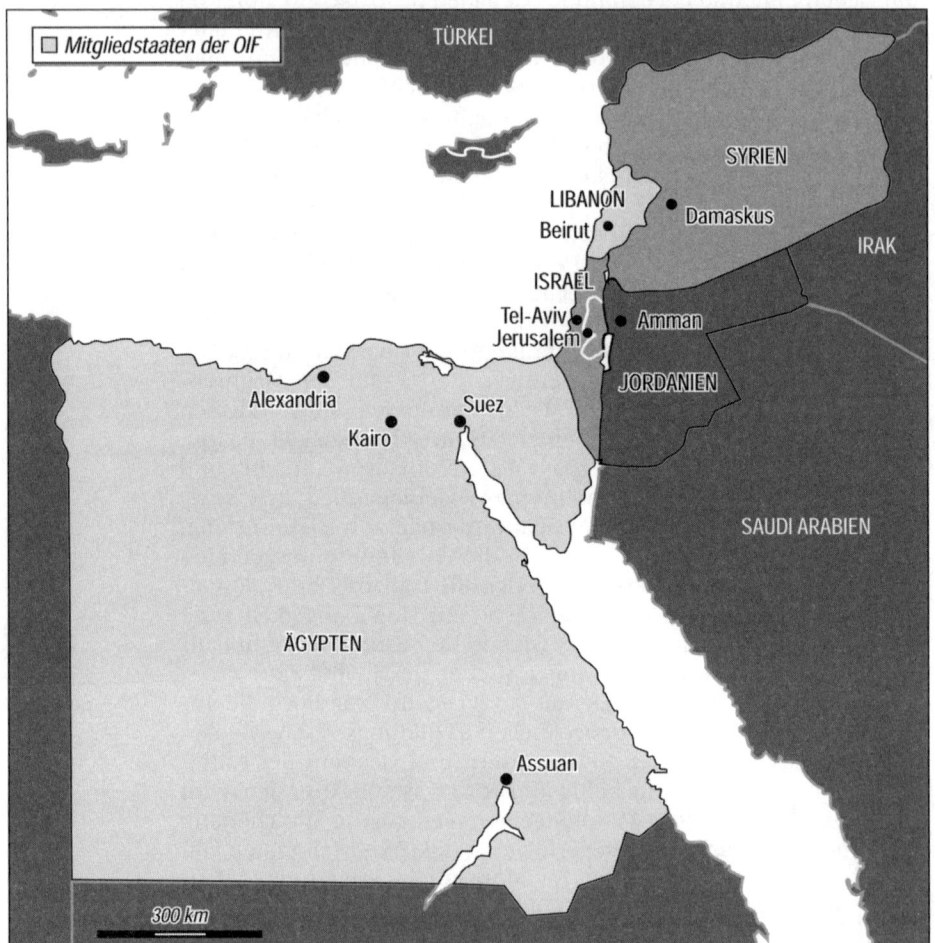

Französisch. Während Englisch als internationale Sprache der Wirtschaft Prestige besitzt, gilt Französisch als Sprache einer bestimmten kulturellen und sozialen Orientierung, die sich nicht zuletzt in der Existenz von drei französischsprachigen Universitäten im Libanon ausdrückt. In der ägyptischen Stadt Alexandria befindet sich die französischsprachige Université Senghor, die sich auf eine Ausbildung in Fächern spezialisiert hat, die für die frankophonen Entwicklungsländer von besonderem Interesse sind: Ernährung und Gesundheit, Verwaltung und Umweltschutz.

Tab. 3:   Französisch im Maghreb und Maschrik

Land	Hauptstadt	Kolonial-herrschaft	Offizielle Sprache(n)	Andere Sprachen[1]	Bev.zahl (in Mio.)[2]	Reale Franko-phone[3]	Okkasio-nelle Franko-phone[4]
Maghreb							
Algerien	Algier	Frz. 1830–1962	Arabisch	Französisch, Berberische Varietäten	30,3	7,47 Mio.	7,47 Mio.
Marokko	Rabat	Frz. 1904–1956	Arabisch	Französisch, Berberische Varietäten, Spanisch	29,9	4,61 Mio.	6,4 Mio.
Maure-tanien	Nouakchott	Frz. 1904–1960	Arabisch, F	Poular, Wolof, Soninké	2,7	120.000	k.A.
Tunesien	Tunis	Frz. 1881/83–1954	Arabisch	F, Berberische Varietäten	9,5	2,37 Mio.	3,16 Mio.
Maschrik							
Libanon	Beirut	Frz. 1920–1941/46	Arabisch	F, Englisch, Armenisch	3,5	894.000	800.000
Syrien	Damaskus	Frz. 1920–1946	Arabisch	Kurdisch, Armenisch, F + 12 weitere	16,2	12.000	k.A.
Israel							
Israel	Jerusalem[5]		Hebräisch	Arabisch, Russisch, Englisch, F + 31 weitere	6	500.000	k.A.

1   Angaben nach Summer Institute of Linguistics (2004): Ethnologue. Languages of the World. 14th Ed.: www.ethnologue.com/country_index.asp
2   Angaben nach L'Année francophone internationale 2003.
3   Angaben nach Ager 1996, 25 ff.
4   Ebd.
5   Von einigen Staaten nicht als Hauptstadt anerkannt.

Migration Eine große Zahl von arabophonen und/oder berberophonen Migranten aus dem Maghreb und Maschrik sowie deren Nachfahren – Ager (1996, 30) spricht von bis zu 14 Mio.[4] – leben heute in Frankreich, viele von ihnen im urbanen Milieu der Großstädte und meist in recht problematischen sozialen Verhältnissen. Wirtschaftliche Gründe in ihren Heimatländern einerseits, politische Gründe andererseits insbesondere bei Intellektuellen aus Algerien und bei all jenen, für die die wachsende Islamisierung Intoleranz, Unterdrückung und Rückschritt bedeuten, sind die Hauptmotive für die Migration nach Europa und nach Nordamerika, wo sie sich vielfach in französischsprachigen Gemeinschaften wiederfinden.

3 Französisch im subsaharischen Afrika

Verbreitung Mit der sozialen Verankerung des Französischen im Maghreb hat das subsaharische Afrika zwei Sachverhalte gemeinsam: a) die Verbreitung des Französischen geht auf die koloniale Expansion Frankreichs, im Falle des Kongo-Beckens und der Region der Großen Seen auf Belgien zurück. b) Französisch ist Kommunikationsmittel der gesellschaftlichen Eliten in ansonsten vielsprachigen Gesellschaften. Im Unterschied zum dominant arabophonen Maghreb ist im subsaharischen Afrika das Französische alleinige offizielle oder kooffizielle Sprache in durchgängig multiethnischen und vielsprachigen Gesellschaften. Für Afrikaner ist Französisch bislang nur zu einem geringen Prozentsatz Erstsprache (vgl. Abschnitt 5.4).

Mehrsprachigkeit Mehrsprachigkeit ist im subsaharischen Afrika weitaus verbreiteter als in Europa oder im Norden Afrikas. Als ein Topos im kolonialen und neokolonialen Diskurs erschien und erscheint die Behauptung, Französisch sei in Afrika erforderlich, um in einer Situation der Vielsprachigkeit eine Sprache zu haben, mit der, sozusagen stammesneutral, die vielfältigen Sprachgrenzen überwunden werden könnten. Dass es sich hierbei (meist) um einen Diskurs der Rechtfertigung der kolonialen Sprachpolitik und um eine Übertragung des Modells der europäischen Nationalsprache auf die postkoloniale Situation in Afrika handelt, liegt auf der Hand. Wie in Calvet (Hg.) 1992 gezeigt wird, reduziert sich in der Realität auch in vielsprachigen Staaten die großräumige Kommu-

---

4 Die Schätzungen zur Immigration aus dem Maghreb, wie sie in HCF (1997, 457) angegeben werden, sind deutlich niedriger: Für Frankreich werden 1,47 Mio. und für die Benelux-Staaten 366.000 Immigranten aus Marokko, Algerien und Tunesien angegeben. Unklar ist jedoch, auf welchen Zeitraum sich diese Angaben beziehen und wer als Immigrant gezählt wird.

2.2.3

Karte 5: Französisch und andere Sprachen in den Ländern der Sahelzone und in Ostafrika

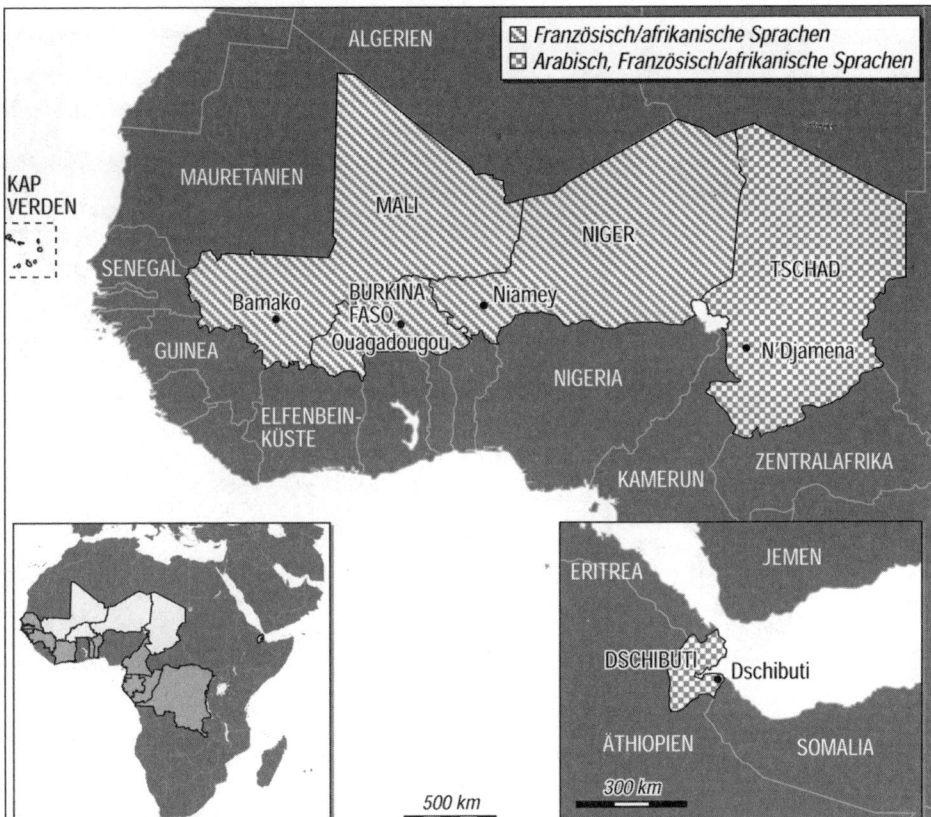

nikation auf eine geringe Zahl von Sprachen, so dass es eigentlich nicht des Französischen bedarf. Im Rahmen der afrikanischen Mehrsprachigkeit gilt Französisch jedoch als die Sprache des gesellschaftlichen Aufstiegs. Doch nur ein kleiner Teil der Afrikaner hat Zugang zum Französischen. Je nach Land oder Region schwankt die Zahl der realen Frankophonen zwischen 0,1 und optimistischen 35 Prozent, meist wohl um die fünf bis zehn Prozent, jene der okkasionellen Frankophonen zwischen vier und wiederum sehr optimistischen 40 Prozent (vgl. AFI 1998 ff.). Aus diesen Angaben geht nicht hervor, wie viele der einstigen Schüler, die Französisch in der Schule gelernt haben, diese Sprache schon bald wieder vergessen haben.

2.2.3

Karte 6: Französisch und andere Sprachen in den Mitgliedsländern der Francophonie in West- und Zentralafrika

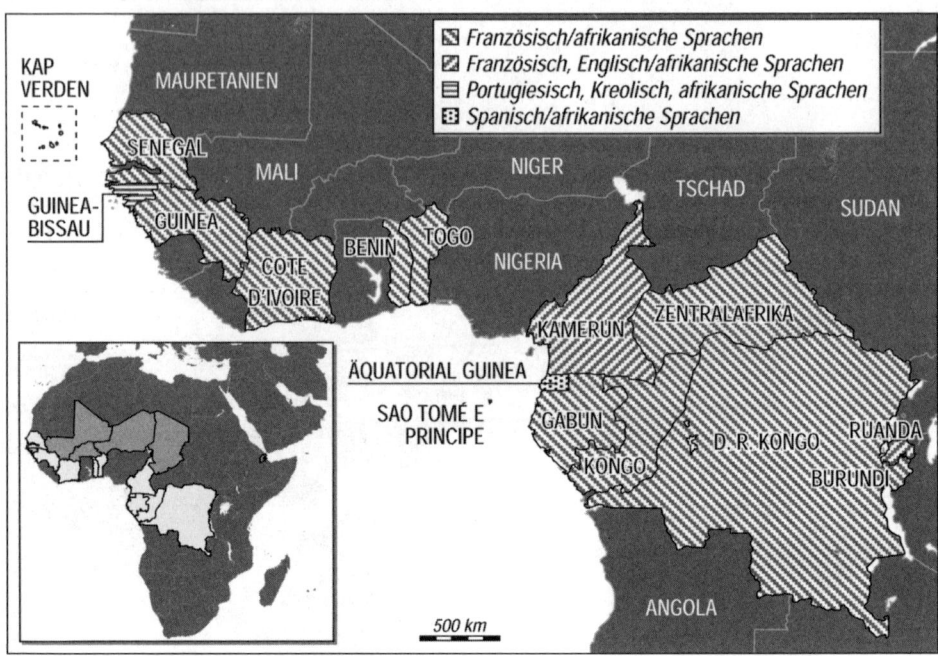

Status/
Funktionen des
Französischen

In Afrika haben 18 Staaten, die mit Ausnahme des ostafrikanischen Dschibuti alle in West- und Zentralafrika liegen, Französisch als offizielle oder kooffizielle Sprache. Neben seiner Funktion als offizielle Sprache ist es die Sprache des Schulwesens, der Verwaltung, des Bankwesens und der internationalen Kommunikation sowie dominant die Sprache der Medien und nicht selten auch die Sprache des Gelderwerbs. Der Status als offizielle Sprache in vielsprachigen Gesellschaften bringt es mit sich, dass das Französische einerseits in relativ klar abgegrenzten Bereichen wie Bildungswesen, Verwaltung und Bankwesen verwendet wird, ohne dass damit automatisch andere Sprachen aus privaten oder selbst auch aus öffentlichen Kommunikationssituationen ausgeschlossen wären. Andererseits befindet es sich im ständigen Kontakt mit afrikanischen Sprachen, was dazu führt, dass es sich je nach Situation des Spracherwerbs und je nach den sprachlichen und sozialen Gegebenheiten der ansonsten noch gesprochenen Sprachen auf unterschiedliche Weise ausformt.

Ist Französisch eine afrikanische Sprache? Natürlich nicht, wenn man darunter eine Sprache verstehen will, die autochthon verwurzelt ist oder die die Identität eines afrikanischen Volkes prägt (vgl. Dumont 1990). Bis heute gibt es kein afrikanisches Volk und keine afrikanische Nation mit dem Französischen als (Erst-)Sprache. Doch ist diese Frage deutlich komplexer, denn ohne Zweifel ist es auch in Afrika neuerdings die Erstsprache von Gruppen und Gemeinschaften (vgl. Abschnitt 5.4). Das zentrale Problem ist ideologischer wie politischer Natur und liegt in der wirtschaftlichen und sozialen Abhängigkeit von den ehemaligen Kolonialmächten sowie in der kulturellen Identität der Afrikaner begründet, ohne dabei die Machtspiele der neuen afrikanischen Potentaten zu übersehen. Seit den sechziger Jahren findet die Betrachtung des Französischen als einer für Afrika bedeutsamen Sprache ebenso heftige Befürworter wie Kritiker. Für den senegalesischen Politiker und Dichter L. S. SENGHOR stellt das Französische zwar keine in Afrika gewollte Sprache dar, doch eben eine, die den Afrikanern den Anschluss an die moderne Welt ermögliche. Dagegen verweist der Kameruner Schriftsteller MONGO BETI auf die Komplizenschaft von hemmungsloser Ausbeutung und französischer Sprache und prophezeit, dass dem Französischen keine Zukunft in Afrika beschieden sei und dass es L.S. SENGHOR nur wenige Jahrzehnte überleben werde (vgl. Beti 1979, 44). Auch J. P. MAKOUTA-MBOUKOU (1973) betrachtet das Französische als den Afrikanern fremd, doch zielt seine Argumentation darauf ab, dass die Afrikaner die Rolle der in Abhängigkeit gehaltenen Konsumenten verlassen müssten und sie sich das Französische nach ihren Bedürfnissen aneignen und neu schaffen sollten: *"Il ne faut pas que les Négro-africains subissent simplement une langue qui leur est totalement étrangère, il faut qu'ils ne soient plus de simples et mauvais consommateurs de langue française, mais qu'ils la recréent pour la rendre accessible à leur mode de vie et à leur manière de penser"*.[5] Er skizzierte hierbei einen Aneignungsprozess, der zwei Jahrzehnte später eine gewisse soziolinguistische Realität erlangen sollte (vgl. Abschnitt 5.4). Der Kameruner Sprachwissenschaftler G. MENDO ZE sieht diese Aneignung des Französischen als "notre langue" bereits als eingeleitet und forderte seine afrikanischen Landsleute dazu auf, das Französische nicht mehr als verlängertes Instrument kolonialherrschaftlicher Verhältnisse zu betrachten, sondern es als eine Sprache anzuerkennen *"qui, aujourd'hui, a pris corps dans nos vies, et qui peut exprimer notre identité culturelle et permettre de cerner ce que nous partageons avec plusieurs peuples dans le monde"* (1999, 27).

Französisch als afrikanische Sprache

---

5   J. P. Makouta-Mboukou (1973), *Le français en Afrique noire*, Paris-Bruxelles-Montréal, zitiert nach Dumont (1992, 108f.).

Tab. 4:   Französisch im subsaharischen Afrika

Land	Hauptstadt	Kolonial-herrschaft	Offizielle Sprache(n)	Andere Sprachen[1]	Bev.zahl (in Mio.)[2]	Reale Franko-phone[3]	Okkasio-nelle Franko-phone[4]
Sahelzone							
Burkina Faso	Ouagadougou	Frz. 1897-1960	F	Mooré, Dioula + 63 weitere	11,5	610.000	1,3 Mio.
Mali	Bamako	Frz. 1883-1960	F	Bambara, Songhay, Soninké + 36 weitere	11,4	890.000	890.000
Niger	Niamey	Frz. 1899-1960	F	Haussa, Fulfulde, Zarma + 16 weitere	10,8	520.000	1,11 Mio.
Tschad	N'Djamena	Frz. 1910-1960	F, Arabisch	Fulfulde, Mundang, Tupuri + 129 weitere	7,9	150.000	980.000
Westafrika							
Senegal	Dakar	Frz. 1659/ 1854–1960	F	Wolof, Poular, Mandinke + 32 weitere	9,4	720.000	1,1 Mio.
Côte d'Ivoire	Yamoussoukro	Frz. 1893–1960	F	Baoulé, Dioula, Anyin + 73 weitere	16	3,6 Mio	3,6 Mio.
Guinea	Conakry	Frz. 1842/ 1881–1958	F[5]	Maninka, Susu + 29 weitere	8,2	355.000	710.000

---

1   Angaben nach Summer Institute of Linguistics (2004): Ethnologue. Languages of the World. 14th Ed.: www.ethnologue.com/country_index. asp
2   Angaben nach L'Année francophone internationale 2003.
3   Angaben nach Ager 1996, 30f.
4   Ebd.
5   In Guinea wie im Kongo enthält die Verfassung keinen Hinweis auf die offizielle Sprache. De facto ist es jedoch das Französische.

2.2.3

Land	Hauptstadt	Kolonial-herrschaft	Offizielle Sprache(n)	Andere Sprachen[1]	Bev.zahl (in Mio.)[2]	Reale Franko-phone[3]	Okkasio-nelle Franko-phone[4]
Togo	Lomé	Deutsch 1884–1920 Frz. 1920–1960	F	Ewe, Kabiyé, Tem + 38 weitere	4,5	680.000	1,02 Mio.
Benin	Porto-Novo	Frz. 1830/1904-1960	F	Fon, Yoruba, Fulfulde + 47 weitere	6,3	470.000	940.000
Zentralafrika							
Kamerun	Yaoundé	Deutsch 1884–1920 Frz./Brit. 1920–1960	F, Englisch	Ewondo, Fulfulde, Basaa + 274 weitere	14,6	1,94 Mio.	2,16 Mio.
Zentralafri-kanische Republik	Bangui	Frz. 1889–1960	F, Sangho	Banda, Gbaya + 64 weitere	3,7	140.000	365.000
Gabun	Libreville	Frz. 1886–1960	F	Fang, Myéné + 38 weitere	1,2	300.000	400.000
D. R. Kongo	Kinshasa	Belg. 1885–1960	F	Lingala, Swahili, Ciluba, Kikonko + 213 weitere	50,9	1,74 Mio.	3,5 Mio.
Kongo	Brazzaville	Frz. 1880–1960	F	Lingala, Munukutuba + 58 weitere	3	770.000	660.000
Gebiet der großen Seen							
Burundi	Bujumbura	Belg. 1920/ 1946–1962	F, Kirundi	Swahili	6,4	165.000	550.000
Ruanda	Kigali	Belg. 1920/ 1946–1962	Kyniar-wanda, F, Englisch		7,6	210.000	350.000
Ostafrika							
Dschibuti	Dschibuti	Frz. 1892–1977	F, Arabisch	Afar, Somali	0,6	29.000	100.000

4 Französisch im Indischen Ozean

Die Inseln und Archipele östlich des afrikanischen Kontinents stellen in sprachlicher Hinsicht ebenfalls einen vielfältig gegliederten sozialen Raum dar, der einerseits durch die autochthonen Kulturen, andererseits durch die Migrationsbewegungen vom indischen Subkontinent und aus dem arabophonen Afrika sowie schließlich durch die Sprachen der Kolonialmächte geprägt wurde. Mischungsprozesse einerseits und kulturelle und ethnische Segregation andererseits sind hier eng beieinander. Ein Ergebnis von Mischung sind mehrere französisch basierte Kreolvarietäten. Auf den Seychellen wird eine von diesen seit 1981 als offizielle Sprache verwendet, vor Englisch und Französisch, die kooffiziell sind.

Karte 7: Französisch und andere Sprachen auf den Inseln im Indischen Ozean

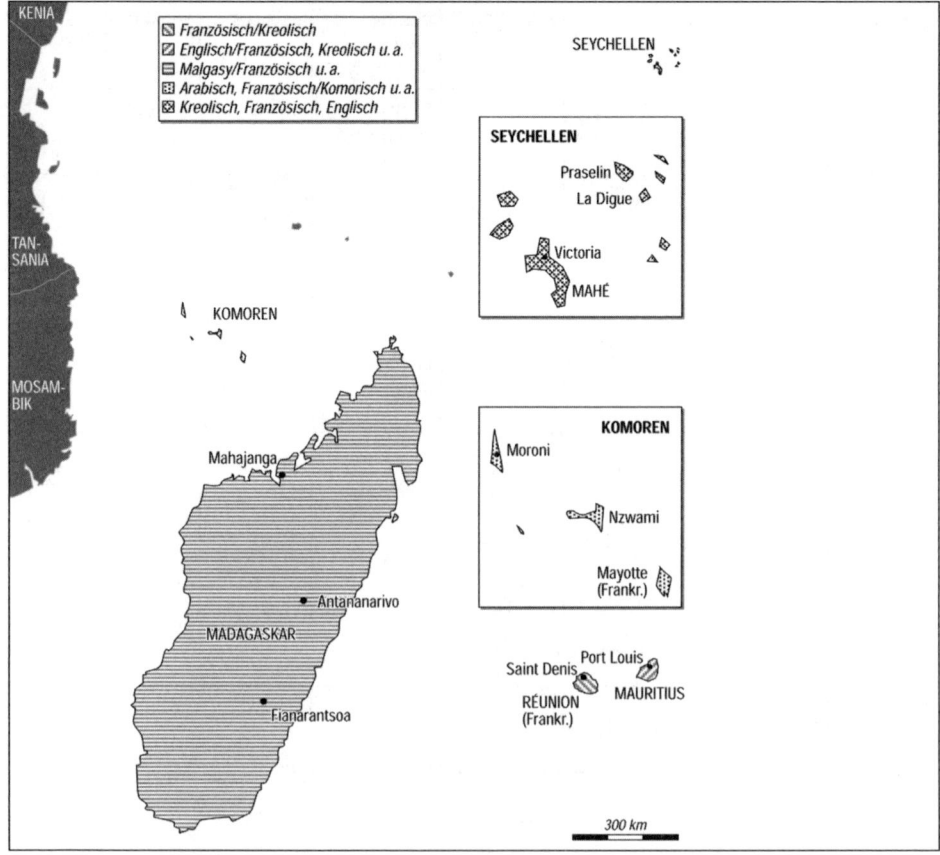

Tab. 5: Französisch auf den Inseln im Indischen Ozean

Land	Hauptstadt	Kolonial-herrschaft	Offizielle Sprache(n)	Andere Sprachen[1]	Bev.zahl (in Mio.)[2]	Reale Franko-phonie[3]	Okkasio-nelle Franko-phonie[4]
Komoren	Moroni	Frz. 1886-1946/ T.O.M. bis 1975	Arabisch, F	Komorisch, Swahili + 3 weitere	0,7	35.000	120.000
Mada-gaskar	Antananarivo	Frz. 1885–1958/1960	Malagasy	F Komorisch, Busui	16	1,06 Mio.	1,3 Mio.
Mauritius	Port-Louis	Niederl. 1638–1715 Frz. 1715–1810 Brit. 1810-1968	Englisch	F, Kreolisch, Urdu + 3 weitere	1,2	270.000	600.000
Mayotte[5]	Mamoudzou	Frz. 1841–1946/ seither T.O.M.	F	Komorisch + 2 weitere	0,16	20.000	20.000
Réunion	Saint-Denis	Frz. 1649–1946/ seither D.O.M.	F	Kreolisch	0,7	460.000	87.000
Seychellen	Victoria	Frz. 1743–1811 Brit. 1811–1976	Kreolisch, Englisch, F		0,1	5.000	15.000

---

1 Angaben nach Summer Institute of Linguistics (2004): Ethnologue. Languages of the World. 14th Ed.: www.ethnologue.com/country_index. asp.
2 Angaben nach L'Année francophone internationale 2003.
3 Angaben nach Ager 1996, 30f.
4 Ebd., 33.
5 Von Frankreich abhängige territoriale Gemeinschaft: *Collectivité territoriale française*.

Ebenfalls hochkomplex ist die Sprachsituation auf Madagaskar, wo seit 1975 das überall auf der Insel verbreitete Malgache als Nationalsprache (Malagasy) proklamiert und ausgebaut wird, anstelle des Französischen als Sprache der Verwaltung der ehemaligen Kolonialmacht, als Sprache des Bildungswesens und einer kleinen sozialen Elite. Die auch heute noch im höheren Bildungswesen gelehrte französische Standardvarietät koexistiert mit einer weit verbreiteten umgangssprachlichen (vernakulären) Varietät eines madagassischen Französisch und zunehmend auch mit einer unter den Gebildeten verbreiteten Mischvarietät aus Französisch und Madagassisch, dem *Frangache* (*Farangasy*) (vgl. Bavoux 2000, Schmidt 1997).

5 Französisch in Nordamerika und der Karibik

Verbreitung Auf dem amerikanischen Kontinent leben französischsprachige Gemeinschaften in Kanada, den USA, auf den großen und kleinen Antillen, auf Haiti, in geringem Maße auch auf den heute dominant englischsprachigen Inseln Dominica, Saint Lucia, Grenada, Trinidad and Tobago sowie in den zu Frankreich gehörenden Territorien der südlich von Neufundland gelegenen Inselgruppe Saint-Pierre et Miquelon und in den karibischen Überseedepartements Martinique, Guadeloupe und in Französisch-Guyana.

Offizieller Bilinguismus in Kanada Kanada ist seit 1969 eine offiziell zweisprachige Föderation, in der auf der Bundesebene Französisch und Englisch die offiziellen Sprachen sind. Die Frankophonen sind mit knapp einem Viertel der ca. 30 Mio. Kanadier die größte sprachliche Minderheit des Landes. In den kanadischen Provinzen, vergleichbar mit den Bundesländern in Deutschland oder in Österreich, variieren jedoch Status, Funktion und Verbreitung des Französischen beträchtlich.

Offizielle Einsprachigkeit in Québec In der Provinz Québec, die seit 1977 offiziell einsprachig ist und Französisch zur offiziellen Sprache hat, leben ca. 5,6 Mio. Frankophone (= 82 Prozent der Bevölkerung), wobei im sozialen Raum das Französische als dominante Sprache durchaus in Konkurrenz mit dem in Nordamerika omnipräsenten Englisch steht. Von den vielen anderen Sprachen, die in dieser Provinz und überall in Kanada gesprochen werden, sind Englisch als Minderheitensprache sowie die autochthonen Sprachen der Indianer und der Inuit – die Sprachen der *Premières nations* – offiziell anerkannt. Die sprachpolitischen Aktivitäten der Provinz konzentrieren sich sowohl auf den Schutz des Französischen gegenüber dem Englischen als auch auf seine Standardisierung auf Basis des *usage québécois*. Das von der offiziellen Sprachpolitik gestützte und vom ehemaligen *Office de la*

Karte 8: Französisch in Nordamerika

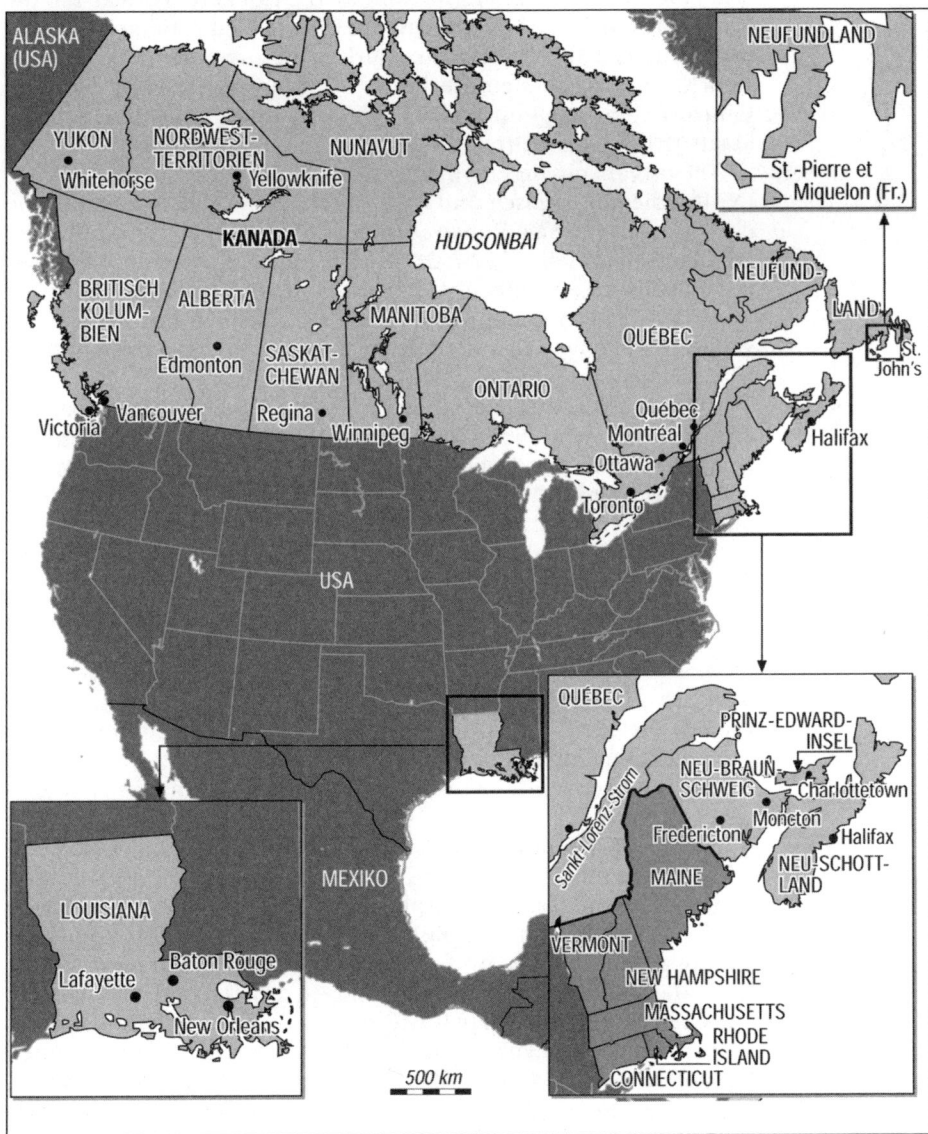

langue française, vom *Conseil de la langue française*, von *Radio Canada* und anderen staatlichen Institutionen begleitete Projekt ist die Schaffung eines *standard d'ici*, der im Unterschied zum hexagonalen Standard des Französischen stärker den nordamerikanischen sprachlichen Realitäten Rechnung tragen soll. Der Ausbau des Französischen spielt im Prozess der Konstituierung einer Quebecer Staatsnation eine zentrale Rolle.

Bilinguismus in N.-B.

Die ostkanadische Provinz Nouveau-Brunswick/New-Brunswick (N.-B.), die mit Englisch und Französisch als offiziellen Sprachen die einzige zweisprachige Provinz Kanadas ist, hat einen frankophonen Bevölkerungsanteil von ca. 28 Prozent. In N.-B. lebt die Mehrheit der französischsprachigen Akadier (*les Acadiens*), die auch in den anderen zur historischen Region Acadie zählenden Provinzen Nouvelle-Écosse/Nova Scotia und Île-du-Prince-Édouard/Prince Edward Island beheimatet sind.

Französisch in den anglophonen Provinzen

Wieder anders ist die Situation in der Provinz Ontario, in der zwar mit ca. einer halben Million Sprechern die zahlenmäßig größte frankophone Minderheit außerhalb Québecs lebt, die aber, wie alle übrigen Provinzen auch, dominant anglophon ist. Die Frankophonen haben in all diesen Provinzen den Status von Minderheiten der offiziellen Sprache, was ihnen die Möglichkeit einräumt, staatliche Subventionen zu erhalten und besondere rechtliche Regelungen in Anspruch zu nehmen. Je nach Provinz definieren sie sich als *Franco-Manitobains* (Manitoba), *Fransaskois* (Saskatchewan), *Franco-Albertains* (Alberta), als *Francophones de la Colombie-Britannique* usw. Die insgesamt komplizierte sprachpolitische Situation in Kanada ist Ergebnis von mehreren historischen Kompromissen zwischen Anglophonen und Frankophonen sowie Resultat der Auseinandersetzung zwischen verschiedenen Nationalismen in diesem Land.

Französisch in den USA

In den USA geht die Entstehung französischsprachiger Gemeinschaften vor allem auf drei Ereignisse zurück: auf die Deportation einiger Tausend französischsprachiger *Acadiens* durch die Briten 1755 nach Louisiana, auf die wirtschaftliche Migration von Frankophonen aus Québec in die Neuenglandstaaten Vermont, Maine, New Hampshire, Rhode Island, Massachusetts und Connecticut zwischen 1840 und 1920 sowie drittens auf die relativ disparate touristische und wirtschaftliche Migration von frankophonen Kanadiern nach Florida und Kalifornien in den letzten Jahrzehnten. In den Neuenglandstaaten hat das Französische keinen anerkannten Status und wird nicht oder nur in geringem Maße gefördert. Die französischsprachigen Gemeinschaften sind einem starken Assimilationsdruck ausgesetzt.

Die Frankophonen im US-Bundesstaat Louisiana, in dem gegenläufig zu der US-weiten *English only*-Kampagne das Französische seit 1968 einen quasi-offiziellen Status hat, leben vor allem im südlichen und südwestlichen, als *Acadiana* bezeichneten Gebiet. Zentrum der frankophonen *Cadjin*-Kultur ist die Universitätsstadt Lafayette (u. a. Sitz des *Conseil pour le Développement du Français en Louisiane* – CODOFIL), in deren näherer und weiterer Umgebung zahlreiche Gemeinden mit einer hochkomplexen Sprachsituation liegen. Das Englische hat seit Anfang des 20. Jh.s vor allem im Zusammenhang mit dem Wirtschaftsboom der Ölindustrie und dem Verbot des Französischen als Schulsprache (1921) die dominante Position eingenommen. Daneben existiert ein Varietätenspektrum, das von den französisch- und den englischbasierten Kreols, die überwiegend von Schwarzen und von Mulatten, seltener auch von Weißen gesprochen werden, über das *Cadjin* (oder *Cadien*, engl. *Cajun*, abgeleitet aus *Acadien*) der vielfach noch in der Land- und Fischereiwirtschaft tätigen autochthonen französischsprachigen Bevölkerung zu den Standardvarietäten des Französischen und des Englischen reicht.[6] Seit einigen Jahren wird in der *Acadiana* dem Französischen als Schulsprache im Rahmen von Immersionsprojekten[7] große Bedeutung beigemessen. Hierbei arbeiten Schule und CODOFIL zusammen. Zahlreiche sog. *coopérants* aus Québec, Belgien, Frankreich und Schwarzafrika besetzen alternierend Lehrerstellen und bringen die verschiedenen Gesichter und Akzente der Frankophonie nach Louisiana.

Für die französischsprachigen Räume auf den kleinen und großen Antillen ist in sprachlicher Hinsicht die Situation der Diglossie kennzeichnend. Hierbei gilt Standard-Französisch als Prestigesprache, als Sprache der öffentlichen Kommunikation und des gesellschaftlichen Aufstiegs, während die ansonsten verbreitete Sprache – das Kreolische – kaum oder kein Prestige im offiziellen Wertekanon besitzt. In besonderer Weise gilt dies für Haiti, wo ca. fünf Prozent der Bevölkerung französischsprachig sind und die soziale Elite darstellen, während alle übrigen Haitianer Kreolisch sprechen und das Französische – falls sie alphabetisiert sind – für die schriftsprachliche Kommunikation verwenden. In den französi-

Cadjin und Französisch in Louisiana

Diglossie Französisch-Kreolisch

---

6 Vgl. Neumann-Holzschuh 1985, Stäbler 1995, Valdman 1996, Valdman (ed.) 1997, Binder (ed.) 1998.

7 Im Kontext der Pädagogik bedeutet 'Immersion' das Eintauchen in eine andere Kultur. Schulische Immersionsprogramme, bei denen der gesamte Schulalltag in der zu lehrenden und gesellschaftlich zu stützenden Sprache abläuft, wurden zuerst in Kanada für Angehörige der anglophonen Mehrheitsgesellschaft eingerichtet, um sich das Französische, ebenfalls offizielle Sprache des Landes, als Zweitsprache anzueignen. Immersionsprogramme gibt es heute u. a. auch in Katalonien, Louisiana und der Schweiz.

2.2.5

Karte 9: Französisch und andere Sprachen im karibischen Raum

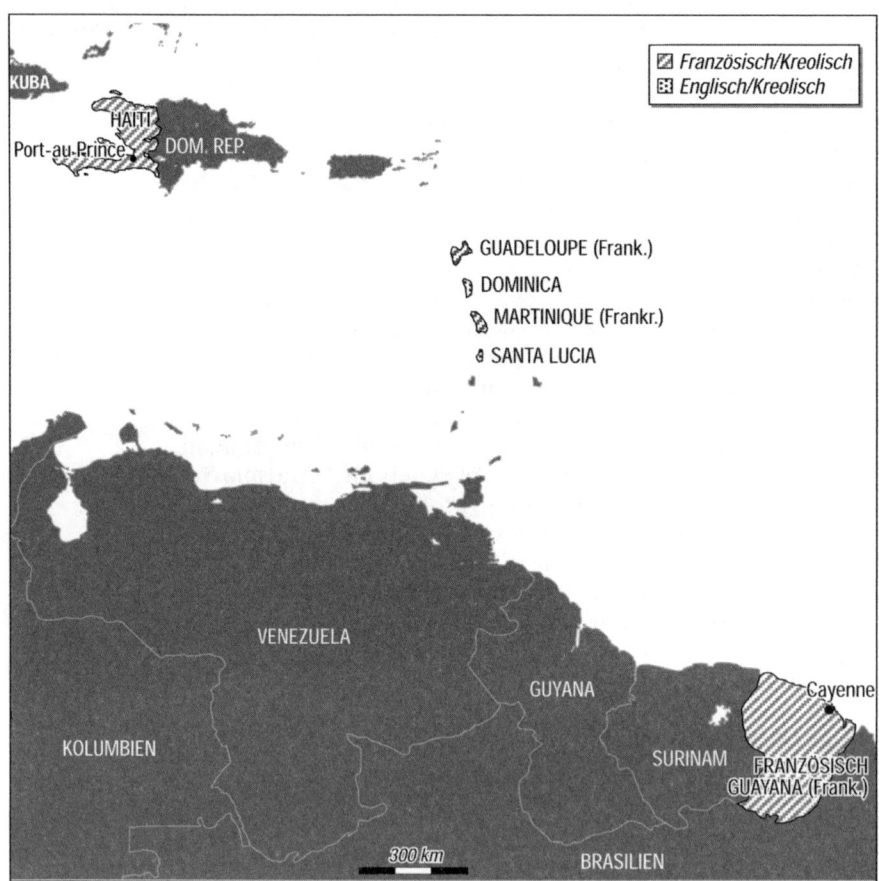

schen Überseedepartements Martinique,[8] Guadeloupe und Guyane
ist das Kreolische ebenfalls die gängige Alltags- und Umgangssprache der Einwohner. Seit sie jedoch 1946 zu Franzosen (gemacht)
wurden und mit der Eingliederung in den französischen Staat die
französische Infrastruktur im wirtschaftlichen und sozialen Bereich
zu greifen begann, spricht heute die Mehrheit neben dem verbreitet
gering geschätzten Kreolisch auch mehr oder weniger elaboriertes

---

8 Vgl. dazu u. a. den Doppelband 12/1998–13/1999 von *Quo vadis, Romania? Zeit-*
   schrift für eine aktuelle Romanistik (Wien) zum Thema "Martinique: Sprachen
   und Gesellschaft", hrsg. von P. Cichon et al.

Französisch. Als Reaktion auf die Abwertung des Kreolischen und inspiriert durch die *Négritude*-Bewegung (vgl. Abschnitt 4.2) entstand in den dreißiger Jahren des 20. Jh.s eine literarische und soziale Emanzipationsbewegung, deren Ideologie später auch in der afrikanischen Frankophonie und in den kreolophonen Gebieten im Indischen Ozean aufgegriffen wurde (vgl. Hazaël-Massieux 1999).

Tab. 6: Französisch in Nordamerika und im karibischen Raum

Land	Hauptstadt	Kolonial-herrschaft	Offizielle Sprache(n)	Andere Sprachen	Bev.zahl (in Mio.)[1]	Reale Franko-phone[2]	Okkasio-nelle phone[3]
Kanada	Ottawa	Brit. 1763/ 1867–1982	F, Englisch	Inuktitut, Micmac, Cree u.v.a.; Italienisch, Chinesisch u.v.a.	30,8	7,3 Mio.	3 Mio.
Québec	Québec	Frz. 1608–1763	F	Engl., Jiddish, Micmac, Italienisch	7,4	6,2 Mio.	k.A.
Nouveau-Brunswick	Fredericton	Frz. 1608–1763	F, Englisch	Micmac, Chiac, Deutsch	0,76	239.000	k.A.
Saint-Pierre et Miquelon	Saint-Pierre	Frz. seit 1816, seit 1946 D.O.M.	F	–	0,0062	6.200	–

1   Angaben nach L'Année francophone internationale 2003.
2   Die Angaben für Kanada, Québec und Nouveau-Brunswick beziehen sich auf die Erhebung von 2001, vgl. Statistique Canada. Division de la démographie. Les langues au Canada, Ottawa. Die übrigen Angaben nach Ager 1996, 30 f.
3   Ebd., 33.

Land	Hauptstadt	Kolonial-herrschaft	Offizielle Sprache(n)	Andere Sprachen	Bev.zahl (in Mio.)	Reale Franko-phone	Okkasio-nelle phone
Louisiana	Baton Rouge	Frz. 1682/ 1717–1762; Span. 1763–1800/1803; USA seit 1803	Englisch, F	Kreolisch, Cadjin	4,37	100.000	200.000
Haiti	Port-au-Prince	Frz. 1697–1804; USA-Protektorat 1915–1934	F	Kreolisch	8,1	570.000	250.000
Martinique	Fort-de-France	Frz. seit 1635/ 1674; seit 1946 D.O.M.	F	Kreolisch	0,4	270.000	50.000
Dominica	Roseau	Frz. 1632–1763 Brit. 1763–1978	Englisch	F, Kreolisch	0,1	–	–
Guade-loupe	Basse-Terre	Frz. seit 1635/1674, seit 1946 D.O.M.	F	Kreolisch	0,4	270.000	50.000
Frz.-Guyana	Cayenne	Frz. seit 1677, seit 1946 D.O.M.	F	Kreolisch, Hmong, Chinesisch	0,6	55.000[4]	15.000

---

4   Angabe nach Ager 1996, 37.

2.2.5

6 Französisch und die Länder der Francophonie in Asien und im Pazifik

Die Verbreitung des Französischen in Asien ist relativ gering und erstreckt sich einerseits auf kaum viel mehr als auf Spuren einstiger kolonialer Macht im früheren Indochina und in Indien. Andererseits jedoch ist es offizielle oder kooffizielle Sprache auf mehreren südpazifischen Archipels, die für Frankreich herausragende strategische Bedeutung als militärisches Versuchsgelände und als Rohstoffbasis besitzen, so in den französischen Überseeterritorien *Nouvelle-Calédonie* (unabhängig seit 1998), *Polynésie française* und *Wallis-et-Futuna* sowie auf den bis 1980 unter französischer und britischer Dominanz stehenden Neuen Hebriden, die seit der Erlangung der Unabhängigkeit den Namen *Vanuatu* tragen.

Eines der hervorstechenden Kennzeichen des pazifischen Raums ist seine sprachliche Vielfalt. Etwa 1400 Sprachen, d. h. annähernd

Karte 10: Französisch und andere Sprachen auf den Inseln im Südpazifik

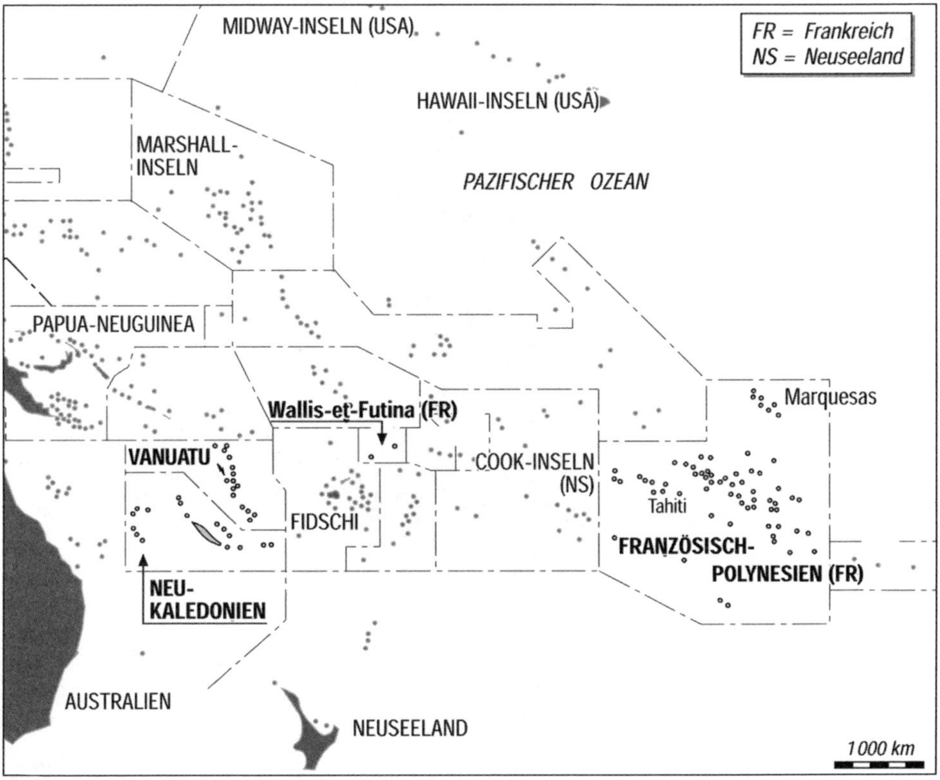

2.2.6

T.O.M. im Südpazifik

ein Viertel aller Sprachen der Erde, verteilen sich hier auf nur 0,1 Prozent der Erdbevölkerung. Im Südpazifik fasst Frankreich in der Mitte des 19. Jh.s Fuß und verleibt sich die zuvor von Briten missionierten Inseln von Französisch-Polynesien (1843), Neu-Kaledonien (1853), Wallis-et-Futuna (1886) als Protektorate ein. Die Neuen Hebriden/Vanuatu wurden gemeinsam mit Großbritannien (1887/brit.-franz. Condominium 1906–1980) verwaltet. In den achtziger und neunziger Jahren des 20. Jh.s stehen Neu-Kaledonien und Französisch-Polynesien immer wieder in den Schlagzeilen: Neu-Kaledonien wegen der sich 1984 formierenden Autonomiebewegung der melanesischen – kanakischen – Einwohner, die als *Front de Libération National Kanak et Socialiste* (FLNKS) für die Unabhängigkeit von Frankreich und die Anerkennung ihrer Kultur kämpften; Französisch-Polynesien wegen der französischen Kernwaffentests zuletzt im Jahre 1996 und wegen einiger Skandale des französischen Geheimdienstes bei der Vereitelung von Protesten.

Vietnam, Kambodscha, Laos

1858 drang Frankreich in den Süden Vietnams ein und gründete die Kolonie Cochinchina. In den achtziger Jahren dehnte es seine Herrschaft auf Mittel- und Nordvietnam aus, zwang Kambodscha

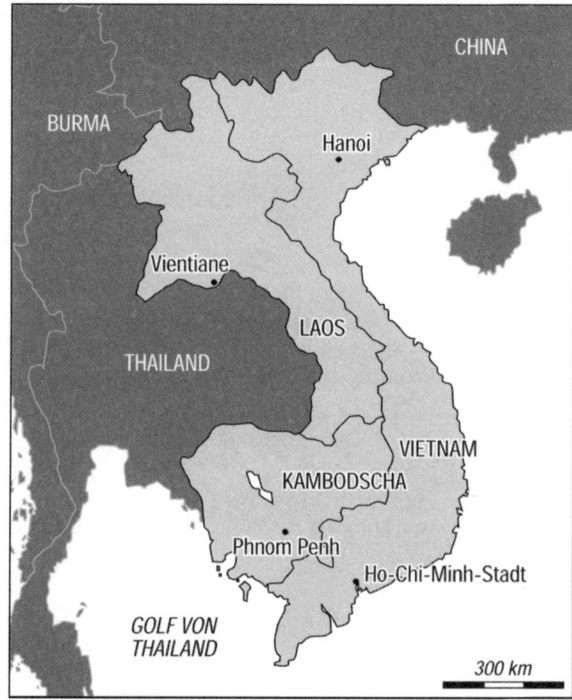

Karte 11:
Südostasiatische Länder der Francophonie

2.2.6

und später auch Laos in die Rolle eines Protektorats und gründete 1893 die Indochinesische Union. Die französische Herrschaft endete mit der Niederlage im Indochinakrieg 1954. Seit den achtziger Jahren bemüht sich Frankreich verstärkt um Bildungsexport vor allem nach Vietnam und knüpft dabei an die sporadisch noch vorhandenen kulturellen Beziehungen zu den einstigen Eliten an.

Das Gebiet des früheren französischen Handelskontors Pondichéry an der Ostküste Indiens, das 1956 an Indien überging, zählt noch immer einige Tausend Französischsprecher (ausführlicher vgl. Breton 1996).

Pondichéry

Tab. 7: Französisch in Asien und im Südpazifik

Land	Hauptstadt	Kolonial-herrschaft	Offizielle Sprache(n)	Andere Sprachen[1]	Bev.-zahl[2] (in Mio.)	Reale Franko-phone[3]	Okkasio-nelle Franko-phone[4]
Kam-bodscha	Phnom-Penh	Frz. 1867–1953	Khmer	Cham + 17 weitere	13,1	10.000	k. A.
Laos	Vientiane	Frz. 1893–1954	Laotisch	Khmu + 90 weitere	5,3	4.000	k.A.
Vietnam	Hanoi	Frz. 1858–1954	Vietname-sisch	Khmer, Khmu + 91 weitere	78,1	70.000	k.A.
Neu-Kaledonien	Nouméa	Frz. 1853–1946, T.O.M. 1946–1998	F	Melanesisch (Kanak), Tahitisch + 35 weitere	0,2	120.000	15.000
Franz.-Polynesien	Papeete	Frz. 1843–1946, T.O.M. seit 1946	F	Tahitisch + 7 weitere	0,3	128.000	16.000
Wallis-et-Futuna	Mata-Utu	Frz. 1886–1959, T.O.M. seit 1959	F	Futunisch, Wallisisch	0,02	7.000	2.000
Vanuatu	Port-Vila	Frz./Engl. 1887–1980	F, Englisch, Bichelamar	Melanesisch + 105 weitere	0,2	45.000	–

1 Angaben nach Summer Institute of Linguistics (2004): Ethnologue. Languages of the World. 14th Ed.: www.ethnologue.com/country_index.asp.
2 Angaben nach L'Année francophone internationale 2003.
3 Angaben nach Ager 1996, 40f.
4 Ebd.

3 Diversität und Typologie frankophoner Räume

1 Ausdifferenzierungsprozesse

Die Expansion des Französischen in Frankreich und den angrenzenden Regionen und seit dem 16./17. Jh. sukzessiv auf mehreren Kontinenten und in sozialen Räumen, in denen es mit anderen Kulturen konkurriert, hat vielfältige sprachliche und sprachpolitische Konsequenzen. Zwei sollen hier etwas näher betrachtet werden.

Variation und Mischung

Zunächst gilt es, sich bewusst zu werden, dass das Französische innerhalb Frankreichs, in Europa und in Übersee jeweils in zahlreichen Varietäten existiert. Ein Französisch schlechthin gibt es nur als typologischen Begriff, um es z. B. vom Italienischen oder vom Arabischen zu unterschieden. In der sprachlichen Realität allerdings existiert es in Form von Varietäten, die entweder als Dialekte die Kennzeichen einer geographisch markierten Sprechweise oder als Soziolekte die Kennzeichnung einer bestimmten Gruppenzugehörigkeit tragen. Im Zuge der Ausbreitung des Französischen und des Kontakts mit anderen Kulturen sind in Nordamerika, in der Karibik und in Afrika zahlreiche neue Sprachvarietäten, darunter einige Mischsprachen, entstanden, so z. B. das *Chiac* in Moncton (Nouveau-Brunswick/Kanada) und Umgebung als Mischung aus Französisch und Englisch (vgl. Perrot 1995), das *Franc-Sango* in Bangui (Wenezoui 1988), das *Nouchi* in Abidjan (Lafage 1978, 1998), das *Camfranglais* in Yaoundé (Chia/Gerbault 1992, Mendo Ze [dir.] 1999) oder das *Frangache* in Madagaskar (vgl. Bavoux 2000), wobei diese "Französischs" wie die dazugehörigen Gemeinschaften keineswegs homogen, sondern in sich wiederum vielfach strukturiert und sprachlich heterogen sind.

Daneben gibt es in den uns interessierenden Gebieten weitere Varietäten, die sich infolge des Kontaktes mit anderssprachigen Gemeinschaften gewissermaßen an der Grenze oder im Übergangsfeld, auch im Kontinuum von einer Sprache zur anderen befinden, so z. B. das *Cadjin* bzw. *Cadien* (Valdman [dir.] 1997) in Louisiana im Übergangsfeld vom Französischen der weißen Siedler, dem französisch basierten Kreol von schwarzen (und gelegentlich auch von weißen) Sprechern und dem Südstaaten-Englischen. Als Mischsprachen, Kreolsprachen, "schlechte Sprachen", als *patois* oder *baragouin* gelten sie als soziales Stigma und werden von den Sprechern der dominanten Sprachen abgewertet. Ein weiteres Beispiel für Sprachmischung ist das *Mitchif* in den kanadischen Provinzen Manitoba und Saskatchewan als eine Mischung aus Französisch und der Sprache der Cree-Indianer (vgl. Bakker 1997).

2.3.1

Im urbanen Milieu Afrikas und Amerikas verändern sich die sprachlichen Verhältnisse sehr dynamisch. Die Hauptgründe hierfür bestehen in der Migration und der sozialen Mobilität. Ein weiterer Grund liegt in der Konkurrenz der Wertvorstellungen, die die Sprecher einzelnen Varietäten zuschreiben. Von dem Moment an, da einzelne Gruppen sich einer prestigeträchtigeren Form bedienen, werden andere Formen abgewertet. So gilt die Standardvarietät meist als prestigeträchtig, ihr gegenüber werden dialektale oder umgangssprachliche Formen oft abschätzig betrachtet und gelten nicht selten als Zeichen von Rückständigkeit und mangelhafter Bildung. Sie konnotieren zugleich die Botschaft, nicht zur soziokulturellen Elite zu gehören (vgl. Erfurt [Hg.] 2003). Als Element sozialer Identifikation lösen sie in der Kommunikation einen Wiedererkennungseffekt aus und signalisieren die Zugehörigkeit zu der Gemeinschaft.

In modernen Gesellschaften spielt die Standardvarietät eine wichtige Rolle im Gefüge sozialer Normen und Verkehrsformen. Der Standard ist *eine* Varietät unter den Varietäten einer Sprache, zugleich eine mit einem besonderen historischen Platz, denn in ihm bündeln sich Aspekte der ökonomischen und sozialen Situation einer Sprachgemeinschaft, der sozialen Selektion von sprachlichen Formen, des Sprachbewusstseins und der metasprachlichen Tätigkeit. Unter dem Standard verstehen wir eine großräumig bzw. überregional verbreitete Varietät, die als dialektneutral und als prestigeträchtig gilt und die normiert und kodifiziert ist. Letzteres wird vor allem durch Grammatiken und Wörterbücher geleistet, die zur Erklärung der Bedeutung und der als 'richtig' oder 'falsch' erachteten Schreibung (Orthographie) und Aussprache (Orthoepie) dienen. Die Ausformung einer sprachlichen Varietät zum Standard einer Sprache ist nicht selten ein langer, unter Umständen mehrere Jahrhunderte dauernder Selektions- und Normierungsprozess. Für die Herausbildung des französischen Standards sind nach dem im frühen 16. Jh. einsetzenden Buchdruck vor allem die nationalen und kulturellen Entwicklungen des späten 18., des 19. und besonders des 20. Jh.s von Bedeutung. Zu nennen sind hier an vorderster Stelle:

- die Propagierung des Französischen als Nationalsprache in der Französischen Revolution;
- die allmählich soziale Verbindlichkeit erlangende Schulbildung in Frankreich zwischen 1832 und den Gesetzen unter Jules Ferry Anfang der achtziger Jahre des 19. Jh.s, mit denen der Schulbesuch obligatorisch, kostenlos und die Schule als laizistisch erklärt wird. Mit gewisser zeitlicher Verschiebung verläuft eine ähnliche Entwicklung auch in Belgien;
- die wachsende soziale Mobilität im Zuge der Industrialisierung, Urbanisierung, Einführung der Wehrpflicht etc.;

Standard

2.3.1

- die Ausweitung der Massenkommunikation mittels Presse, Radio und Fernsehen.

Le Bon usage
Als Referenzvarietät für die Sprachpraxis in der Schule, in den Medien und in den staatlichen Institutionen gilt der *Bon usage* als diejenige prestigegeladene Varietät, die sich seit dem 17. Jh. – zunächst als Sprache der Aristokratie am französischen Königshof und später des französischen Bildungsbürgertums – herausgebildet hat. Diese Varietät wurde im 17. und 18. Jh. als Literatursprache ausgestaltet und verbreitet, von der *Académie française* kontrolliert und im 19. Jh. als Nationalsprache durchgesetzt. Im Medienzeitalter des 20. Jh.s entwickelte sie sich zur Standardsprache mit normsetzender Geltung in der öffentlichen Kommunikation. Es ist diejenige Varietät des Französischen, welche von den allermeisten Frankophonen verstanden wird, wenn oft auch nur die gesellschaftlichen Eliten sie in Wort und Schrift beherrschen. Ihre Beherrschung in Wort und Schrift ist im frankophonen Raum ein Instrument und ein Symbol der sozialen Distinktion. Das gilt für Frankreich, Belgien oder Luxemburg nicht grundsätzlich anders als für die französischsprachigen Gemeinschaften in Amerika, Afrika und Asien.

Herrschaft und Konflikt
Die Ausdifferenzierungsprozesse von sprachlichen Formen geschehen nicht im Selbstlauf oder existieren "einfach so" (i.e. *phýsei*), denn im Sozialen ist bekanntermaßen immer alles "gemacht" (i.e. *thései*). Dieses "Machen" ist wesentlich von den Interessen bestimmt, die die sozialen Akteure in ihrem alltäglichen Geschäft, in ihren Diskursen und mit der Sprache verfolgen. Im Rahmen der französischen Kolonialpolitik hat sich die Verbreitung des Französischen als effizientes Herrschaftsmittel besonders in Afrika erwiesen. Französisch war und ist dominante Sprache, die Vielzahl der afrikanischen und Kreolsprachen sind dominierte Sprachen, was stillschweigend einschließt, dass eine Sprachgemeinschaft als dominant und eine andere als dominiert angesehen wird (vgl. Kremnitz 1995, 34 ff.). Sprachkonflikte in mehrsprachigen Gesellschaften sind an der Tagesordnung und brechen immer dann auf, wenn die Sprache(n) anderer Gruppen abgewertet, benachteiligt, unterdrückt oder verboten oder sie selbst zum symbolischen Element von sozialer Ungleichheit werden. Sprachkonflikte deuten sich an oder brechen auf, wenn etwa die Nonstandardformen der Französischsprecher als *patois*, als 'schlechtes Französisch' abgewertet und auf diese Weise soziale Grenzen geschaffen und Formen sozialer Distinktion organisiert werden. In Québec allerdings beobachten wir in bestimmten Situationen eine gegenläufige Entwicklung. Viele Immigranten aus frankophonen Ländern, die eine standardnahe Varietät erlernt haben, müssen erfahren, dass sie mit ihrem

vermeintlich prestigegeladenen Französisch an die Demarkationslinie des Quebecer Akzents stoßen, der den Nicht- oder Neu-
Québécois vom *Québécois (de souche,* d. h. die schon seit vielen Generationen hier leben) trennt und ihn aus der Gruppe der legitimen
Sprecher ausgrenzt.

2 Kriterien und Typologien zur Gliederung frankophoner Räume

Nachdem nun eine gewisse Vorstellung davon erreicht sein sollte,
wie vielfältig und wie problematisch sich solch scheinbar harmlose
Begriffe wie Französischsprachigkeit, Frankophonie und sogar
Französisch darstellen, werden im Weiteren einige Ordnungskrite-
rien eingeführt, um die Diversität des frankophonen Raums zu
systematisieren. Bei diesem Vorhaben können wir uns auf Überlegungen stützen, in denen a) eine historische Perspektive zur Verbreitung des Französischen (Ansatz von Bal 1977), b) die Funktion
des Französischen in der Kommunikation (Ansatz von Valdman
1979) und c) die Situation des Französischen im Rahmen der
gesellschaftlichen Mehrsprachigkeit (Ansatz von Chaudenson
1991) im Mittelpunkt steht.

In dem Sammelband "Guide culturel" (1977) von A. REBOULLET
und M. TÉTU hat der belgische Sprachwissenschaftler W. BAL mei-
nes Wissens als erster die Problematik der Frankophonie aus der
Perspektive von Einheit und Verschiedenheit dargestellt (vgl. Bal
1977), wobei er als Kriterium die historische Kontinuität wählt,
ausgedrückt in dem Begriffspaar von *tradition* und *expansion*. Die
Gebiete und Länder der "francophonie de tradition" sind für ihn
diejenigen, in welchen das Französische von Anfang an vorhanden
ist: im nördlichen Teil Frankreichs (*la France d'oïl*), in Wallonien
und in der französischsprachigen Schweiz.

Die "francophonie d'expansion" betrifft die gesamte übrige
Frankophonie, einschließlich des Südens Frankreichs, wo das Französische gegenüber dem Okzitanischen zwischen dem 13. und dem
16. Jh., letztlich erst mit der obligatorischen Schulbildung in Französisch im 19. Jh. durchgesetzt wurde.

Im Rahmen der Expansion des Französischen können nach
W. BAL vier Prozesse unterschieden werden, die gleichzeitig oder
nacheinander auftreten:

- Überlagerung (*la superposition*): Dem Französischen werden
  – meist aus politischen Gründen – in einem anderssprachigen
  Gebiet soziale Domänen zugewiesen, die als herausgehoben gelten, etwa als Verwaltungssprache, als Sprache des Bildungswesens oder als Sprache der internationalen Beziehungen.

Tradition
und Expansion

2.3.2

- Implantation (*l'implantation*): In diesem Prozess des Sprachexports gibt die Bevölkerung ihre autochthone Sprache zugunsten des Französischen auf. Es vollzieht sich ein Sprachenwechsel, wobei das Französische zur Erstsprache wird.
- Import (*l'importation*): Von Import ist die Rede, wenn die Expansion der Sprache auf der Migration von Bevölkerungsgruppen basiert, die sich als Kolonisten oder Kolonisatoren etablieren und ihre Kultur ansässig machen, wie es in der *Nouvelle France* von Nordamerika, in Louisiana oder in Algerien der Fall war.
- Kulturelle Ausstrahlung (*le rayonnement culturel*): Aufgrund des kulturellen Prestiges einer Sprache wird sie vor allem in ihrer literarischen Form von Nicht-Muttersprachlern, überwiegend einer gewissen sozio-kulturellen Elite, erlernt und verwendet.

Schematisch dargestellt ergibt die Typologie von W. Bal folgende Übersicht[9]:

Tab. 8:
Typologie der
Verbreitung des
Französischen

1. France	1a Zone des parlers d'oïl et villes de l'ensemble du pays à part l'Alsace	Tradition
	1b Milieu rural occitan	Superposition, Implantation
	1c Milieux ruraux catalan, corse, breton, flamand	Superposition, Implantation
	1d Alsace	Superposition, Implantation
2. Zones hors de France	2a Belgique francophone, Suisse romande, Val d'Aoste	Tradition ou Implantation
	2b Canada français	Importation
3. Territoires d'Outre-mer	3 Haïti, Antilles, Mascareignes	Importation, implantation; mélange de races et formation de créoles
4. Zones de superposition	4a Afrique noire et Madagascar	Superposition
	4b Maghreb	Superposition, importation
	4c Ancienne Indochine française	Superposition, rayonnement
5. Zones de rayonnement culturel	5 Proche et Moyen-Orient	Rayonnement culturel

9 Tabelle 8 lehnt sich an die Übersicht von Bal 1977 in Beniamino (1999, 37) an und wurde um die rechte Spalte ergänzt.

2.3.2

Die Typologie von W. BAL aufnehmend, schlug A. VALDMAN eine andere Sichtweise auf die Frankophonie vor, wobei er den historischen Ansatz von BAL (vgl. *tradition-expansion*) durch eine synchronische Betrachtungsweise zum Status des Französischen ersetzte. VALDMAN gliedert die Frankophonie danach, welche Funktion das Französische in den jeweiligen Gesellschaften erfüllt. Er unterscheidet dabei zwischen dem Französischen als Vernakularsprache (*langue vernaculaire*) und dem Französischen als offizieller oder Vehikularsprache (*langue véhiculaire*) (vgl. Valdman 1979, 9). Ist es Vernakularsprache, wird es als Erst- oder Muttersprache im sprachlichen Alltag sowie als Umgangssprache verwendet und meist auch familiär tradiert. Dies ist der Fall in Wallonien und in Québec, in der Acadie und in der französischsprachigen Schweiz. Hat es hingegen die Funktion als Vehikularsprache, so bedeutet dies, dass es von Sprechern, die in anderen Sprachen als dem Französischen sozialisiert sind, in der offiziellen Kommunikation verwendet wird.

Vehikular- und Vernakularsprache

Français vernaculaire	Langue officielle seule ou avec d'autres	Belgique, Suisse romande, Québec
	Fonction vernaculaire seule	Val d'Aoste, Provinces canadiennes, Louisiane, Nouvelle-Angleterre, Etats-Unis
Français véhiculaire	Langue officielle unique	D.O.M. / T.O.M. Territoires créolophones
	Langue officielle secondaire	Maghreb et Madagascar
	Avec langues nationales devenues des véhiculaires	Afrique noire (certains pays)
	Principal véhiculaire	Afrique noire (certains pays)

Tab. 9: Französisch als Vehikular- und Vernakularsprache[10]

Wenn die beiden Typologien von W. BAL und A. VALDMAN sich gleichermaßen darauf beschränken, die Situation des Französischen zu beleuchten, arbeitet R. CHAUDENSON eine andere Betrachtungsweise des frankophonen Raums heraus, dessen wesentliches Kennzeichen die Mehrsprachigkeit ist.[11] CHAUDENSONS Typologie basiert auf

Status und Korpus

---

10 Die Übersicht wurde übernommen aus Beniamino 1999, 41. Zur Kritik des Konzepts von Valdman vgl. Chaudenson 1991, S. 21 ff.
11 Robert Chaudenson hat dieses Konzept in verschiedenen Zusammenhängen vorgestellt, vgl. Chaudenson 1991, 1993.

2.3.2

zwei Kriterien, dem Status und dem Korpus von Sprachen. Beide Begriffe haben ihren Platz im soziolinguistischen und sprachpolitischen Kontext und wurden von H. KLOSS 1976 in die Diskussion gebracht. Unter dem *Status* werden die Funktionen verstanden, die die Sprachen in einer Gesellschaft erfüllen, z. B. als offizielle Sprache, als Sprache der Verwaltung und der Justiz, des Bildungswesens, der Medien, des sozialen Aufstiegs usw. Der Begriff des *Korpus* hingegen bezieht sich auf das Inventar einer Sprache, d. h. auf den Wortschatz und die Fachterminologien, auf die (Ortho-)Graphie und die Grammatik, die Normen des Sprechens und Schreibens sowie auf die Formen ihrer Aneignung und der stilistischen Ausformung seitens der Sprecher/Schreiber. Modelltheoretisch geht CHAUDENSON davon aus, dass es Situationen bzw. Länder gibt, in denen eine Sprache einen maximalen Status hat, ausgedrückt durch die Angabe 100 Prozent, wenn es als offizielle Sprache, Verwaltungs- und Bildungssprache etc. verwendet wird. Zugleich kann diese Sprache in ihrem tatsächlichen Gebrauch relativ begrenzt sein, weil die Bevölkerung ansonsten andere Sprachen im Alltag verwendet. Umgekehrt gibt es Länder oder Situationen, in denen der Status gering ist, weil die Sprache nicht anerkannt oder weil sie unterdrückt ist, sein Gebrauch hingegen auf der Korpus-Skala als maximal vermerkt wird, weil das sprachliche Inventar voll ausgebaut ist. Auf den vielsprachigen Raum in der Frankophonie bezogen und darin die Rolle des Französischen betrachtend, ergibt sich nach CHAUDENSON die nachfolgende Übersicht (Abb. 2). Sie zeigt u. a., dass sich im afrikanischen Kontext auf der vertikalen Achse des Status eine Konzentration im oberen Bereich und auf der horizontalen Achse des Korpus im unteren Bereich ergibt. Mit anderen Worten: Ein hoher Status im Sinne der Verwendung des Französischen als offizieller Sprache bedeutet nicht notwendig, dass es auch für die alltägliche Lebenspraxis der Menschen in der Situation von gesellschaftlicher Mehrsprachigkeit von Bedeutung ist.[12]

---

12 Vgl. Chaudenson 1991, 194; adaptiert und korrigiert nach Chaudenson 1993, 362. Die in die Darstellung einbezogenen Länder/Regionen beziehen sich auf die Situation in der *Francophonie* Anfang der 1990er Jahre.

2.3.2

Abb. 2: Status und Korpus des Französischen in Ländern der Francophonie

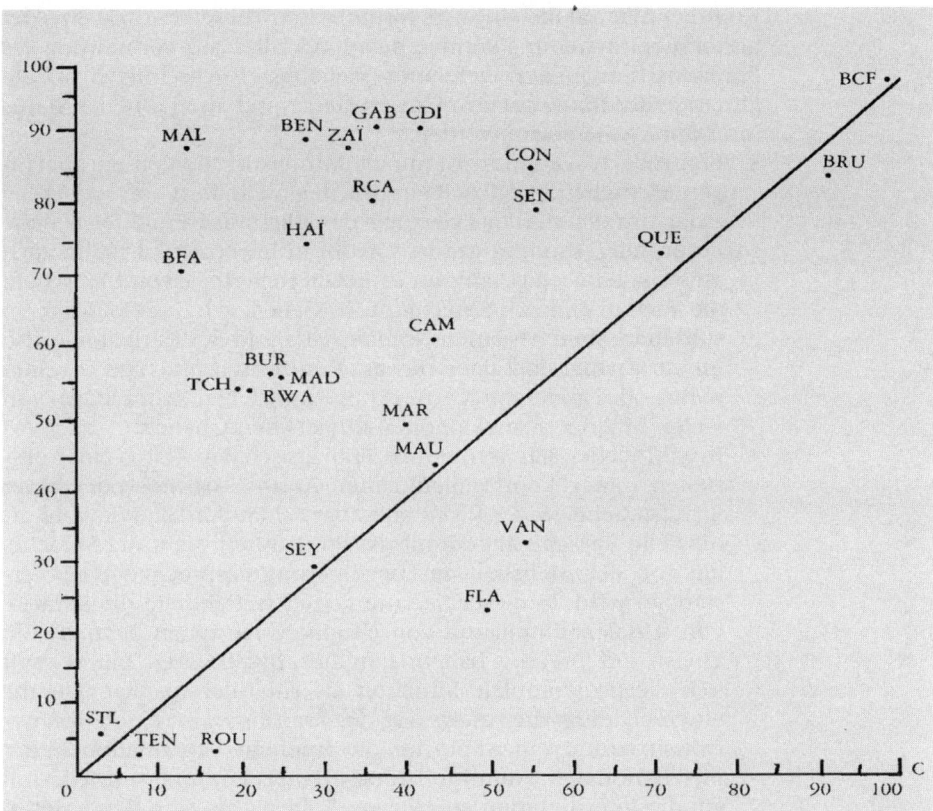

Belgique (Com. Fr.) BCF	Congo CON	Rép. Centrafricaine RCA
Belgique (Bruxelles) BRU	Côte d'Ivoire CDI	Rwanda RWA
Belgique (Flandre) FLA	France FRA	Ste-Lucie STL
Bénin BEN	Gabon GAB	Sénégal SEN
Burkina Faso BFA	Haïti HAI	Seychelles SEY
Burundi BUR	Madagascar MAD	Tchad TCH
Cameroun CAM	Mali MAL	Vanuatu VAN
Canada (Québec) QUE	Maroc MAR	Roumanie ROU
Canada (Terre-N.) TEN	Maurice MAU	Zaïre ZAI

2.3.2

4 Zusammenfassung

Disgruenzen

Kommen wir auf die eingangs formulierten Thesen zurück. Aus der bisherigen Darstellung können neben Angaben zur Verbreitung des Französischen in der Welt auch vielfältige Rückschlüsse auf die Situation der französischsprachigen Gemeinschaften und des Status ihrer Sprache gezogen werden.

- Französisch kommt nicht nur als Muttersprache von einsprachigen Menschen in offiziell einsprachigen Ländern vor, wie es bei einer unreflektierten Fixierung des Blicks auf Frankreich nahe liegen mag, sondern gehört sowohl in Europa, und mehr noch außerhalb Europas, zum sprachlichen Repertoire von Menschen, die auch in anderen Sprachkulturen leben, z.B. im Maghreb, im subsaharischen Afrika, in Nordamerika und der Karibik, die also mehrsprachig sind oder die als Französischsprachige in einer mehr- oder anderssprachigen Umgebung leben, wie z.B. im von vielen Millionen Anglophonen umgebenen Québec.

- In zahlreichen Ländern besitzt Französisch den Status einer offiziellen, einer kooffiziellen, einer Amts-, Arbeits- oder einer Schulsprache, wie z.B. im subsaharischen Afrika. Wiewohl als offizielle Sprache anerkannt, ist Französisch nicht die Sprache, die von der Mehrheit der Bevölkerung gesprochen oder verstanden wird. In dieser Situation ist es weitgehend die Sprache von sozialen Eliten und von Gruppen, die einen bevorzugten Zugriff auf Bildung haben. Für die afrikanischen Eliten stellt sich die postkoloniale Situation als ein Dilemma dar. Für die einen bedeutet die Aneignung des Französischen eine Form der Inbesitznahme einer Sprache, die ihnen die Partizipation an der internationalen Kommunikation erlaubt. Für andere wiederum gilt die Interpretation von VICTOR T. LEVINE als zutreffend, der in der fortgesetzten sprachlichen und kulturellen Bindung der Eliten an das "Mutterland" den wahren, weil dauerhaften Sieg Frankreichs über seine ehemaligen Schutzbefohlenen sieht (vgl. Riesz 2003b).

- In anderen Ländern indessen hat das Französische keinen anerkannten Status und dennoch eine große gesellschaftliche Bedeutung, wie z.B. in Algerien oder im Libanon.

- Französisch wird auf vielfach verschiedene Weise gesprochen, wobei ein Spannungsverhältnis zwischen dem in der Schule gelehrten und am französischen Standard orientierten (Schrift-) Französisch einerseits und den jeweiligen regionalen Varietäten der gesprochenen Sprache andererseits entsteht. Letztere sind wiederum ein wichtiger Faktor für die sozialen Identifikationsprozesse, wie die Sprachdiskussionen in Wallonien, Québec, in der Acadie, in Côte d'Ivoire oder Madagaskar zeigen.

Die *francophonie* erweist sich somit als stark differenzierter Raum, in dem das Französische unterschiedlichen Status hat. Was dies im Einzelnen für die Sprecher bedeutet, wird in Kapitel 5 dargestellt. Vergleichen wir die bisherigen Angaben zu den französischsprachigen Räumen mit denen zur *Organisation internationale de la Francophonie* (vgl. Kapitel 1), so wird deutlich, dass zwischen ihnen in geopolitischer Hinsicht keine Deckungsgleichheit besteht. So sind Algerien, die USA und Italien keine Mitgliedsstaaten der Organisation, wiewohl in diesen Ländern Französisch Erst- oder Zweitsprache eines Teils der Bevölkerung ist. Andererseits gehören zur OIF eine ganze Reihe von Staaten, die aus anderen als aus sprachlichen Gründen Mitglieder der Organisation – einige mit Beobachterstatus – geworden sind. Die Länder Ost- und Südosteuropas sind hier ebenso zu nennen wie eine Reihe von Inselstaaten in der Karibik oder vor der westafrikanischen Küste.

Divergenzen

Wenn bislang die Zahl der Staaten, die der politischen Organisation der Francophonie angehören, stetig gestiegen ist, so ist es nicht ausgeschlossen, dass sich einzelne Staaten aus der Organisation zurückziehen. Anzeichen gab es 1999 in Ruanda, wo im Verlauf des Kongokriegs und der Re-Migration von im englischsprachigen Uganda ausgebildeten Milizen neben der allgemein verbreiteten afrikanischen Sprache Kyniarwanda und dem Französischen das Englische zur offiziellen Sprache erklärt wurde. Über einen ähnlichen Wandel wurde spekuliert, als LAURENT KABILA in Zaïre, dem größten Land im frankophonen Afrika, die Macht übernahm und seine Pressekonferenzen in Englisch gab. Für die Konkurrenzsituation zwischen der frankophonen und der anglophonen Welt ist dies nur ein Beispiel.

Dynamik

KAPITEL 3

Nation, Sprache und Kolonialismus

1 Leitfragen, Gegenstand, Probleme und Thesen

1 Leitfragen

Warum ist das Französische heute in vielen Ländern und auf mehreren Kontinenten verbreitet und auf welchem Wege gelangte es in die außereuropäischen Räume? Folgen wir der Chronologie der Ereignisse, so geht dieser Frage eine andere voraus. Warum und unter welchen Umständen erlangte das Französische den Status einer Sprache der politischen Macht und des kulturellen Prestiges, zunächst in Frankreich selbst und später auch in seinen Kolonien? Weiterhin ist zu fragen, wie die französischsprachigen Länder Frankreich und Belgien ihre sprachlich-kulturellen Beziehungen mit den Kolonialgebieten und den französischsprachigen Staaten und Gemeinschaften gestalten. Schließlich heißt es der Frage nachzugehen, welche alternativen Diskurse die Kolonisierten entwerfen und wie sie auf die Dominanz des Kolonialdiskurses reagieren.

2 Gegenstand

Dieses Kapitel widmet sich der historischen Dimension der Verbreitung des Französischen in der Welt. Es umfasst den Zeitraum vom frühen 16. Jh. bis in die achtziger Jahre des 20. Jh.s In dieser Geschichte sind zwei Perspektiven miteinander verwoben. Eine, als 'binnengerichtet' bezeichnet, verfolgt die Durchsetzung des Französischen als Nationalsprache innerhalb des Staates gegenüber anderen in Frankreich heimischen Sprachen. Die andere, analog zur ersten als 'außengerichtet' bezeichnet, untersucht die Strategien der Absicherung der kolonialen Expansion und der langfristigen Bindung der Kolonien an die Mutterländer vermittels der Sprache. In beiden Perspektiven ist ein kulturelles Phänomen von besonderer Bedeutung: die Modellwirkung und der Export französischer Hochkultur, die im 17. und 18. Jh. zu einem Symbol der europäischen Hochkultur schlechthin arriviert und von den Aristokratien und bürgerlichen Eliten in anderen Ländern kultiviert wird. Das Französische spielte auf diese Weise in Europa bis ins 19. Jh. hinein eine Rolle ähnlich derjenigen, die das Latein bis in die Renaissance als Soziolekt der Gebildeten innehatte. Auch drängt sich in gewisser Hinsicht eine Analogie zum Prestigegewinn Englands im 19. Jh. und der USA im 20. Jh. auf, ablesbar an der Verbreitung des Englischen in der Welt. Doch bleibt die hegemoniale Sprachpolitik Frankreichs in den Kolonien nicht unumstritten. Seit den dreißiger Jahren des 20. Jh.s formieren sich afrikanische, arabische und antillanische Eliten und entwerfen alternative Diskurse zu Kolonialismus und Postkolonialismus. Dies wird anhand der *Négritude*- und der *Créolité*-Bewegung erläutert.

3 Probleme

Kolonial-
geschichte

Der Gegenstand dieses Kapitels ist in einem Buch über die Frankophonie nicht unproblematisch. Dies zeigt sich z. B. daran, dass die vorhandenen Einführungs- oder Übersichtswerke zur Frankophonie nur sehr wenig (vgl. u. a. Deniau [3]1995, Tétu [3]1992, 1997) oder auch nichts (u. a. Chaudenson 1991) zur kolonialen Geschichte Frankreichs und Belgiens und deren Zusammenhang mit der Frankophonie schreiben. In den erwähnten Arbeiten wird die Frankophonie entweder aus der Perspektive des politischen Institutionalisierungsprozesses betrachtet, der in den 1960er Jahren einsetzt, oder aus einer deskriptiven linguistischen Perspektive der heute in der Welt verbreiteten Varietäten des Französischen. Systematisch ausgegrenzt wird dabei der Sachverhalt, dass die Französischsprachigkeit in der Welt wesentlich mit der Rolle Frankreichs als Kolonialmacht zwischen 1534 und 1962 verbunden ist. Wird die Frankophonie hingegen so verstanden wie in Kapitel 1 ausgeführt, dann muss folglich der Zusammenhang von Frankophonie, europäischer Kulturgeschichte und der Kolonialgeschichte Frankreichs und Belgiens mit einbezogen werden. Gleichzeitig sind auch die Reaktionen von Afrikanern und Antillanern auf Kolonialismus und Postkolonialismus in Betracht zu ziehen.

Nationalsprache

Zweitens bedarf es der Problematisierung, dass das Französische in Frankreich keineswegs so "natürlich" und seit "eh und je" existiert, wie nicht selten fälschlicherweise angenommen wird. Übersehen wird dabei, dass das Französische gegenüber anderen Spra-

3.1.3

chen und Kulturen in einem jahrhundertelangen Prozess als Nationalsprache durchgesetzt wurde und damit Machtinteressen und
Hegemonieansprüche verbunden waren. Offensichtlich sind bis
heute die Konflikte um die sprachlichen und kulturellen Verhältnisse im hexagonalen wie im überseeischen Frankreich nicht vollständig gelöst. Die Geschichte der Durchsetzung des Französischen
in Frankreich fand ihre Fortsetzung und Verlängerung in den überseeischen Kolonialgebieten und wirkt von dort aus in das Frankreich – und das Belgien – des späten 20. und des 21. Jh.s zurück.

Drittens schließlich begegnen uns nicht selten im heutigen Dis-
kurs der politischen Francophonie Verweise auf die Geschichte des
Französischen in Europa, um die Zugehörigkeit von Ländern wie
Bulgarien, Rumänien, Moldova oder Polen zur internationalen
Organisation der Francophonie zu legitimieren. Im heutigen
Francophoniediskurs wird somit auf der argumentativen Ebene
ein Zusammenhang zwischen der Globalisierungsstrategie der
Francophonie und ihrer "Vorgeschichte" konstruiert. Auf der fak-
tischen Ebene jedoch liegen die Sachverhalte ein wenig anders.

Frankophonie-diskurs

4   Thesen

Der Argumentation in diesem Kapitel liegen die beiden folgenden
Thesen zu Grunde.

Erstens: Die Herausbildung einer *F/francophonie* "avant la lettre"
folgt auf die Durchsetzung expansionistischer und absolutistischer
Machtinteressen der französischen Könige und bedeutet zunächst
die Durchsetzung der französischen Sprache auf dem Territorium des
Königtums und ihres kulturellen Prestiges unter den europäischen
Aristokratien. Im Sinne eines sprachpolitischen Instruments zur fortschreitenden Befestigung der französischen Nation wird die Sprache
besonders seit der Französischen Revolution von 1789 zum Symbol
und zum Medium der Artikulation des französischen Nationalbe-
wusstseins und der internationalen Geltung Frankreichs.

Zweitens: Die Kolonialexpansion wird zu einem entscheidenden
Motor für die Durchsetzung merkantiler und nationaler Interessen.
Sie folgt dabei der Logik der kapitalistischen Akkumulation. Im
Unterschied zu anderen Kolonialmächten wie etwa England oder
den Niederlanden versteht Frankreich die Verbreitung seiner Kultur und Sprache als ein seine Kolonialpolitik langfristig absichern-
des Instrument, mit einer Rentabilität auch für die Befestigung der
Nation im Inneren. So zentralistisch, wie Frankreich nach innen
organisiert ist, so zentralistisch verwaltet es auch seine Kolonien.
Als sich jedoch der Niedergang des Kolonialreichs abzeichnet, hat
der nationalstaatliche Zentralismus eine beschleunigende Wirkung

im Zerfall der nun in beträchtlichem Maße frankophon geprägten Kolonien.

2   Französischsprachigkeit als Ordnungsprinzip der französischen Nation

1   Sprache und Nation

Sprachliche Heterogenität in Frankreich

Frankreich hat den Sachverhalt, dass heute auf seinem Territorium Französisch als Nationalsprache dominiert, in einem langen historischen Prozess durchgesetzt. Die neuerlichen Debatten um ein Regionalstatut für Korsika in den Jahren 2001 und 2002 und um die Anerkennung des Korsischen als einer Sprache Frankreichs sind späte Anklänge an die einstige sprachlich-kulturelle Diversität, die die *grande nation* mit Elementen kriegerischer und institutioneller Gewalt, Heiratspolitik und kultureller Assimilation weitgehend, aber eben nicht vollständig, eingeebnet hat. Das heutige hexagonale Frankreich umfasst die folgenden ursprünglichen Sprachgebiete: im Süden das okzitanische, das einst zirka ein Drittel des gesamten Territoriums von Frankreich darstellte, im Süden und Südwesten das katalanische und das baskische, im Südosten das frankoprovenzalische (Lyonnais, Dauphiné, Teile der Franche-Comté), im Osten und Norden das elsässisch-lothringische und das flämische sowie im Nordwesten das bretonische. Neben diesen Sprachen sind bis in die Neuzeit eine ganze Reihe weiterer auch schriftsprachlich bezeugter galloromanischer Varietäten verbreitet, so das Pikardische, das Normannische, das Champagnische oder das Poitevinische. Wie der französische Staat mit dieser Heterogenität fertig geworden, wie es zur sprachlichen Einheit Frankreichs gekommen ist, hängt wesentlich mit der Geschichte der Zentralmacht, des absolutistischen Königtums, zusammen. Von ihm ging mit der Französischen Revolution (1789–1799) die kulturelle Hegemonie auf das Bürgertum und die Macht auf die Republik über, in deren Institutionen im 19. Jh. das Französische nachhaltig verbreitet und befestigt wurde. Im Weiteren werden einige Prozesse dargestellt, die illustrieren, durch welche binnen- bzw. außengerichteten Strategien Frankreich sein nationalstaatliches Projekt voranbrachte. Dabei greifen zwei Handlungsebenen ineinander: einerseits, binnengerichtet, die Durchsetzung sprachlicher Einheit und andererseits, außengerichtet, die parallel dazu verlaufende koloniale Expansion Frankreichs samt seiner Sprache (vgl. dazu Bochmann 1997). Aus der Perspektive jener Kulturen, die sich der Zentralmacht und ihrer Kultur beugen mussten, ist in diesem Zusammenhang von 'innerem Kolonialismus' die Rede.

Die nachfolgende Karte 12 zeigt, in welchen zeitlichen und räumlichen Dimensionen das Französische auf dem Territorium Frankreichs Verbreitung findet.

Karte 12: Die Ausbreitung des Französischen als offizielle Sprache[1]

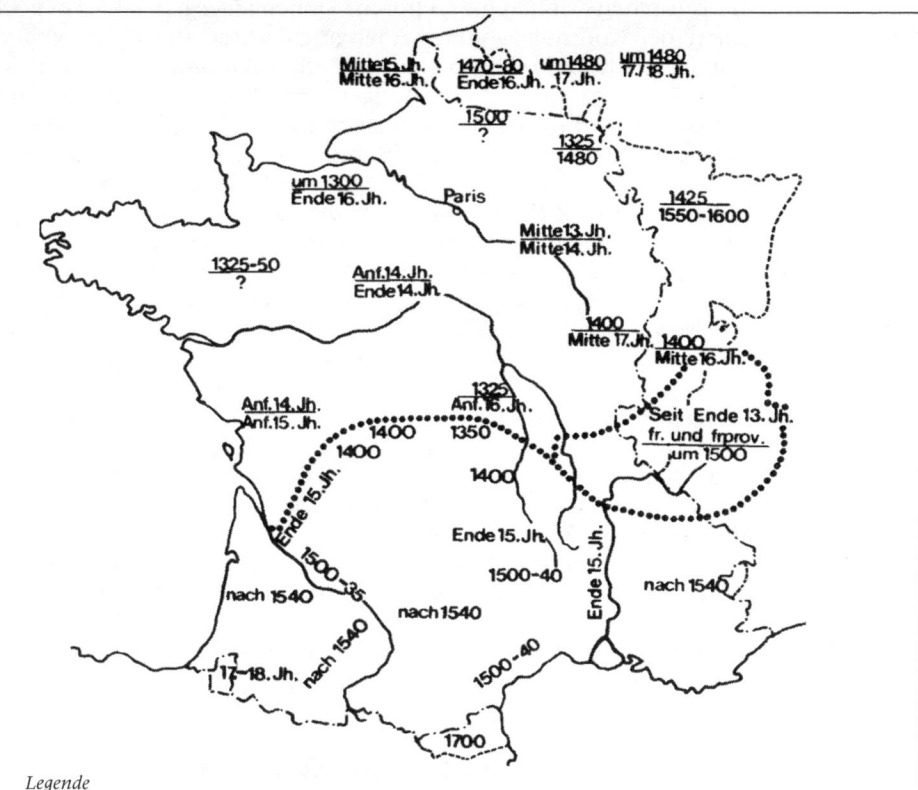

Legende
Nordfrankreich: Die Jahreszahlen über bzw. unter dem Strich geben den approximativen Beginn bzw. Abschluss der Franzisierung der regionalen Schriftsprache an.
Südfrankreich: Die Jahreszahlen geben das ungefähre Datum der Substitution der okzitanischen durch die französische Schriftsprache an.

⸱⸱⸱⸱⸱⸱⸱   Grenze Frankreichs beim Tod Franz I. (1547)
– – – –   Grenze Frankreichs 1792
••••••   Grenze zwischen den *Langues d'oïl* im Norden und dem Frankoprovenzalischen sowie den *Langues d'oc* im Süden

---

1   Adaptiert nach Gossen 1957, 429, in: Berschin/Felixberger/Goebl 1978, 208.

2 *Défense* und *illustration* des Französischen im Absolutismus

Monarchie und Ständegesellschaft

Die Zeit der Herrschaft von FRANÇOIS Ier (1515–1547) gilt als Beginn der absolutistischen Regierungsform in Frankreich. Ende des 15. und zu Beginn des 16. Jh.s wird innerhalb von wenigen Jahrzehnten das Gebiet, auf dem der französische König herrschte, beträchtlich vergrößert. Viele andere Gebiete, die zwar lehensrechtlich zur französischen Monarchie gehören, stehen dagegen faktisch noch unter der Kontrolle anderer Adelsgeschlechter. Die Krondomäne, auf der der König zugleich oberster Lehnsfürst und landbesitzender Grundherr ist, spendet die nötigen Mittel zum Unterhalt seiner Herrschaft. Auf ihr ist der vormals mit dem König konkurrierende Hochadel ausgeschaltet. Der Absolutismus, der als Herrschaftsform zwischen dem ausgehenden 15. und dem 18./19. Jh. auch in vielen anderen europäischen Staaten anzutreffen ist, bedeutet im Kern eine Anpassung mittelalterlicher Gesellschaften an neue soziale und kulturelle Entwicklungsbedingungen. Dazu zählt vor allem das Erstarken des Handelsbürgertums und der Strukturwandel des Adels. Mit der wachsenden Rolle des Hofes und der zentralisierten Bürokratie, deren wesentliche Aufgabe die Einziehung der Steuern in die Schatullen des Königs ist, ergeben sich beträchtliche Veränderungen in der Sozialstruktur der gesellschaftlichen Eliten. Der Hofadel wird zur wichtigsten Kategorie innerhalb des Adels, und in den Neu- oder Dienstadel steigen Angehörige aus nichtadligen Schichten auf. Vertreter des Handels- und Finanzkapitals erlangen auch in der politischen Hierarchie wachsenden Einfluss (vgl. Middell/Höpel 1993, 41 f.). Die absolute Macht des Monarchen wird abgestützt durch die Idee des Gottesgnadentums, nach der der Herrscher als Vertreter göttlichen Willens auf Erden nur Gott und seinem eigenen Gewissen verantwortlich ist. Renaissanceherrscher wie FRANÇOIS Ier sind von einem neuen Staatsverständnis geprägt. Sie übernehmen stärker die Kontrolle über Hof und Verwaltung, drängen die Ständeversammlung in ihrer Bedeutung zurück und fördern im wirtschaftlichen Bereich vor allem das Luxusgewerbe, wie etwa die Seidenmanufakturen in Tours und Lyon oder den Silberbergbau (vgl. ebd. 47 f.). Auf die wachsende Bedeutung der Kolonialexpansion in der Zeit des Absolutismus, die dazu beiträgt, französischsprachige Gemeinschaften in Nordamerika und der Karibik heimisch werden zu lassen, wird im Weiteren noch einzugehen sein.

Sprachpolitik im Absolutismus

Mit der territorialen Arrondierung und dem neuen Staatsverständnis der französischen Krone im Absolutismus erweist sich die sprachliche Diversität in zweifacher Weise als Hindernis. Zum einen steht auf dem Territorium des Königs das Französische in Konkurrenz mit anderen Sprachen, vor allem mit dem Okzitanischen.

3.2.2

Zudem ist der Zentralgewalt der Süden Frankreichs lange Zeit schon als Ort der Häresie (u. a. Vernichtungsfeldzug gegen die Waldenser in der Provence 1545) und des sich hugenottisch artikulierenden partikularistischen Adels ein Pfahl im Fleische. Zum anderen steht das Französische in Konkurrenz mit dem Latein, das als Schriftsprache auch noch im 16. Jh., in der Zeit von Humanismus, Renaissance und Reformation, ein herausragendes Prestige als Sprache der Wissenschaft, des Rechts, der Verwaltung und der Kirche genießt.

1539 erlässt FRANÇOIS Ier die Ordonnanz von Villers-Cotterêts, benannt nach dem nordöstlich von Paris gelegenen Ort einer seiner Residenzen. Mit diesem Erlass verfügt er, dass der *langage maternel françois*, das Französische also, offizielle und einzig gültige Gerichts- und Urkundensprache im gesamten Herrschaftsgebiet sei. Dieser Erlass richtet sich sowohl gegen die Verwendung des Lateins als Urkunden- und Verwaltungssprache als auch gegen die anderen auf dem Territorium der Krone verbreiteten Sprachen, vor allem gegen das Okzitanische. Die Durchsetzung der Ordonnanz wird freilich gerade in Südfrankreich aus Mangel an entsprechend ausgebildeten Verwaltungsbeamten noch längere Zeit in Anspruch nehmen. Doch der rechtliche Rahmen für die sprachliche Vereinheitlichung Frankreichs ist damit geschaffen.

Ordonnance de Villers-Cotterêts

Mit der *Ordonnance de Villers-Cotterêts* greift die Krone in eine Auseinandersetzung über die Sprache ein, deren ökonomisch-soziale Dimension mit den Ideen des Merkantilismus verbunden ist, jener zeitweiligen Interessensymbiose aus Krone und (Handels-)Bürgertum, die dem König zu dem Geld verhilft, das ihm die Finanzierung seines Hofs wie auch seiner Feldzüge, vor allem der sogenannten Renaissancekriege gegen Italien, erlaubt. Dem Bürgertum verspricht der Merkantilismus die bessere, kostengünstigere und großräumigere Abwicklung seiner Geschäfte. Die ideologische Dimension der Sprachdiskussion wiederum besteht in der Auseinandersetzung zwischen den das Modell des klassischen Lateins verfechtenden Humanisten einerseits und den sogenannten volkssprachlichen Humanisten (Vulgärhumanisten) andererseits. Der Diskurs solch namhafter Vulgärhumanisten wie PIERRE DE LA RAMÉE (PETRUS RAMUS) (1512– 1572), JOACHIM DU BELLAY (1522–1560), ROBERT ESTIENNE (1503– 1559) und dessen Sohn HENRI ESTIENNE (1531–1598), LOUIS MEIGRET (ca. 1510-ca.1560) u. a. setzt auf die Förderung des Französischen, das zu einer dem Latein ebenbürtigen Sprache ausgebaut werden soll. Das Manifest des Vulgärhumanismus und der *Pléiade*, einer Gruppe von Dichtern, die sich die Bereicherung der Literatursprache, speziell der Dichtung, zur Aufgabe machte, ist JOACHIM DU BELLAYS Streitschrift *Défense et illustration de la langue française* (1549) als eine offensive Lobpreisung, ein Aufruf zur Pflege, zur Bereicherung und zum Ausbau des Französischen. Darin finden sich Ideen

Question de la langue

wieder, die bereits 1529 der Philosoph, Übersetzer und einflussreiche königliche Hofdrucker Geoffroy Tory (ca. 1480–1533) in seinem vor allem drucktechnische Fragen behandelnden Traktat
Champ Fleury ("Blütengefilde") hat anklingen lassen, wenn er
schreibt: *"nostre langue est aussi facile à régler et à mettre en bon ordre que
fut jadis la langue greque"*. Im Umfeld von Druckern, Verlegern, Dichtern und Philosophen werden die Leitideen ausgearbeitet, die das
Französische auf seinem Weg zur Nationalsprache fördern.

Bereits in den ersten Jahrzehnten des 17. Jh.s entfaltet sich im
Absolutismus eine systematische Praxis des innenpolitischen
Machterhalts, verbunden in erster Linie mit der Herrschaft der Kar-
dinäle Richelieu (erster Minister 1624–1642) und Mazarin (erster
Minister 1643–1661). "Der König legt den Hochadel mit dem sozialen Idealtyp des 'honnête homme' politisch lahm und lebensprak-
tisch an die Kette – auch sprachlich, indem er den Sprachgebrauch
des Versailler Hofes als Norm durchsetzt. Die Hauptstoßrichtung
der 'Reformen' der Sprache durch Malherbe und Vaugelas zielte
auf sprachliche Elemente aus den Dialekten und regionalen Sprachen, wobei die vielverschrienen 'Gaskognismen' ein Synonym für
alle okzitanischen Interferenzen waren" (Bochmann 1997, 62 f.).

Académie française und *le bon usage*

Mit der Gründung der *Académie française* 1635 entsteht eine
staatliche Institution für die Normierung der Sprache. Das der
Norm des *bon usage* unterworfene Französisch erhält im Verlauf
des 17. Jh.s den Nimbus einer idealen, weil klaren und logischen
Sprache, was die als Grammatik von Port Royal bekannte *Gram-
maire générale et raisonnée* von Arnauld und Lancelot (1660) theo-
retisch unterlegt. Im Kreis jener seit 1629 tagenden Sprachkun-
digen und Sprachpfleger, der bald die Aufmerksamkeit Richelieus
auf sich zieht und der mit dem Patentschreiben Ludwigs XIII. von
1635 als Académie Royale (Française) etabliert wird, spielt Claude
Favre de Vaugelas (1585–1650) eine herausragende Rolle. In seiner Sprachkonzeption weist er der schon im 16. Jh. diskutierten
Kategorie des *usage*, des Sprachgebrauchs, einen zentralen Platz bei
der Bewertung sprachlicher Formen zu. Von diesem hebt er den
bon usage (vgl. u. a. Brunot 1966, vol. 3/I, Settekorn 1988, 38 ff.)
als jene Varietät ab, die er der gesellschaftlichen Elite, *la Cour et la
Ville*, d. h. dem Hofadel von Versailles und dem Beamtenadel von
Paris, zuschreibt. An ihrer Sprachpraxis gelte es sich zu orientieren, wenn es um die Bewertung als *bon usage* gehe. Bedeutung erlangen vor allem die eleganten Pariser Salons wie der der
Marquise de Rambouillet (1588–1665), in dem sich die meinungs-
und geschmacksbildenden Literaten jener Zeit treffen: Malherbe,
Corneille, Bossuet, Guez de Balzac, La Rochefoucauld, Vaugelas
und Voiture sowie, nicht zu vergessen, Mademoiselle de Scudéry
und Madame de Sévigné. Nach 1650 sind deren Salons häufig

3.2.2

besuchte Orte, nicht zuletzt für die Diskussion über Sprache, Stil und soziale Distinktion. Molière nimmt das von ihnen kultivierte Preziösentum mit beißendem Spott aufs Korn und amüsiert sich über das Sprachgebaren von bürgerlichen Parvenüs und dümmlichen Aristokraten. *Usage* und *bon usage* setzt Vaugelas vom *mauvais usage* ab, den er dem Volke zugeordnet und der in Normfragen keine Beachtung verdiene (vgl. die *Préface* zu Vaugelas' Werk *Remarques sur la langue françoise* von 1647).

Eine weitere sprachpolitische Dimension ergibt sich aus der expansionistischen Politik von Louis XIV, die Frankreichs Aufstieg zur europäischen Hegemonialmacht festschreibt. Dabei gelangen mehrere nichtfranzösische Territorien in den Besitz der Krone: Elsass, Roussillon, Flandern, Lothringen (vgl. Brunot 1966, vol. V). Im Pyrenäenfrieden mit Spanien von 1659 sichert der König den neuen Untertanen noch zu, sie könnten sich ihrer Sprache bedienen. Doch schon wenige Jahre später erlässt er Verordnungen, die das Französische als offizielle Sprache oktroyieren (vgl. Bochmann 1997, 63). Dem Hof kommt es darauf an, die Eliten der neu eroberten Provinzen an sich zu binden und zu franzisieren. Dem dient unter anderem das 1665 in Paris gegründete Collège Mazarin. Im Patentschreiben von Louis XIV heißt es, dass hier die *"jeunes gentilshommes nés dans les pays nouvellement soumis à notre obéissance"* eine französische Erziehung erhalten sollen, *"leur inspirant insensiblement la douceur de notre domination".*[2] Die Politik der Assimilation der regionalen Aristokratien und sozialen Eliten wird im 18. Jh. im Elsass und in Flandern fortgesetzt und im 19. und 20. Jh. als wirksame Strategie der Kolonialpolitik in Afrika und Asien praktiziert.

(Randnotiz: Expansionskriege und ihre Folgen)

3 Französisch im Zeitalter von Revolution und Bürgertum

Die Kritik der Aufklärung des 18. Jh.s wendet sich gegen viele Seiten der feudal-absolutistischen Gesellschaft, doch eine bleibt weitgehend ausgespart: ihre Sprache. Inzwischen hat die Überzeugung, dass das vom Versailler Hof und vom Pariser Hochadel gesprochene Französisch optimal geformt sei, tiefe Wurzeln geschlagen. Zwar führen in der Aufklärung die intensiven sozialen Diskussionen, so z. B. die *Querelles des Anciens et des Modernes*, oder jene der um Diderot und d'Alembert versammelten Autoren der *Encyclopédie* über die Neuordnung des Wissens dazu, den Wortschatz und die Textsorten in Bereichen wie Wissenschaft, Philosophie, Handwerk, Kunst und

---

2   H. Peyre, *La royauté et les langues provinciales*, Paris 1933, 164, zitiert nach Bochmann 1997, 64.

Staatswesen auszubauen. Doch nun stehen darüber hinaus die Anerkennung des von Logik und Klarheit geprägten *"génie de la langue française"* und dessen universelle Geltung auf der Tagesordnung.[3] Exemplarisch sei hier auf die von Antoine de Rivarol 1784 verfasste und von der Berliner Akademie der Wissenschaften preisgekrönte Schrift *Discours sur l'universalité de la langue française* verwiesen. Als Standardzitat aus diesem (werbewirksamen) Plädoyer für das internationale Prestige des Französischen lebt die zu einem Mythos geronnene Idee der *clarté* in dem Satz fort, *"tout ce qui n'est pas clair, n'est pas français"*.

Französische Revolution

Dieser Satz steht auch am Anfang des 1794 dem Konvent vorgelegten Berichts über die Sprachensituation in Frankreich, zu dem die Revolutionsregierung 1790 das Haupt der revolutionären Priesterschaft, Abbé Henri Grégoire, beauftragt hatte. Im Ergebnis seiner landesweiten Umfrage kommt er zu dem Schluss, dass mindestens sechs Millionen Franzosen gar kein Französisch und weitere sechs Millionen die Nationalsprache nur sehr unvollkommen beherrschten. Lediglich drei Millionen sprächen Französisch, und eine noch geringere Zahl sei auch des Schreibens und Lesens kundig (vgl. B. Plötner in: Bochmann et al. 1993, 65; vgl. auch Balibar 1985, 93 ff.). Gegen diese sprachliche Diversität zieht die Revolution unerbittlich – wenn auch, kurzfristig gesehen, eher erfolglos – zu Felde. Die Dialekte und die anderen Sprachen, *les patois*, sollten ausgerottet werden, die Alphabetisierung aller *citoyens* in Französisch in Gang gebracht und die Nationalsprache als *langue de la liberté* überall verbreitet werden: *"universaliser l'usage du français"*. Die Sprachpolitik der Revolution in ihren verschiedenen Phasen ist Teil des großen Projekts des revolutionären Bürgertums, den Nationalstaat gegen die Ambitionen der Feudalaristokratie ihren Interessen gemäß einzurichten. Sie setzt nicht nur die bürgerlichen Ideale *"liberté, égalité, fraternité"* auf die Tagesordnung, sondern auch das Projekt, die Gesellschaft nach den Vorstellungen der Bourgeoisie zu uniformieren: Sie vereinheitlicht die Maße und Gewichte nach dem metrischen System, sie ordnet das Territorium

---

3 In diesem Zusammenhang sei auf die brillante diskurskritische Dekonstruktion von Mythen wie die der *universalité*, *clarté* und des *génie de la langue française* durch H. Meschonnic verwiesen, der in Bezug auf den zuletzt genannten Topos kurz und treffend bemerkt, indem er die Sprachdiskussion an die sozialen Trägerschichten und deren sprachliche Ideologien zurückbindet: *"Le génie de la langue française est le génie de l'Ancien Régime, et de sa nostalgie"* (1977, 107). J. Riesz gibt jedoch zu Recht zu bedenken, dass die historische Wirksamkeit der aus diesen Topoi abgeleiteten Argumente nicht zu unterschätzen sei, denn sie funktionierten immerhin anderthalb Jahrhunderte zur Rechtfertigung der kolonialen sprachpolitischen Diskurse bei der Ausbreitung des Französischen in Übersee (vgl. Riesz 1998, 15).

3.2.3

Frankreichs nach *Départements*, sie hebt die innerfranzösischen Zollschranken und Wegegelder auf und verschafft ihrer Sprache universelle Geltung. Die Französische Revolution (1789–1799) gilt gemeinhin als weltgeschichtlicher Epochenumbruch. Zugleich ist sie als das bedeutendste und folgenreichste Ereignis im Prozess der Durchsetzung des Französischen als Nationalsprache in der *"République une et indivisible"* anzusehen.[4]

Wenn also am Ende des 18. Jh.s die sprachliche Einheit Frankreichs noch in weiter Ferne, mit der Französischen Revolution allerdings der Macht- und Hegemoniewechsel weitgehend vollzogen ist, so werden im 19. Jh. die bürgerlichen Eliten und die Republikaner vor allem zwei Prozesse vorantreiben, in deren Folge die Französischsprachigkeit unübersehbar und unausweichlich zu einem Ordnungsprinzip der französischen Nation wird. Dazu zählen: erstens die etappenweise Durchsetzung der Volksschulbildung mit den Bildungsreformen von 1833, 1850 und 1881/82; zweitens die Expansionspolitik, die zunächst mit NAPOLÉON BONAPARTE in ganz Europa starke antifranzösische Ressentiments schürt, nach 1830 jedoch mit der Kolonialexpansion nach Afrika und Asien ein weltweites und Frankreich nach innen festigendes Imperium entstehen lässt (vgl. Abschnitt 3.4).

Macht- und Hegemoniewechsel

Die industrielle Revolution bestimmt im 19. Jh. immer weitreichender die Entwicklung von Technologie und Produktionsorganisation, aber auch der sozialen Beziehungen. Die Handarbeit wird zunehmend durch Maschinenarbeit abgelöst, die Industrie zieht Arbeitskräfte an und entfaltet sich Hand in Hand mit der wachsenden Urbanisierung und dem Ausbau des Eisenbahnnetzes. Sich auf die Ideale der Französischen Revolution besinnend, werden in der Julimonarchie (1830–1848) unter Bildungsminister GUIZOT 1833, in der Achtundvierziger Revolution, zu Beginn der fünfziger Jahre und vor allem unter dem republikanischen Bildungsminister JULES FERRY (1881/82) Gesetze über die Einrichtung und die Ausgestaltung der Volksschulen verabschiedet und damit Weichen für die gesellschaftliche Modernisierung in Frankreich gestellt (vgl. Erfurt 1993). Ziel der Bildungsreformen ist es, überall in Frankreich, ob französisches oder nichtfranzösisches Sprachgebiet, für die Kinder von Arbeitern, Bauern und Handwerkern Grundschulen mit mindestens dreijähriger Ausbildung zu schaffen. Auf diese Weise wird der Prozess der Alphabetisierung des Volkes und der Franzisierung auch der nichtfranzösischen Gebiete

Bildungsreform im 19. Jh.

---

4 Aus der kaum mehr zu überschauenden Literatur zu diesem Thema sei verwiesen auf Balibar/Laporte 1974, Brunot 1967, Bd. IX, Bochmann et al. 1993, Certeau/Julia/Revel 1975, Guilhaumou 1989, Markow 1982, Schlieben-Lange 1996.

eingeleitet und die Vermittlung elementarer Bildungsvoraussetzungen für die kapitalistische Produktionsweise erreicht. Gleichzeitig richtet der Staat mit diesen Schulen eine wirksame Institution der patriotischen und konfessionellen Erziehung ein, die angesichts der außenpolitischen Ziele Frankreichs (Kolonialpolitik, Kriege) besonderen Wert erhalten. Unter JULES FERRY schließlich wird mit den Gesetzen von 1881 und 1882 der Schulbesuch obligatorisch und kostenlos, die Schule selbst laizistisch. Am Ende des Jahrhunderts verfügt dann der überwiegende Teil der Franzosen zumindest über elementare Lesefähigkeiten.

4 Französisch: *la langue* oder *une langue de la France*?

Verfassungsdiskussion

Die Französischsprachigkeit als wesentliche Säule des zentralistischen Staatsverständnisses in Frankreich wird im 20. Jh. weiter ausgebaut, zuletzt durch die Verfassungsänderung von 1992, mit der im neuen Artikel 2 das Französische zur Sprache der Republik erklärt wird. Damit reagiert der französische Staat auf den Druck von innen und von außen. Von innen, als im monolithischen Sprachverständnis der dominanten politischen Klasse wie der Bevölkerungsmehrheit Französischsprachigkeit mit Staatsloyalität identifiziert wird und Anderssprachigkeit oder Bilinguismus mit Separatismus. Den Forderungen der Regional- und Minderheitenkulturen begegnet der Staat mit Argwohn. Geflissentlich unterschlagen wird dabei, dass die Mehrheit der Bevölkerung in den Übersee-Départements in der Karibik und im Indischen Ozean nicht Französisch, sondern Kreolisch zur Erstsprache hat. Ein immer wieder virulentes Konfliktfeld ist der Kampf von Basken, Bretonen, Elsässern, Korsen, Okzitanen u. a. um die Anerkennung ihrer sprachlich-kulturellen Situation. 1951 kommt unter großen Mühen ein Gesetz zustande, die *Loi Deixonne*, mit dem – fakultativ und zeitlich limitiert – Unterricht in den Minderheitensprachen Baskisch, Bretonisch, Katalanisch und Okzitanisch ermöglicht wird.[5] Um das Jahr 1968 und in den siebziger Jahren erlangt die Regionalbewegung große Aufmerksamkeit, der die politische Linke und die Sozialdemokratie vor und nach dem ersten Wahlsieg F. MITTERRANDS 1982 mit dem Slogan *"le droit à la différence"* (vgl. den Bericht von Giordan 1982) und der Forderung Rechnung trägt, die anderen in Frankreich gesprochenen Sprachen als Sprachen Frankreichs anzuerkennen. Doch schon wenige Jahre später verschwinden beinahe geräuschlos derartige Bekenntnisse im Getriebe der

---

5   Erst seit 1974 ist der Unterricht in Korsisch, Deutsch (Elsässisch) und Flämisch erlaubt.

3.2.4

Staatsbürokratie, bis in den neunziger Jahren der europäische Vereinigungsprozess und die Globalisierung ein neues Denken über den Platz der Regionen und die europäischen Minderheitenkulturen auf die Agenda der Politik setzen.

Als Druck von außen wird in Frankreich die Regional- und Minderheitenpolitik des Europarats verstanden, der mit der Europäischen Sprachencharta von 1992[6] die Anerkennung und staatliche Förderung der Minderheitenkulturen in den Mitgliedsstaaten verfügt. Diese Charta ist heute von den meisten Staaten ratifiziert, nicht aber von Frankreich, weil sie im Widerspruch zu Artikel 2 seiner Verfassung steht.

EU-Sprachencharta

Ebenfalls als Druck von außen wird in Frankreich die mit der Globalisierung einhergehende Ausweitung des Englischen verstanden. Diese führe nicht nur zu einer Abwertung des Französischen als Sprache der internationalen Kommunikation, sondern auch zu einer Zunahme des Englischen in der binnenfranzösischen Kommunikation in Bereichen wie Wirtschaft und Dienstleistung, Werbung und Wissenschaft. Gegen den wachsenden Gebrauch von Anglizismen im Französischen und des Englischen in der öffentlichen Kommunikation richtet sich das Sprachgesetz vom 4.8.1994, die *Loi Toubon*, mit dem Frankreich versucht, durch gesetzliche Mittel in die öffentliche Sprachpraxis einzugreifen und die Kommunikation in französischer Sprache zu schützen oder auch einzufordern. Dabei kann sich der Staat auf eine jahrhundertealte zentralistische Sprachideologie wie auch auf die der heutigen Mehrheitsgesellschaft stützen, die skeptisch gegenüber jeder anderen Sprache auf ihrem Territorium ist, gegenüber Regionalsprachen, Migrantensprachen und eben auch Englisch.

Loi Toubon

3 Hegemonie und Prestige: Französisch als Soziolekt der europäischen Eliten

Lag im vorangehenden Abschnitt der Akzent auf der binnengerichteten Perspektive, indem schlaglichtartig dargestellt wurde, wie das Französische in Frankreich als allgemein verbindliche Sprache durchgesetzt wurde, soll im Weiteren der Topos der Universalität des Französischen beleuchtet werden. Hierbei geht es in erster

---

6   Siehe die Homepage des Europarats zur *Charte européenne des langues régionales ou minoritaires* unter http://www.local.coe.int.

Linie darum, die hegemonialen Interessen im *Ancien Régime* gegenüber Europa in Verbindung zu sehen mit der sprachlichen Ideologie von der *langue universelle* und dem *génie de la langue française*. Hinzu kommt jenes Prestige, welches die französische Sprache den Kulturleistungen der französischen Eliten sowie dem Luxus des französischen Hofes verdankt. Vom späten 17. bis zum 19. Jh., und insbesondere im aufklärerischen 18. Jh., gilt die Französischsprachigkeit als Markenzeichen der sozialen Eliten vieler europäischer Länder, die sich als eine Frankophonie *ante literam* interpretieren lässt.

1 Französisch an den europäischen Höfen

Französisch als Hegemonial-macht

Noch im 16. Jh. kostet es die französischen Intellektuellen, Verleger und Buchdrucker große Mühe, das literarisch noch wenig elaborierte Französisch gegen die Geschichtsmächtigkeit des Lateins und auch gegen die Attraktivität der italienischen Sprache und Kultur zu verteidigen. Paradoxerweise erlangt in der aristokratischen Gesellschaft Frankreichs ausgerechnet mit den Feldzügen der französischen Krone gegen Italien alles Italienische, was die feine Gesellschaft bei Hofe vergnügte – Musik, Tanz, Malerei, Architektur, Mode, Sprache und Literatur – größte Sympathie. Die Hochzeit des Königs FRANÇOIS Ier mit KATHARINA VON MEDICI verstärkt das Interesse und die Bekanntheit der italienischen Kultur und Sprache in Frankreich, so dass sich der schon erwähnte Humanist HENRI ESTIENNE in seiner Streitschrift *Dialogues du nouveau langage français italianisé* (1578/79) zu einem Protest gegen die Italianisierung des Französischen veranlasst sieht. Dies ändert sich, als in der Zeit des Hochabsolutismus im 17. und 18. Jh. Frankreich zur europäischen Hegemonialmacht avanciert und in der Zeit des Sonnenkönigs LOUIS XIV eine seiner glanzvollsten Perioden der Kulturgeschichte erlebt. Die höfische Kultur und der Luxus von Versailles werden zum Muster für Europas Fürstenhäuser. Es vergehen nur wenige Jahrzehnte, bis im *Ancien Régime* der Topos von der Universalität des Französischen geboren und dieser von den Eliten an den europäischen Fürstenhöfen übernommen wird.

Bereits in der zweiten Hälfte des 17. Jh.s kann ein gewisser SORBIÈRE im Vorwort des Buchs *Avantages de la langue française sur la langue latine* von LE LABOUREUR (1669) zum Französischen vermerken *"que la plupart des Cours de l'Europe se piquent de l'entendre et de parler, que nos ambassadeurs n'y ont plus besoin d'interprètes"* (zitiert nach François 1959, t. 1, 400). Und Père BOUHOURS notiert in den *Entretiens d'Ariste et d'Eugène* von 1671: *"Tous les étrangers qui ont de l'esprit se piquent de savoir le français; ceux qui haïssent le plus*

3.3.1

notre nation aiment notre langue" (ebd., 401; zu Bouhours vgl. auch
Settekorn 1995).

Mitte des 18. Jh.s sind die französischen Eliten längst davon   Universalsprache
überzeugt, dass ihre Sprache die Universalsprache Europas ist.
PIERRE LOUIS DE MAUPERTUIS nennt sie 1751 in einem Brief an die
Berliner Akademie *"langue universelle de l'Europe"* ebenso wie
VOLTAIRE, in dessen Korrespondenz dies vielfach zu belegen ist (vgl.
Hagège 1987, 207). Von VOLTAIRE zu ANTOINE DE RIVAROL und seiner
von der Berliner Akademie prämierten Schrift *Discours sur l'universalité de la langue française* (1784) ist es nur ein kleiner Schritt, um
die Universalität des Französischen schlechthin zu postulieren. Die
französische Wahrnehmung von der universellen Geltung der
Sprache und ihrer Verbreitung im Ausland findet ihr Pendant in
der Gallomanie der Aristokratien in zahlreichen Ländern Europas.
Bei genauerem Hinsehen stellen wir indessen fest, dass sich diese
Universalität mehr oder weniger auf Europa beschränkt: 1763
muss Frankreich schmachvoll seine nordamerikanischen Kolonien, die *Nouvelle-France*, an England abtreten, und 1803 verkauft
NAPOLÉON Louisiana an die Vereinigten Staaten, um seine Kriegs-
kasse aufzufüllen. Innerhalb Europas bezieht sich die universelle
Geltung eigentlich nur auf die Länder des Nordens, auf England,
die Niederlande, Preußen, Sachsen, Polen, die skandinavischen
Länder und Russland, während das Französische im Süden und im
Habsburger Imperium deutlich geringere Bedeutung hat.

An den Höfen in Deutschland und seinen nördlichen und östlichen Nachbarn allerdings ist es omnipräsent (vgl. Brunot, vol. V/
1966 und VIII-1/1967), wofür *pars pro toto* eine Äußerung VOLTAIRES
über den Potsdamer Hof des Preußenkönigs FRIEDRICH II. steht: *"Je
me trouve ici en France. On ne parle que notre langue. L'allemand est pour
les soldats et pour les chevaux; il n'est nécessaire que pour la route"* (zitiert
nach Kramer 1992, 63). Legendär ist auch die Frankomanie an den
russischen Höfen unter Zarin KATHARINA II., die von einer umfangreichen wechselseitigen Reisetätigkeit von Geschäftsleuten und
Händlern einerseits, von Künstlern und Intellektuellen andererseits
flankiert wird, von denen zahlreiche als Lehrer für französische
Sprache und Lebensart in Russland tätig sind.

2   Sprache der Diplomatie

Mit den Verhandlungen zum Westfälischen Frieden von 1648, die   Französisch
den Dreißigjährigen Krieg beenden und die eine Vielzahl von   vs. Latein
Repräsentanten der europäischen Höfe zusammenführen, wird
bereits sichtbar, dass viele Diplomaten das Französische dem
Latein als Verhandlungssprache vorziehen (vgl. Brunot, vol.

V/1966, 391 ff.), wenn auch die Verträge selbst noch in Latein
abgefasst sind. Selbst meist zur Aristokratie gehörig, ist für die
Diplomaten der Glanz des französischen Hofes groß genug, um
seine Sprache auch zur ihrigen zu machen. 1714 jedoch, mit dem
Vertrag von Rastatt zwischen dem Habsburger Kaiserreich und
Frankreich, ist Französisch erstmals offizielle Sprache der Diplomatie, entgegen der kaiserlichen Tradition, Verträge in Latein
abzuschließen. Französisch löst Latein als Verhandlungssprache
der Diplomatie und der Verträge ab, unabhängig von der politischen Konstellation: Für den Wiener Kongress (1814–15) und den
Versailler Vertrag (1871) wird Französisch gewählt, wiewohl
Frankreich politisch unterlegen ist. Die Gründe hierfür liegen
weniger in der bis zum Mythos stilisierten *clarté* des Französischen,
die Schutz vor diplomatischen Winkelzügen gewähre, als vielmehr
in der großen diplomatischen Aktivität Frankreichs im Ausland
sowie im Prestige und der Attraktivität seiner Kultur für die Eliten
der anderen Länder. Hat die Verknüpfung von politischem und
kulturellem Prestige der Sprache die Hegemonie Frankreichs in
Europa befestigen helfen, so büßt sie diesen Rang im 19. Jh. relativ schnell wieder ein. Längerfristig muss sie dem Englischen den
Vortritt als führende Weltsprache lassen. Diese Tendenz verstärkt
sich nach dem Zweiten Weltkrieg durch den Einfluss der USA auf
die internationalen Beziehungen.

3   Bildungssprache und bürgerlich-nationale Bewegungen im 19. Jahrhundert

Nationalstaaten

War im 18. Jh. das Französische unter den Aristokratien an den
europäischen Höfen verbreitet, so ist es im 19. Jh. – im Jahrhundert
der Gründung von Nationalstaaten wie Belgien 1830, Rumänien
1859, Italien 1861, Deutschland 1871 – das aufstrebende Bürgertum, das sich an den Idealen der französischen Kultur und Gesellschaft, und nicht zuletzt an jenen der Französischen Revolution,
orientiert und sie als Maßstab für die eigene nationale Entwicklung
verwendet. Viele Angehörige der jungen bürgerlich-nationalen
Eliten, die um die Zeit der Revolutionen von 1848 aktiv sind, erhalten ihre Bildung in Frankreich oder stehen in engem Kontakt mit
französischen Intellektuellen und Künstlern. Die bürgerlichen
Salons und die Institutionen der Zivilgesellschaft in Frankreich
werden zum Modell für ähnliche Orte des sozialen Lebens in
Rumänien, Polen, Russland oder Italien, in denen sich Literaten,
Gelehrte und Politiker treffen und ihre Konversation nicht selten in
Französisch führen. Im Ausbau der eigenen Sprachen wird die Ent-
lehnung aus dem Französischen die bevorzugte Quelle, wie es am

3.3.3

politisch-sozialen und wissenschaftlich-technischen Wortschatz des Rumänischen besonders deutlich abzulesen ist.

Für den Diskurs der heutigen Francophonie ist diese Entwicklung eine Quelle der Legitimation: Die Frankophilie der bürgerlich-nationalen Eliten in vielen Ländern Europas im 19. Jh. und deren Rezeption französischer Kultur wird immer wieder angeführt, um die Aufnahme von Ländern wie Rumänien, Moldova, Bulgarien oder Polen in die politische Organisation der Francophonie argumentativ zu stützen.

4 Sprache der Glaubensflüchtlinge

Schließlich sei ein letzter Prozess erwähnt, in dessen Folge die Verbreitung des Französischen in Europa im 16., 17. und 18. Jh. stark befördert wird. Französischsprachige Glaubensflüchtlinge verlassen als Wallonen, Hugenotten, Calvinisten und Waldenser aus Angst vor Repression und Zwangskatholisierung den französischsprachigen Teil der spanischen Niederlande (Wallonien), Frankreich, Savoyen und die Schweiz und finden in den protestantischen Ländern Deutschlands und Europas Asyl (vgl. dazu Glück 2002, 158–232). Ende des 17. Jh.s erreicht die Fluchtbewegung ihren Höhepunkt. Louis XIV duldet im Namen der absolutistischen Staatsräson keinen anderen als den katholischen Glauben. Zuvor, 1598, hatte Henri IV. mit dem Edikt von Nantes ein Zeichen für religiöse Toleranz gesetzt und die jahrzehntelangen Religionskriege zwischen Katholiken und Protestanten beendet. 1685 nun widerruft Louis XIV mit dem Edikt von Fontainebleau die Glaubensfreiheit und will Hugenotten und Waldenser zwingen, zum Katholizismus überzutreten. Die Aufhebung der Religionsfreiheit für die Protestanten in Frankreich und in Savoyen bewirkt einen Massenexodus in die protestantischen Länder Europas: vor allem in die Schweiz, nach Deutschland, England und in die Niederlande. So soll die Einwohnerzahl von Lyon zwischen 1685 und 1698 von 70.000 auf 20.000 gesunken sein (vgl. Glück 2002, 167). Als Reaktion darauf erlässt wenige Tage später der Kurfürst von Brandenburg, Friedrich Wilhelm von Hohenzollern, das Edikt von Potsdam. Darin verspricht er den französischen Glaubensbrüdern Aufnahme in sein Land, Religionsfreiheit, Steuerfreiheit für Handel und Gewerbe, Ämter im Heer und in der Verwaltung. Gleichzeitig bittet er die protestantischen Fürsten Deutschlands um Unterstützung, so dass von den insgesamt über 200.000 aus Frankreich geflohenen Hugenotten und Waldensern ca. 44.000 in die deutschen Länder kommen. 70.000 gehen nach England und Irland, 85.000 in die Niederlande (vgl. Kiefner 1993, 40). Die Huge-

Edikt von Fontainebleau

3.3.4

notten und Waldenser waren in erster Linie fähige Kaufleute, Gewerbetreibende, Handwerker, Gelehrte und Bauern (vgl. Kramer 1992, 78). Für Frankreich ist ihre Auswanderung ein verhängnisvoller Aderlass, für Deutschland und die anderen Länder – nach dem wirtschaftlichen und sozialen Niedergang infolge des Dreißigjährigen Krieges – ein demographischer, ökonomischer und kultureller Jungbrunnen. In Brandenburg und Preußen wie auch in anderen Ländern stößt die Präsenz der Hugenotten auf die Sympathie der frankophilen Eliten (vgl. Brunot, vol. V/1966, 337 ff.), weniger hingegen bei den Handwerkern, die die hugenottische Konkurrenz fürchten (ebd., 344). Nach zwei bis drei Generationen, manchmal auch früher, nimmt ihre Französischsprachigkeit mehr oder weniger rasch ab. Zu Beginn des 19. Jh.s ist die Anpassung an die jeweiligen Landessprachen weit fortgeschritten. Die antinapoleonischen Kriege schmälern zusätzlich die Sympathie für das Französische in Europa, so dass bis zum 20. Jh. kaum mehr als sprachliche Relikte und wenige noch aktive Kirchengemeinden, wie in Berlin, übrig bleiben.

4 Sprache und Herrschaft im Kolonialismus

1 Sprache und Herrschaft

1694, runde sechs Jahrzehnte nach seiner Ankündigung in den Gründungsstatuten der Académie française von 1635, erscheint das Wörterbuch *Dictionnaire de la langue françoise*. Ganz im Zeitgeist des Absolutismus widmen die Herausgeber das Werk König Louis XIV und stellen sich mit ihrer Arbeit in den Dienst der Krone. In der Widmung schreiben sie: "*La supériorité de votre puissance l'a* [die französische Sprache] *déjà rendue la langue dominante de la plus belle partie du monde. Tandis que nous nous appliquons à l'embellir, vos armes victorieuses la font passer chez les étrangers; nous leur en facilitons l'intelligence par notre propre travail, et vous la leur rendez nécessaire par vos conquêtes*" (zitiert nach François 1959, t. 1, 401). Sprache im Dienst der kolonialen Eroberung, Sprache als Medium der Herrschaftspraxis, schließlich auch Herrschaft durch Sprache: Das Zitat verdeutlicht, welchen Platz die Autoren der Sprache im Rahmen des expansions- und kolonialpolitischen Diskurses in Frankreich am Ende des 17. Jh.s zuweisen.[7] Im 19. und 20. Jh. spitzt sich der

---

7   Ganz ähnlich hatte es der Spanier Antonio de Nebrija im Vorwort seiner "Gramatica de la lengua castellana" von 1492 mit den Worten formuliert: "*siempre la lengua fue la compañera del imperio*".

Kampf um die koloniale Herrschaft in den Regionen der Welt zu, und die Methoden, sie auszuüben, werden vielfältiger. Zur militärisch organisierten Unterwerfung treten Konzepte hinzu, um die Kolonisierten langfristig an Frankreich zu binden, indem sie dessen Sprache erlernen. Mit dem Blick auf die französischen Eroberungen in Afrika unterstreicht J. Riesz, dass der Kolonisator mit dem Vermitteln seiner Sprache eine wachsende Zahl von "Eingeborenen" an sich bindet, sie für seine Befehle und Anweisungen erreichbar und für seinen Einfluss aufnahmebereit macht. "Auf der anderen Seite gewährt der Kolonisator mit seiner Sprache auch eine Teilhabe an seiner Macht, gibt etwas von seiner Macht ab und erlaubt den Kolonisierten den Zutritt in deren 'Innenhof'. Die Sprache als Herrschaftsinstrument (im Sinne der Verstetigung der Macht) ist zugleich das sicherste Mittel, auf Dauer die für die Machtinszenierung notwendige Distanz zu erzeugen und zu bewahren: Kein 'Neger' wird je so gut französisch sprechen wie ein Franzose. – Oder doch? Das Paradox und die Widersprüchlichkeit der französischen Sprachpolitik in Afrika – von 1830 bis zur heutigen 'Frankophonie' – liegt hier begründet: Einerseits ist man bemüht, möglichst vielen immer besser die eigene Sprache beizubringen. Andererseits muss man fürchten, dass einem dadurch immer mehr vom Eigenen abhanden kommt. Wenn das Monopol der Sprache nicht mehr vorhanden ist, wer garantiert dann noch das Macht-Monopol?"(Riesz 1998, 5). Im Weiteren wird gezeigt, wie das Französische auf anderen Kontinenten Verbreitung findet und welchen Platz ihm Frankreich in der Kolonialpolitik zuweist.

2 Grundzüge der französischen Kolonialpolitik

Zeitgleich mit der Ausdehnung ihres Herrschaftsbereichs auf dem europäischen Festland rivalisiert die französische Krone unter François Ier und später unter Louis XIII und Louis XIV mit den Seemächten Spanien, Portugal, England und Holland um die Erschließung überseeischer Reichtümer. Nach Kolumbus' Entdeckung des Seewegs zu den Antillen setzt 1492 die Inbesitznahme des amerikanischen Kontinents durch die europäischen Mächte ein. Im Dienste Portugals, Englands und Frankreichs erkunden Vespucci, Cabot, Magellan, Pineda, Verrazzano und dann auch der Bretone Jacques Cartier (1491–1557) die Küsten des amerikanischen Kontinents. Mit seinen drei Entdeckungsreisen zwischen 1534 und 1542 nimmt Cartier das Gebiet entlang des Sankt-Lorenz-Stroms (heute Québec) im Namen des französischen Königs François Ier in Besitz.

3.4.2

1   Das erste Kolonialreich

Nouvelle-France   J. CARTIER legte damit den Grundstein zum ersten französischen Kolonialreich (1534–1815), das geographisch vor allem auf Nordamerika und die Antillen orientiert war. Doch zu einer systematischen kolonialen Expansion Frankreichs kommt es in Nordamerika erst, nachdem SAMUEL DE CHAMPLAIN (ca. 1570–1635) und seine Mitstreiter zunächst den Handelsstützpunkt Port Royal (1604) im heutigen Neu-Schottland (Nova Scotia/Nouvelle-Écosse) und 1608 die Stadt Québec als künftiges administratives und religiöses Zentrum, als Warenumschlagplatz und Exporthafen sowie als Ausgangspunkt für die weitere Erschließung des nordamerikanischen Kontinents gegründet haben. In einem langsamen Expansionsprozess erreicht die *Nouvelle-France* in Nordamerika am Ende des 17. Jh.s ihre größte Ausdehnung. Sie umfasst das riesige Territorium des heutigen Ostkanada bis zu den Großen Seen und vom Einzugsbereich von Mississippi und Missouri im Norden bis zum Golf von Mexiko im Süden. Zum Empire hinzu kommen französische Besitzungen in der Karibik – vor allem die Antilleninseln Guadeloupe, Martinique, Saint Domingue (vgl. Hofmann 2001) – und auch insulare Gebiete im Indischen Ozean – die Seychellen, Réunion, Mauritius – sowie Handelskontore und Forts im heutigen Brasilien, in Französisch-Guayana, in Nord- und Westafrika, auf Madagaskar und an der Ostküste Indiens.

Rivalität mit
Großbritannien   Die koloniale Expansion stößt immer wieder auf den Widerstand Großbritanniens, des Hauptrivalen Frankreichs, an den nach der Niederlage im Siebenjährigen Krieg (1756–1763) wesentliche Teile des ersten Empire abgetreten werden müssen. Großbritannien verdrängt Frankreich aus Nordamerika (vgl. Plourde [dir.] 2000). Es kommt Frankreich zuvor bei der Erschließung und Inbesitznahme der großen pazifischen Territorien in der zweiten Hälfte des 18. Jh.s und im 19. Jh. (Australien 1770, Neuseeland 1840). Es verhindert schließlich Frankreichs Expansion auf dem indischen Subkontinent. Das Ende des ersten Empire zeichnet sich ab, als 1803 NAPOLÉON Louisiana an die USA verkaufte, nachdem sich zuvor mit der Niederlage der französischen Truppen gegen die Aufständischen in Haiti (1802) der Traum von der Konsolidierung eines amerikanischen Rest-Empire zerschlug.

Das Hauptinteresse Frankreichs im ersten Empire leitet sich fast ausschließlich aus der Logik ökonomischer Interessen, insbesondere dem Handel mit Produkten aus den Kolonien ab: mit Pelzen aus Nordamerika, Zucker und Tabak aus der Karibik, Ebenholz aus Afrika oder Tee, Gewürzen und Porzellan aus Asien (vgl. Meyer et al. 1991, vol. 1, 191ff.). So erklärt es sich auch, dass mit dem Frieden von Paris (1763), als Frankreich die nordamerikanische

3.4.2

Nouvelle-France an Großbritannien abtritt, in französischen Geschäftskreisen allgemeine Zufriedenheit herrscht, denn der Verbleib der Antilleninseln Guadeloupe, Martinique und Saint Domingue sowie von Gorée als dem gewinnträchtigen Zentrum des westafrikanischen Sklavenhandels bei Frankreich verspricht trotz der Niederlage immerhin noch die Wahrung seiner merkantilen Interessen (vgl. v. Krosigk 1999, 489).

Im Hinblick auf die Kolonisierung und Besiedlung erweist sich die französische Kolonialpolitik wie auch das erste Empire selbst als außerordentlich disparat. So stellt sich dabei die koloniale Erschließung Kanadas grundsätzlich anders dar als die Inbesitznahme der Antilleninseln oder der Territorien an der afrikanischen Westküste. Die *Nouvelle-France* oder Kanada – abgeleitet vom indianischen Wort *kanata* für Dorfgemeinschaft, wie das Gebiet seit dem 16. Jh. genannt wurde – wird von Anfang des 17. bis in die Mitte des 18. Jh.s vor allem von französischen Fischern und Handwerkern, Verwaltungsbeamten und Geistlichen, von Händlern und einer nicht unbeträchtlichen Zahl von Militärs besiedelt, die überwiegend aus den Regionen der französischen Atlantikküste (Poitou, Charente, Saintonge), des Ärmelkanals (Normandie, Picardie) sowie der Île-de-France stammen. Gemessen an der Größe des Territoriums, aber auch im Vergleich zu den englischen, irischen und schottischen Migrationsströmen nach Nordamerika, bleibt die Auswanderung aus Frankreich und die Ansiedlung der *colons* relativ gering. RICHELIEU wird die Idee zugeschrieben, junge Frauen, meist aus Waisenhäusern im Pariser Becken, als "filles du roi" nach Kanada zu schicken, um im Namen von König und Kirche für ein kräftiges Bevölkerungswachstum zu sorgen. Insgesamt treten zwischen 1663 und 1673 etwa 775 sogenannte Orphelinen die Reise über den Atlantik an. Ende des 17. Jh.s liegt die Zahl der Siedler in Nordamerika, die aus Frankreich stammen, bei ca. 15.000 gegenüber ca. 200.000 anglophonen Briten, um 1760 bei 70.000 Franzosen gegenüber 1,6 Mio. Briten.

(Randnotiz: Migration, Deportation, Sklavenhandel)

Die Beziehungen mit den Ureinwohnern – den Völkern der Huronen, Cree, Montagnais, Micmac u. a. – gestalten sich weitgehend friedlich im Kontext des Handels und der Christianisierung, während zwischen Irokesen, die auf Seiten der Engländer stehen, und Franzosen immer wieder kriegerische Auseinandersetzungen stattfinden.

(Randnotiz: Ureinwohner)

Bis in die heutige Zeit hinein ist im Identitätsdiskurs der frankophonen Kanadier die Deportation von ca. 6.000 französischen Siedlern aus der Acadie durch die Briten lebendig. 1755 werden die meisten von ihnen infolge des Konfessionsstreits zwischen französischsprachigen acadischen Katholiken und der Siegermacht aus protestantischen Engländern in die Sumpf- und Küstenland-

(Randnotiz: Deportation)

schaften Louisianas deportiert. Ihre Nachfahren leben unter der Bezeichnung *Cadjins/Cadiens*, engl. *Cajuns*, bis heute in diesem Staat.

Sklavenhandel

In den übrigen französischen Kolonialgebieten auf den Antillen und in Westafrika hingegen geht die französische Kolonialpolitik mit Unterdrückung der indigenen Bevölkerung, mit Versklavung und Sklavenhandel einher. Handel mit afrikanischen Sklaven entwickelte sich zu einem blühenden Geschäft. Die meisten werden von der vor Senegal gelegenen Insel Gorée in die Karibik und zum amerikanischen Kontinent verschifft. Als Arbeitskräfte auf den Zucker-, Kaffee- und Baumwollplantagen produzieren sie die in Frankreich begehrten Produkte, die auf den vorherigen Sklavenschiffen zurück ins Mutterland transportiert werden.

Plantagenwirtschaft und Kreolsprachen

Auf den Plantagen und Farmen kommen die afrikanischen Sklaven mit den weißen französischsprechenden Kolonisten in Kontakt. Aus der Notwendigkeit der Kommunikation zwischen den Sklaven und ihren Herren, aber auch zwischen den Sklaven untereinander, entwickeln sich über die sprachlichen Barrieren hinweg rudimentäre, funktional eingeschränkte Sprachformen, die heute als Pidginsprachen bezeichnet werden. Im Allgemeinen achteten die Sklavenbesitzer darauf, dass ihre Sklaven ethnisch gemischt waren, um unkontrollierter Kommunikation und damit Sklavenaufständen vorzubeugen. Auf diese Weise wird den afrikanischen Muttersprachen die Grundlage für ein längeres Weiterleben unter den in den Kolonien geborenen Sklaven entzogen. An die Stelle der afrikanischen Muttersprachen tritt als neue Sprache jene, die – zumindest dem Wortschatz nach – die Sprache der weißen Herren ist. Es bilden sich Mischsprachen heraus, die sich die nachfolgenden Generationen als Muttersprache aneignen und zu voll funktionsfähigen Sprachen ausbauen. Je nach den kolonialen Verhältnissen bzw. je nach Herkunft des Wortschatzes werden diese Kreolsprachen in französisch-, niederländisch-, englisch- oder portugiesisch- basierte Kreolsprachen gegliedert. Französischbasierte Kreolsprachen, die untereinander verschieden sind, werden in Louisiana, Martinique, Guadeloupe, Dominica, Haiti, St. Lucia, Französisch Guyana, Réunion, Mauritius, Seychellen und Rodrigues (vgl. Stein 1997) sowie in Neu-Kaledonien gesprochen. Aufgrund der engen sprachlichen Verwandtschaft mit dem Französischen und der kolonialen und postkolonialen Beziehungen mit Frankreich werden diese Territorien zu den *espaces francophones* gezählt (vgl. Chaudenson 1979, 2003; Hazaël-Massieux 1999).

3.4.2

2   Das zweite Kolonialreich

Ein neuerlicher Expansionsprozess Frankreichs und damit die Er-   Expansion
richtung des zweiten Kolonialreichs setzt 1830 mit der Okkupation   nach Afrika
Algeriens ein. Das Ende des algerischen Unabhängigkeitskriegs
– von 1954 bis 1962 – markiert dann auch das definitive Ende des
zweiten Empire. Wiederum mit Großbritannien rivalisierend, konzentriert sich Frankreichs Kolonialpolitik im 19. und 20. Jh. auf zwei
geographische Räume: zunächst auf Afrika, insbesondere auf den
Maghreb, auf West- und Äquatorialafrika, sowie in der 2. Hälfte des
19. Jh.s auch auf den Nahen Osten (Syrien, Libanon, Ägypten).
Während Großbritannien bestrebt ist, Afrika von Nord nach Süd,
d. h. von Kairo bis Kapstadt, zu kontrollieren, bemüht sich Frankreich um eine durchgehende West-Ost-Verbindung vom Senegal
als dem traditionellen Stützpunkt bis zum Horn von Afrika im
Osten, wo mit Dschibuti (Französisch Somalia) eine strategisch
bedeutende Region am Ausgang des Roten Meeres und in Reichweite zu Madagaskar und den Komoren besetzt wird. Der zweite
geographische Expansionsraum ist Indochina, wo die französische
Flotte 1858 im Kaiserreich Annam (heute Vietnam) interveniert
und später ein Protektorat errichtet. F. VON KROSIGK skizziert die
treibenden Kräfte der Kolonialexpansion wie folgt: "Militärs und
Missionare waren federführend bei der Gründung des 2. Empire.
[…] Die großen Träger der kolonialen Expansion im 19. Jh. waren
nicht Kaufleute oder Industrielle, wenngleich Jules Ferry (der trei-
bende Politiker der kolonialen Expansion) gegen Ende des 19. Jh.s
die koloniale Mission des Hexagon vorwiegend mit Argumenten
der Sicherung eines gegen ausländische Konkurrenz abgeschirmten
Absatzraumes für französische Produkte und französisches Kapital
begründete. Im 'parti colonial' besaßen die Militärs eine Führungs-
stellung. Die französische Armee verknüpfte ihre Ehre mit der
Eroberung Algeriens, während die französische Marine bei der
kolonialen Expansion in Indochina, Afrika und im Pazifik federführend war. Hinzu kommt allerdings der wichtige Einfluss französischer Missionsgesellschaften" (1999, 487). Seine größte Ausdehnung hat dieses Kolonialreich am Ende des Ersten Weltkriegs, als
auch die vormals deutschen Mandatsgebiete Togo und Kamerun zu
Frankreich kommen. Es umfasst eine Fläche von ca. 12 Mio. km²
und ist damit annähernd 22-mal größer als das Mutterland selbst,
mit einer Bevölkerung von 68 Mio. (ebd., 486).

   Religiöse Orden und Missionsgesellschaften hatten beträcht-   La mission
lichen Anteil an der Formulierung und Durchsetzung der *mission*   civilisatrice
civilisatrice, der "zivilisatorischen Mission" Frankreichs in Übersee als
dem legitimatorischen Konzept des französischen Kolonialismus.
Unter Rückgriff auf die großen Ideen der französischen Aufklärung

und der Revolution von 1789 sah Frankreich seine zivilisatorische Mission darin, andere Völker auf das Niveau französischer Größe und Exzeptionalität zu heben und gleichzeitig der französischen Zivilisation universelle Geltung zu verschaffen. J. Riesz belegt den naiv-pathetischen Zivilisationsglauben mit einer Äußerung von Victor Hugo anlässlich der Besetzung Algeriens: "Ich glaube, dass unsere neue Eroberung ein glückliches und ruhmreiches Unternehmen ist. Es ist die Zivilisation, die über die Barbarei siegt. Ein von (der Vernunft) erleuchtetes Volk trifft auf eines im Dunkeln. Wir sind heute die Griechen des Erdkreises; unsere Aufgabe ist es, die Welt zu erleuchten. Unsere Mission geht in Erfüllung. Ich singe Hosanna" (Victor Hugo, zitiert nach Riesz 1998, 114–115). Als die beiden Pfeiler zur Verwirklichung der *mission civilisatrice* werden einerseits das Konzept der Assimilation und andererseits das Konzept der "direkten Verwaltung", *l'administration directe*, angesehen. Letzteres stellt "die Einbindung der Kolonien in ein von Frankreich zentralistisch gesteuertes, hierarchisch strukturiertes Verwaltungssystem" dar (Krosigk 1999, 489). Das System aus Assimilation und direkter Verwaltung bedeutet in der französischen kolonialen Tradition zugleich, dass die Idee des Souveränitätstransfers und der Selbstverwaltung der Kolonien, von Großbritannien unter der Bezeichnung "indirekte Verwaltung" mit Erfolg praktiziert, grundsätzlich fremd bleibt. In einer Zeit, als die Rufe nach Unabhängigkeit in Afrika unüberhörbar werden, beschleunigt das System der direkten Verwaltung den Zerfallsprozess des französischen Kolonialreichs.

Assimilation   Das Konzept der Assimilation, d. h. die Vorstellung einer zunehmenden Integration der unter französischer Herrschaft stehenden Menschen und Territorien in das Mutterland, ist in der französischen Kolonialdoktrin immer zwiespältig interpretiert worden: emanzipatorisch und repressiv. Einerseits, wie das Zitat von V. Hugo belegt, ist es eingebettet in einen den Kolonialismus legitimierenden Diskurs über Gleichheit aller Menschen, Teilhabe an den Menschenrechten und den Errungenschaften der bürgerlichen Revolution und der "Zivilisation". Andererseits ist es Teil einer Praxis der Unterdrückung und Vernichtung fremder Kulturen, die nicht für wert gehalten werden, in einer französisch "befriedeten" Welt fortzubestehen. Für Letzteres bezeichnend ist der Hirtenbrief des Kardinals von Algier Mgr. Lavigerie aus dem Jahre 1868, in dem die muslimische Bevölkerung Algeriens vor die Alternative gestellt wird, entweder den christlichen Glauben anzunehmen oder in die Wüste vertrieben zu werden, was ihrer Ausrottung gleichgekommen wäre (vgl. Riesz 1998, 115). In der kolonialpolitischen Praxis der zweiten Hälfte des 19. und der ersten Hälfte des 20. Jh.s stellt sich die Idee der Assimilation als hochkomplex und in sich nicht einheitlich dar (vgl. Riesz 1998, insbes. 105–133).

3.4.2

Im Umgang mit den zu assimilierenden kolonialen Untertanen sollte es nicht darum gehen, ihnen den Weg in die französische Gesellschaft zu öffnen – oder doch? Mit der Revolution von 1848 schafft Frankreich die Sklaverei ab und betrachtet die Einführung des allgemeinen Wahlrechts als eine Garantie für die gesellschaftliche Assimilation der *colons* (vgl. Meyer et al. 1991, 413). Dass französischsprachige Kinder aus Algier, Dakar, Saigon oder Noumea eines Tages Paris regieren würden, lag allerdings nicht in der Absicht, wohl aber in der Konsequenz französischer Assimilation, wie F. v. KROSIGK (1999, 491) schreibt. Den Idealtyp des Assimilierten stellt im kolonialpolitischen Diskurs Frankreichs das emanzipierte Individuum, der *Évolué*, dar, jener zum Bürger erhobene Eingeborene, der die französische Kultur verinnerlicht hat. Gerne wird hierbei auf Persönlichkeiten wie LÉOPOLD SÉDAR SENGHOR (1906–2001) verwiesen, aus dem Senegal stammender Dichter und Politiker, der 1946 an der Verfassung der Vierten Republik mitschreibt, der der Regierung unter EDGAR FAURE (1955–1956) angehört und der von 1960 bis 1980 Präsident des Senegal ist; auf FÉLIX HOUPHOUËT-BOIGNY (1905–1993), Arzt, Baule-Häuptling und Plantagenbesitzer, der als Abgeordneter der Elfenbeinküste von 1946–1959 der französischen Nationalversammlung angehört, in Frankreich ein Ministeramt bekleidet und 1960 Präsident von Côte d'Ivoire wird; oder auf FÉLIX EBOUÉ (1884–1944), der aus Französisch-Guyana stammende erste schwarze Gouverneur der französischen Kolonien, zunächst von Guadeloupe, dann des Tschad (1938) und 1940 von ganz Französisch-Äquatorial-Afrika (A.E.F.). In der Praxis der französischen Kolonialpolitik bleiben die das Emanzipationsideal verkörpernden *Évolués* jedoch eine Ausnahme, was sich rasch beweist, wenn breitere Bevölkerungsgruppen im französischen Kolonialreich auf die politische Umsetzung dieses Ideals drängen. Für die Kolonialverwaltung und Militärbehörden in Algerien galt es als 'Anmaßung', wie F. v. KROSIGK am Beispiel der von den Militärbehörden abgewehrten Forderungen von algerischen Kabylen im Jahre 1878 ausführt, deren Wortführer kurzerhand ins Gefängnis gesperrt werden (ebd. 490). Die Assimilationspolitik konzentriert sich weniger auf das ferne Asien als vielmehr auf die Kolonien in Afrika.

Verwaltung, Schule, Kirche und Militär sehen ihre Aufgabe darin, für die "Umerziehung und Verwandlung der Eingeborenen im Interesse Frankreichs" zu sorgen, wie es LOUIS FAIDHERBE, Gouverneur des Senegal von 1854 bis 1865 ausdrückt (zit. nach Riesz 1998, 106). Der von ihm gegründeten *École des fils de Chef* schrieb er die Aufgabe zu, "eine Elite von Eingeborenen auszubilden, die uns bei unserer Zivilisations-Aufgabe helfen und dadurch zugleich Dolmetscher für die verschiedenen Sprachen des Landes zu rekru-

Évolués und Eingeborene

3.4.2

tieren" (ebd., 105). So können Schule, Kirche und Militär als die zentralen Institutionen angesehen werden, in denen die affektive wie lebenspraktische Bindung der Untertanen an die Kolonialmacht erreicht werden soll, wobei der Vermittlung der Sprache eine Schlüsselstellung zukommt.

3 Kolonialdiskurs und Rassismus

Rassentheorie | Ideologisch abgesichert wird die Verbreitung des Französischen in den Kolonien durch die Rassentheorie von J. A. GOBINEAU (1816–1882) über die Ungleichheit der Rassen und ihrer Sprachen. Im Diskurs der Kolonialideologen von der Mitte des 19. Jh.s bis zur Mitte des 20. Jh.s haben Äußerungen wie die folgenden topischen Charakter: "Der Schwarze kann nur wiederholen. Alles, was man ihm beibringt, ist 'Sache der Weißen' [...]. Aus dem Hirn eines Negers ('cerveau nègre') können nur sinnlos reproduzierte Wortfolgen kommen: 'ohne Zusammenhang, ohne Ordnung, Verstand oder Logik'. Die französische Sprache selbst, mit ihrer subtilen Syntax, ihrem 'Genie', wird dem Schwarzen auf ewig verschlossen bleiben [...]" (zit. nach Riesz 2000, 196). Das Bildungswesen in den Kolonien sieht sich mit der in sich widersprüchlichen Aufgabe konfrontiert, das Französische zu verbreiten und durchzusetzen, gleichzeitig aber vor den damit verbundenen 'Gefahren' auf der Hut zu sein (vgl. ebd., 194). Als 'Gefahren' werden angesehen, dass *erstens* das Französische im Munde der Eingeborenen Schaden nimmt, 'kontaminiert', gar 'degradiert' wird, *zweitens*, dass der Gebrauch des Französischen die kolonialen Schutzbefohlenen auf ungemäße Gedanken politischer Emanzipation und Befreiung bringen könnte, und – dazu komplementär – *drittens* die wohlmeinende Sorge, die 'Eingeborenen' könnten durch den übertriebenen Gebrauch des Französischen ihrer eigenen Kultur entfremdet und zu 'Entwurzelten' werden (vgl. ebd., 195).

Petit nègre | In der Literatur französischer Kolonialautoren wird den Schwarzen und den anderen Rassen als 'Beweis' für ihre intellektuelle Minderwertigkeit ein verballhorntes und rudimentäres Französisch – ein *petit nègre* – in den Mund gelegt. Es gibt den Weißen Anlass, sich über dieses 'Kauderwelsch' lustig zu machen. J. RIESZ verweist darauf, dass die 'Verunstaltung' der französischen Sprache im Munde der Afrikaner am deutlichsten in der parodistischen Übertreibung afrikanischer Schriftsteller fassbar wird, die ihre eigene sprachlich-schulische Sozialisation und die Schrecken der damit verbundenen *'dressage'* erzählen. So versetzt sich der ivorische Schriftsteller Bernard Dadié scheinbar verständnisvoll in die Situa-

3.4.2

tion jener Kolonialfranzosen, die unter dem *"sabotage collectif de la langue française"* leiden (ebd., 197).

4 Transformation und Auflösung der kolonialen Herrschaft

Kaum war Frankreich, nicht zuletzt dank der Rückzugsmöglich-
keiten in seine Kolonien, aus dem Zweiten Weltkrieg als Siegermacht hervorgegangen, führt es anderthalb Jahrzehnte Krieg, um
den Bestand seines Kolonialreichs in Asien und Afrika (u. a.
Indochina 1947–1954, Madagaskar 1947, Algerien 1958–1962)
aufrechtzuerhalten. Gleichzeitig sollte auf dem Weg von Reformen
der sich abzeichnende Zerfall aufgehalten werden. Mit der Gründung der *Union française* (1946–1958) und der Verfassung von
1946 werden die Kolonien zwar als "egalitäre" Teile Frankreichs
anerkannt, sie verfügen aber nur über geringe Mitsprachebefug-
nisse. Zugleich wird die Bindung der Kolonien an das Mutterland
neu geregelt: Die früheren Protektorate Tunesien und Marokko
werden fortan "assoziierte Staaten", die Mandatsgebiete Togo und
Kamerun erhalten den Status von "assoziierten Territorien", die
vier Altkolonien Martinique, Guadeloupe, Réunion und Französisch-Guyana werden als *Départements d'outre-mer* (D.O.M.) und
die restlichen Kolonien in West- und Zentralafrika und im Pazifik,
die die eigentliche Mehrheit ausmachen, als *Territoires d'outre mer*
(T.O.M.) zum integralen Bestandteil der Republik erklärt. Daran
zeigt sich, dass die assimilatorischen und zentralistischen Reflexe
in der französischen Verwaltung zu stark ausgeprägt waren, um
eine föderale Entflechtung oder auch andere Optionen für die
Zukunft der Kolonien auf den Weg zu bringen.

Union française

Die Rufe nach Unabhängigkeit und Selbstbestimmung in Nord-
und Westafrika sind inzwischen unüberhörbar geworden. Als
1956 das Reformkonzept *Loi cadre* verabschiedet wird und zarte
Formen demokratischer Mitbestimmung und das allgemeine
Wahlrecht in den Kolonien eingeführt werden, haben bereits Indochina, Marokko und Tunesien ihre Unabhängigkeit erlangt, ist
die algerische Rebellion nicht mehr einzudämmen und formiert
sich in West- und Zentralafrika breiter Widerstand. Mit der neuen
Verfassung der V. Republik 1958 hat sich Frankreichs mächtiger
Präsident CHARLES DE GAULLE entschlossen, sowohl die allgemeine
Akzeptanz der neu geschaffenen *Communauté française* (1958–
1960) als auch die Wahl des politischen Status in dieser Gemeinschaft per Referendum legitimieren zu lassen. In diesem Prozess
entstehen zwölf frankophone Staaten im subsaharischen Afrika,
die gleichzeitig ihre Unabhängigkeit gegenüber Frankreich reklamieren und bis 1960 durchsetzen (vgl. Krosigk 1999, 493 f.). Wei-

Dekolonialisierung

3.4.2

tere fünf Gebiete entscheiden sich dafür, als *Territoires d'outre mer* in der kurzlebigen *Communauté française* zu bleiben: Französisch-Somalia (das heutige Dschibuti) und die Komoren, die Mitte der 1970er Jahre unabhängig werden, die pazifischen Territorien Neu-Kaledonien und Französisch-Polynesien und, im Atlantik südlich von Neufundland vor der kanadischen Ostküste gelegen, die Inselgruppe St.-Pierre et Miquelon, die später, zusammen mit Mayotte, den Status einer *Collectivité Territoriale* erhalten.

3   Institutionen der kolonialen Sprachpolitik

Kolonial-
verwaltung

Auf die militärische Eroberung und Errichtung des Zweiten Kolonialreichs folgt unabdingbar seine Verwaltung und wirtschaftliche Ausbeutung, an der die Handelshäuser in Bordeaux und Marseille interessiert sind. Wie bereits angedeutet, nimmt in der französischen Kolonialpolitik und der Kolonialverwaltung die sprachliche Assimilation eine Schlüsselstellung ein, um die Untertanen langfristig an Frankreich zu binden.

Der administrative Rahmen einer kolonialen Sprachpolitik wird durch den Zentralismus, der auch die innere Verwaltung Frankreichs bestimmt, abgesteckt. Frankreichs Konzept der "direkten Verwaltung" der Kolonien, die natürlich eine französischsprachige ist, sieht sich dabei mit einer außerordentlich großen Heterogenität der Kulturen und Diversität der Herrschaftssysteme konfrontiert. Die Verwaltung hat sich einzustellen auf arabische, afrikanische, asiatische, karibische und südpazifische Sprachen und Kulturen. Über das Christentum hinaus sind Religionen wie Islam, Buddhismus, Konfuzianismus und Animismus verbreitet. Unter den Herrschaftssystemen befinden sich solche mit relativ gefestigten staatsähnlichen Strukturen im Sultanat von Marokko oder im Kaiserreich von Annam einerseits und mit stark dezentralisierten, nicht verfestigten Verwaltungsstrukturen funktionierende Gesellschaften in weiten Teilen West- und Zentralafrikas, Neu-Kaledonien und den Neuen Hebriden im Südpazifik andererseits. Intern sind bei wechselnder Kompetenz mehrere Ministerien mit der Verwaltung der Kolonien befasst: das Außenministerium mit den Protektoraten Tunesien und Marokko, das Innenministerium mit Algerien. Weitere Kompetenzen liegen bei den Marine-, Kriegs-, Handels- und Bildungsministerien. Eine einheitliche und umfassende Kolonialverwaltung hat Frankreich nicht geschaffen (vgl. Krosigk 1999, 486 ff.).

Im Hinblick auf die Sprachpolitik der Kolonialverwaltung ist zwar mit der *mission civilisatrice* eine Leitidee, in der kolonialpolitischen Praxis aber keine zwischen den Institutionen abgestimmte

3.4.3

Politik zu erkennen. Hierbei gilt jedoch, was für Sprachpolitik im Allgemeinen gesagt werden kann, dass sie indirekt über Schulpolitik, Militärpolitik, Kirchenpolitik usw. durchgesetzt wird. Entscheidend daran ist, wie in den jeweiligen Bereichen von Schule über Verwaltung bis Kirche auf die existierenden sprachlichen Verhältnisse Bezug genommen und in sie, in Französisch oder zugunsten des Französischen, eingegriffen wird. So stellt die Einführung von Steuerkarten oder von Identitätspapieren in den belgischen und den französischen Kolonien in der ersten Hälfte des 20. Jh.s zunächst einen rein administrativen Akt dar. In einer kulturhistorischen Perspektive ist sie jedoch als Maßnahme des Übergangs von der Mündlichkeit zur Schriftlichkeit in afrikanischen Kulturen zu interpretieren. In sprachpolitischer Perspektive bedeutet sie, dass in maßgeblichen Bereichen der Gesellschaft die Schriftlichkeit in Französisch zu einem Regulativ der Sozialbeziehungen wird und dass sukzessiv die dominant oralen Kulturformen der afrikanischen Völker verdrängt werden.

> "Zivilisatorische Mission"

Die Kolonialpolitik Frankreichs will, ebenso wie die ihrer Konkurrenten, internationales Prestige und wirtschaftlichen Gewinn aus den Kolonien ziehen. Ein weiteres Motiv ist die Rekrutierung von Soldaten, die für Frankreich in den Krieg ziehen. Allein im Ersten Weltkrieg kommen 350.000 Soldaten und 200.000 Arbeitskräfte aus den Kolonien.

> Militär

1857 per kaiserlichen Erlass geschaffen, werden die Kompanien aus afrikanischen Soldaten – die *tirailleurs sénégalais*, die so heißen, obwohl später viele von ihnen gar nicht aus dem Senegal kommen – in die Kriegsgebiete in Madagaskar, Marokko oder Sudan sowie auf die Schlachtfelder des Ersten und Zweiten Weltkriegs geschickt. Für das räumlich ausgedehnte, aber relativ dünn besiedelte Französisch-Westafrika bedeutet die Rekrutierung zehntausender junger Menschen für die Kriege in Nordafrika, Europa und in Indochina einen schmerzlichen Einschnitt.

Das Thema von Militär und *tirailleurs sénégalais* nimmt in der französischen Kolonialliteratur und später in der Literatur afrikanischer Autoren einen beträchtlichen Raum ein (vgl. Riesz 2000, Kapitel 5 und 6; zu den afrikanischen Kolonialsoldaten und den Diskurs des Rassismus in Deutschland und Frankreich vgl. Koller 2001). Einige dieser Autoren wie BAKARY DIALLO, LÉOPOLD SÉDAR SENGHOR, LAMINE SENGHOR, OUSMANE SEMBÈNE oder AHMADOU KOUROUMA haben selbst am Ersten oder Zweiten Weltkrieg teilgenommen (vgl. dazu Glinga 1990, 362–369, Riesz 1998, 191–218). Aus den Berichten wird deutlich, dass Kaserne und Exerzierplatz der Raum sind, in dem sie nicht nur militärisch gedrillt werden, sondern auch mit der französischen Sprache in Kontakt kommen. Hunderttausende eignen sich die militärische Kommandosprache

> **3.4.3**

an und sprechen ein "français tirailleur", das sich auf die Sprache von Befehl und Gehorsam, Dienstanweisungen und militärischen Alltag beschränkt (vgl. Riesz 1998, 281). Die Sprache der Vorgesetzten zu erlernen, stellt für einige Rekruten eine Herausforderung dar. Französisch nicht nur sprechen, sondern auch schreiben zu können, verspricht Anerkennung und sozialen Aufstieg in der französischen Gesellschaft. Allerdings gelingt dies nicht vielen der *tirailleurs sénégalais*, wie es BAKARY DIALLO in seiner Autobiographie nachzeichnet (vgl. ebd., 213 ff.).

Kirche und Schule Zu den Gedächtnisorten in der frankophonen Welt zählen immer wieder Denkmale und künstlerische Darstellungen, die an die ersten katholischen Gottesdienste in der neuen Welt und die Christianisierung der "Eingeborenen" erinnern. Katholische Missionare stehen im ersten und zweiten kolonialen Empire in vorderster Reihe jener Franzosen, die Kontakte zur autochthonen Bevölkerung herstellen. Sie begleiten die territoriale Expansion und die militärische Unterwerfung. Sie unterhalten Missionsstationen, Klöster und später auch Schulen, in denen sowohl gepredigt und gebetet als auch französische Kultur vermittelt wird.

Im französischsprachigen Kanada bestimmen konfessionelle Schulen noch bis in die zweite Hälfte des 20. Jh.s das Bildungswesen. Erst mit der *Révolution tranquille* in Québec Anfang der 1960er Jahre und der fortschreitenden Säkularisierung der Gesellschaft verliert die Autorität des Pfarrers als Institution für die Bewahrung traditioneller Moral- und Wertvorstellungen an Bedeutung. Katholische Religion und französische Sprache gelten in Nordamerika vom 17. bis zum späten 20. Jh. als die zentralen Kennzeichen der Identität der Frankophonen und markieren eine Grenzlinie zu den überwiegend protestantischen Engländern. Doch auch die Glaubensbrüder unter sich liegen im Streit. Ein Großteil der irischen und schottischen Einwanderer sind zwar ebenfalls katholisch, aber anglophon. Vielerorts sehen sich die frankophonen Katholiken durch die anglophonen Kirchenobrigkeiten benachteiligt und schlimmstenfalls sogar zur Assimilation genötigt.

In Afrika und in den übrigen Gebieten des Empires betrachtet die französische Kolonialpolitik den Katholizismus und die französischsprachige Schule als Instrumente, um die kolonialen Untertanen langfristig an das Mutterland zu binden. Anders als in den englischen oder den belgischen Kolonien ist im französischen Kolonialreich des 19. und 20. Jh.s der Schulunterricht nicht den christlichen Kirchen oder religiösen Orden überlassen, sondern Sache des Staates. Zumindest liegt die Aufsicht bei den Kolonialbehörden, wenn auch die Schulen selbst nicht selten von religiösen Orden geleitet werden. Für den Aufbau eines Schulsystems in den afrikanischen, asiatischen und pazifischen Kolonien sprechen zunächst praktische Gründe. Die zu errichtenden Kolonialverwaltungen verlangen nach der Ausbildung von Dolmetschern, Verwaltungsgehilfen, Personal für den Unterhalt der Stützpunkte und Stationen, Polizeigehilfen und auch von Soldaten. Mit der Entfaltung der Kolonialverwaltung wird dann die Schule eine wichtige Säule im Konzept der Assimilation und der sozialen Selektion, der Disziplinierung und der sittlichen Bildung, schließlich will die Kolonialmacht ihre *mission civilisatrice* um jeden Preis durchsetzen.

Für Afrika geben um 1900 die Ideologen einer *pax gallica*, darunter auch ein gewisser ONÉSIME RECLUS, den Kampfruf "La latinité ou la mort!" aus und propagieren das "Recht des Stärkeren" gegenüber den afrikanischen Sprachen und zugunsten einer universalen Herrschaft des Französischen in Afrika (vgl. Riesz 1998, 130 f.). Maßvoller als RECLUS geben sich die Kolonialfunktionäre und Inspekteure, die mit Aufbau und Organisation des Schulwesens in den Kolonien betraut sind. Hier hört man durchaus auch kritische Töne gegenüber der Assimilationspolitik sowie Forderungen nach besserem Lehrpersonal, um Fortschritte bei der ökonomischen Verwertung von Sprache und Bildung in den Kolonien zu erreichen. Besonders aufschlussreich über den Zustand des Erziehungssystems in Westafrika ist die Bestandsaufnahme, die GEORGES HARDY, Generalinspekteur des Unterrichtswesens in Französisch-Westafrika, 1917 vorlegt. Er plädiert für ein behutsames Vorgehen und Respekt vor den Sitten und Glaubensvorstellungen der "Eingeborenen", für das Vermeiden eines abstrakten und doktrinären Unterrichts, für sach- und realitätsnahe Unterweisung, welche die "Eingeborenen" nicht ihrer natürlichen Umgebung entfremdet. Schule ist zwar auch für ihn eine Fortsetzung der (militärischen) Eroberung mit anderen Mitteln, zugleich will er sie jedoch auch als "Eroberung der Herzen" der Kolonialuntergebenen verstanden sehen (vgl. ebd., 131 f.). J. RIESZ verweist darauf, dass in G. HARDYS Plädoyer für den Französisch-Unterricht in Afrika ein Argument auftaucht, das in den kommenden Jahrzehnten – und selbst heute noch – die koloniale Sprachpolitik legitimieren sollte: das Argument der "babylonischen Sprachenvielfalt" und des "Sprachenchaos", dem nur die vereinheitlichende Kraft des Französischen abhelfen könne.

Die *Alliance française*, 1883 von Persönlichkeiten des öffentlichen und politischen Lebens gegründet, um in der ganzen Welt *les amis de la France, de sa langue et de sa culture* zu sammeln, zu vernetzen und um dem wachsenden Einfluss von Deutschland Paroli zu bieten, wird besonders da aktiv, wo aus politischen oder konfessionellen Gründen der Staat oder die Kirche keine aktive Kulturpolitik im Ausland betreiben können. Eine ihrer zentralen Aufgaben ist der Unterricht des Französischen (vgl. die [Selbst-]Dar-

Private Akteure/
Alliance
française

3.4.3

stellung der *Alliance française* durch Bruézière 1983). Bereits um die Zeit des Ersten Weltkriegs existieren Hunderte von Komitees der *Alliance française* in der ganzen Welt, auch außerhalb der Kolonien.

Als Ausdruck der säkularen und antiklerikalen Entwicklung unter den französischen Republikanern wird 1902 die *Mission laïque française* ebenfalls von Geographen und Gelehrten gegründet, die sich für eine laizistische, d. h. nicht-konfessionelle Bildung und für die Unterhaltung von weltlichen Schulen vor allem in den Kolonien einsetzt. Daneben agieren eine Reihe von konfessionellen Organisationen wie die *Société des missions évangéliques* und die *Alliance israélite universelle*. Letztere, 1860 in Paris gegründet, unterhält bereits 1914 um die 200 Schulen im Mittelmeerraum, Nahen Osten und im Ottomanischen Reich, in denen die Angehörigen der jüdischen Gemeinden in Hebräisch und in Französisch unterrichtet werden. Heute engagiert sie sich vor allem in Marokko, Israel und Kanada im schulischen Milieu für den Erhalt der französischsprachigen Kultur (vgl. HCF 2001, 388).

Fazit
Es zeigt sich, dass es keinen prinzipiellen Unterschied in der kolonialen Sprachpolitik Frankreichs in der Dritten Republik (1870–1940) und jener der Französischen Revolution innerhalb Frankreichs gibt. Im Vordergrund steht der Versuch – wie es einst auch die Jakobiner anstrebten –, das Französische im gesamten Herrschaftsbereich gegenüber den anderen Sprachen durchzusetzen und dabei Verhaltensformen und Regelungen einzuüben, die Konformität mit und Loyalität zu den Machtverhältnissen im Mutterland herstellen sollen.

4 Belgien als Kolonialmacht

Kongo
Belgiens Geschichte als souveräner Staat reicht auf das Jahr 1830 zurück, als Kolonialmacht auf das Jahr 1885. Im 19. Jh. ist Belgien dominant französischsprachig (vgl. Erfurt 1992). Französischsprachig sind die sozialen Eliten im Inneren wie seine Außenpolitik. Zur Kolonialmacht wird Belgien eher zufällig, zumindest jedoch nicht als Folge gezielter Expansionspolitik. Das belgische Kolonialgebiet erstreckt sich in seiner maximalen Ausdehnung über das riesige und an Bodenschätzen reiche Gebiet des Kongobeckens und reicht bis zu den Großen Seen nach Ruanda und Burundi. Das Gebiet nördlich des Kongo-Flusses, heute Republik Kongo (mit der Hauptstadt Brazzaville), hatte sich Frankreich bereits 1880 gesichert; es gehörte von 1910 bis 1958 zu Französisch-Äquatorialafrika (A.E.F.).

3.4.4

Nachdem Mitte des 19. Jh.s die systematische Erkundung des Kongobeckens von britischen Afrika-Forschern vorangetrieben wurde, sicherte sich der belgische König LEOPOLD II. durch sog. Schutzverträge mit über 400 Bantu-Häuptlingen den politischen und wirtschaftlichen Zugriff auf dieses Gebiet. Die Berliner Kongo-Konferenz 1885 spricht dem belgischen Monarchen die zum Kongo-Freistaat zusammengeschlossenen Gebiete als Privatbesitz zu. Berichte über die extremen Ausbeutungspraktiken zwingen LEOPOLD II. zum Verkauf des Privatbesitzes an den belgischen Staat, der das Gebiet 1908 als Belgisch-Kongo übernimmt. Das Hauptinteresse Belgiens besteht im Zugriff auf Bodenschätze wie Edelmetalle, Diamanten und Uran, die es ihm innerhalb kurzer Zeit erlauben, unter die europäischen Industriestaaten aufzusteigen.

Vom Kongo aus erobern belgische Truppen 1916 das Gebiet Ruandas, das seit 1890 als Ruanda-Urundi zur Kolonie Deutsch-Ostafrika gehört und das nach dem Ersten Weltkrieg als Völkerbundmandat (1920) und nach dem Zweiten Weltkrieg als UNO-Treuhandgebiet (1946) unter belgische Herrschaft gestellt wird. Nach dem Zweiten Weltkrieg stützt die belgische Kolonialpolitik das Fortbestehen feudaler Verhältnisse, indem sie die Macht der Tutsi-Aristokratie gegenüber der Bevölkerungsmehrheit der Hutu sichern hilft. Nach Erlangung der Unabhängigkeit 1962 bestimmen über Jahrzehnte hinweg blutige Konflikte zwischen den Bevölkerungsgruppen der Hutu und Tutsi das politische Geschehen. *(Ruanda, Burundi)*

Die belgischen Kolonialherren im Kongo bauen zwar eine gewisse Verkehrsinfrastruktur und Krankenhäuser auf, verwehren aber der Bevölkerung den Zugang zu Bildung und Verwaltung, so dass bis zur Unabhängigkeit keine einheimische Führungsschicht existiert. Der wachsende Unmut über die Kolonialpolitik Belgiens Ende der 1950er Jahre lässt eine nationale Bewegung entstehen, als deren Führer PATRICE LUMUMBA hervortritt. Nach Unruhen und Revolten entlässt Belgien die Kolonie 1960 in die Unabhängigkeit. Die Anfangsjahre des jungen Staates sind von Aufständen und von Fraktionskämpfen rivalisierender Führer und Militärs geprägt, denen 1961 – wohl auch unter Beteiligung des belgischen Geheimdienstes – der Ministerpräsident P. LUMUMBA zum Opfer fällt. *(Unabhängigkeit)*

Seit der Unabhängigkeit wird ein französischsprachiges Bildungswesen nach belgischem Muster aufgebaut, das Schulpflicht vom 6. bis zum 12. Lebensjahr in der Grundschule und eine weitere sechsjährige Sekundarstufe vorsieht. Unter der Herrschaft MOBUTOS (1965–1997) verfällt das staatliche Bildungswesen, gleichzeitig gewinnen konfessionelle Schulen, die wie schon in der Kolonialzeit in der Hand religiöser Orden liegen, an Bedeutung. Nach UNESCO-Schätzungen sind heute ein Viertel der Bevölkerung Analphabeten. Französisch ist die offizielle Sprache im Kongo, *(Schule)*

3.4.4

daneben sind Lingala, Kikongo, Kiswahili und Ciluba als nationale Sprachen unter über 200 weiteren Sprachen anerkannt. Als Zweitsprache, Arbeitssprache oder Bildungssprache gehört Französisch zum sprachlichen Repertoire eines kleinen Teils der Bevölkerung.

5 Afrikanische und antillanische Diskurse des Antikolonialismus und Postkolonialismus

1 Der *Négritude*-Diskurs

Négritude

Als in den 1920er Jahren der Ausbau des Bildungswesens in den Kolonien vorankommt, öffnen sich erste Wege für die Formierung einer neuen Elite. Anfang der dreißiger Jahre kommen in Paris Afrikaner und Antillaner zusammen und entwickeln ein Bewusstsein über ihre Situation als Schwarze und als Kolonisierte. Die jungen schwarzen Intellektuellen um AIMÉ CÉSAIRE aus Martinique, LÉOPOLD SÉDAR SENGHOR aus Senegal und LÉON GONTRAN DAMAS aus Guyana formulieren hier antikoloniale Positionen, indem sie die auf Assimilation ausgerichtete Kolonialpolitik Frankreichs anprangern und dem Rassismus Frankreichs ein provokatives Bekenntnis zum eigenen "Schwarz-Sein" entgegensetzen. Anfang der dreißiger Jahre führt CÉSAIRE das Konzept der *Négritude* ein (vgl. Senghor 1964, 8). SENGHOR, der in unzähligen Schriften und Reden das Denken der *négritude*-Bewegung prägte, definiert sie als "*l'ensemble des valeurs culturelles du monde noir*" (ebd., 9).

Text

In dem folgenden Auszug aus dem Prosagedicht *Cahier d'un retour au pays natal* von AIMÉ CÉSAIRE finden wir einen der frühen Belege für das Wort *négritude*. Mit dem Text entwirft CÉSAIRE eine "Geographie des Bluts der Schwarzen", die es erlaubt, die historische und räumliche Dimension der *Négritude* zu erschließen: "*la carte du monde faite à mon usage, non pas teinte aux arbitraires couleurs des savants, mais à la géométrie de mon sang répandu*" (A. Césaire 1983, zit. nach Hausser/Mathieu 1998, 23).

> *Ce qui est à moi, ces quelques milliers de mortiférés qui tournent en rond dans la calebasse d'une île et ce qui est à moi aussi l'archipel arqué comme le désir inquiet de se nier, on dirait une anxiété maternelle pour protéger la ténuité plus délicate qui sépare l'une de l'autre Amérique; et ses flancs qui sécrètent pour l'Europe la bonne liqueur d'un Gulf Stream, et l'un des deux versants d'incandescence entre quoi l'Équateur funambule vers l'Afrique. Et mon île non-clôture, sa claire audace*

3.5.1

*debout à l'arrière de cette polynésie, devant elle, la Guadeloupe fendue
en deux de sa raie dorsale et de même misère que nous, Haïti où **la
négritude** [Hervorhebung J. E.] se mit debout pour la première fois
et dit qu'elle croyait à son humanité et la comique petite queue de la
Floride où d'un nègre s'achève la strangulation, et l'Afrique gigantes-
quement chenillant jusqu'au pied hispanique de l'Europe, sa nudité où
la Mort fauche à larges andains.*

AIMÉ CÉSAIRES Prosagedicht *Cahier d'un retour au pays natal*, das er im
Jahre 1939 in der Pariser Zeitschrift *Volontés* publiziert, gilt als eines
der bedeutenden Dokumente einer literarischen Bewegung, die
unter dem programmatischen Namen der *Négritude*[8] karibische,
afrikanische und linke französische Intellektuelle zusammenführte.

 Unterschiede zwischen einer antillanischen und afrikanischen
Négritude deuten sich in den dreißiger Jahren bereits an. Während
für CÉSAIRE Assimilation unannehmbar ist, da sie dazu führe, von
der "question nègre" zu abstrahieren[9] und "un Français à peau
noire" zu werden, sieht SENGHOR 1937 die Assimilation durchaus als
Ziel und die Zweisprachigkeit als den Weg dahin; "erforderlich sei
eine zweifache Ausrichtung, ein 'Bicéphalisme', der sowohl nach
Afrika als auch nach Frankreich blickt" (Riesz 1988, 5). 1948 gibt
SENGHOR eine Anthologie zur neuen afrikanischen und madagassischen Lyrik in französischer Sprache heraus, die der französische
Philosoph JEAN-PAUL SARTRE mit einem Vorwort unter dem Titel
"Orphée noir" einleitet. Die Bedeutung dieses Textes besteht u. a.
darin, dass SARTRE die *Négritude* als politisches Kampfprogramm für
die Emanzipation der Schwarzen herausarbeitet, die einen zwei-
fachen Entfremdungsprozess erfahren: Als schwarze Proletarier, die
sich gegen Ausbeutung zur Wehr setzen müssten, und als Wesen,
denen die Pigmentierung der Haut als soziales Stigma angelastet
wird (vgl. dazu Depestre 1980, 154).

 In den fünfziger und sechziger Jahren erfährt der Diskurs der
Négritude eine weitere Radikalisierung: die antikolonialistischen
Befreiungsbewegungen in Afrika, Asien und Lateinamerika finden
neben CÉSAIRE ihre Theoretiker und Vordenker in dessen ebenfalls
aus Martinique stammendem Landsmann FRANTZ FANON (1925–
1961) und in dem tunesischen Schriftsteller ALBERT MEMMI (geb.
1920). FANON sorgt für literarisches Aufsehen u. a. mit *Peau noire,
masques blancs* (1952), in politischer Hinsicht ergreift er Partei für

(Randnotiz:) Einordnung

(Randnotiz:) Frantz Fanon, Albert Memmi

---

8 Die Literatur zur *Négritude* ist umfangreich: Vgl. u. a. Hausser/Mathieu 1998, insbes. Kapitel I und II, Depestre 1980, Fleischmann 1969, Grimm (Hg.) ³1994,
  401 ff., Diop/Riesz 1988. Umfangreiche Selbstzeugnisse liegen mit Senghor 1964,
  1977, 1980 vor.
9 Vgl. das Interview von RENÉ DEPESTRE mit AIMÉ CÉSAIRE, in Depestre 1980,
  S. 67–81.

die algerische Befreiungsbewegung des *Front de Libération Nationale* (FLN). In diesem Zusammenhang bewusstseinsbildend ist der anti-kolonialistische Essay des tunesischen Schriftstellers ALBERT MEMMI *Portrait du colonisé précédé du Portrait du colonisateur* (1954), der zu einem Schlüsseltext für die Kolonialismusanalyse nicht nur im Maghreb, sondern auch in den übrigen Kolonien und unter den europäischen Linken wird. Eine der zentralen Fragen, die MEMMI diskutiert, ist die nach dem Verhältnis von Kolonisator und Koloni-siertem, so auch in sprachlicher Hinsicht. In welcher Sprache sollen die gegen den Kolonialismus ankämpfenden Autoren schreiben und in welchem Spannungsverhältnis sehen sie sich als Individuen gegenüber den vom Kolonialismus geprägten Gesellschaften? Sol-len sie in der – ihnen aus Überzeugung fremden – Sprache der Kolonialherren schreiben oder in den Sprachen der unterdrückten afrikanischen oder karibischen Völker, die andernorts jedoch nicht verstanden werden? Radikalisierung erfährt die *Négritude*-Diskussi-on vor allem dahingehend, dass sie sich – wie anlässlich des ersten Panafrikanischen Festivals 1969 in Algier deutlich wurde – mit dem Vorwurf kritischer afrikanischer Intellektueller auseinander setzen muss, Instrument des Neokolonialismus zu sein (vgl. Depestre 1980, 148 f.).

2   Kritik der *Négritude*-Konzeption

Ousmane Sembène, Mongo Beti

Einflussreiche Afrikaner von der Statur eines L. S. SENGHOR, die ganz im französischen kulturellen und politischen System aufge-gangen sind, engagieren sich in einem eher kulturalistischen und abstrakt-humanistischen Verständnis von *Négritude* für eine Auf-wertung der afrikanischen Kulturen, plädieren aber ansonsten für die Beibehaltung und Kultivierung des Französischen. Kritischer verhalten sich hingegen Autoren wie OUSMANE SEMBÈNE (geb. 1923) aus dem Senegal oder MONGO BETI (1932–2001) aus Kamerun, die in den 1970er Jahren die Beibehaltung des Französischen als offi-zieller Verwaltungs- und Schulsprache als Relikt der kolonialen Assimilations- und Kulturpolitik und als Medium des Neokolonia-lismus anprangern (vgl. Riesz 1984, Kom 2000).

René Depestre

Auf kritische Distanz zu einer sich in einen Mythos verwan-delnden *Négritude* geht auch der Haitianer RENÉ DEPESTRE in dem Essayband *Bonjour et adieu à la négritude* (1980). Die *Négritude* – "*inventé, dit-on, par Césaire, mais commercialisé en quelque sorte par Senghor*", wie es im Vorwort des *Dictionnaire de la Négritude* von MONGO BETI und ODILE TOBNER (1989, 6) heißt – sei nach DEPESTRE (1980, 158 f.) zunächst eine emotionsgeladene Antwort der ausge-beuteten Schwarzen auf deren Verachtung durch die weißen

3.5.2

Kolonialherren gewesen. Doch bald schon habe sie die Funktion eines Mythos übernommen, der die Existenz einer schwarzen Bourgeoisie als einer herrschenden, nicht selten durch die Weißen korrumpierten Klasse verschleiere. Insbesondere dem *"grand poète"* SENGHOR wirft er dessen *"perspective plutôt romantique, vitaliste, voire mystique"* vor, mit der er die Entfremdung und Unterdrückung der Schwarzen verkläre und so eine historisch-konkrete Analyse der Kategorien 'Weißer' und 'Neger' verstellen würde.

3 *Antillanité* und *Créolité* als Diskurse der sozialen Identifikation

Wenn es der *Négritude* darum ging, die künstlerische Artikulation in französischer Sprache mit der Sichtweise der Schwarzen und dem Rhythmus bzw. den Farben der antillanischen und der afrikanischen Lebenswelt zu verbinden, so bleibt unstrittig, dass sich ihre Vertreter – A. CÉSAIRE aus Martinique, L. S. SENGHOR aus Senegal, L. G. DAMAS (1912–1978) aus Französisch-Guyana, J. PRICE-MARS (1876–1969) aus Haiti und viele andere – zu ihrer Französischsprachigkeit bekennen und sich mit ihr identifizieren. Die Tatsache, dass die Sprache ihrer Herkunft meist eine andere ist als Französisch, wird nur selten oder nicht problematisiert. Jüngere Intellektuelle hingegen sehen sich zu einer differenzierteren Bestimmung ihrer Identität veranlasst. Als Problem stellt sich für sie erstens, in einer Sprache zu schreiben, die zwar die offizielle Sprache ist, nicht aber die des alltäglichen Lebens der Mehrheit ihrer Landsleute und zweitens, dass die Authentizität der oralen Erzähltraditionen – in Kreolisch oder in afrikanischen Sprachen – in der intellektuellen Produktion der *Négritude*-Anhänger vernachlässigt wird. Auch könnten die traditionellen, d. h. die hexagonalen sprachlichen Normen der Literatur- und Bildungssprache nicht ungeprüft auf die sprachlichen Verhältnisse in Übersee übertragen werden.

Herausragender Vertreter dieser Schriftstellergeneration ist EDOUARD GLISSANT, 1928 in Martinique geboren, der zunächst Anhänger einer radikalisierten *Négritude*-Konzeption ist. Er gründet 1959 den schon kurze Zeit später wieder verbotenen *Front Antillo-Guyanais* und kämpft für die Unabhängigkeit der karibischen D.O.M. GLISSANTS Konzeption der *Antillanité* gründet sich auf eine Identitätssuche, die die komplexe Wirklichkeit der Antillen, das Zusammentreffen unterschiedlicher Völker und Kulturen im historischen Umfeld von Sklaverei, Plantagenwirtschaft und Rassismus als ein diesen geografischen Raum verbindendes Element ins Bewusstsein rückt. So etwa in seinem Werk *Le discours antillais* (1981), wo er an die prekäre politische und soziale Situation auf

Sprache [margin]

Antillanité [margin]

den Antillen erinnert und die mit dem Konzept der *Antillanité* verbundene Identitätssuche ausführt. In den Werken anderer Autorinnen und Autoren wie Maryse Condé, Simone Schwarz-Bart oder Myriam Warner-Vieyra wird die Antillanitätskonzeption literarisch ausgestaltet und gleichzeitig eine prononciert weibliche Perspektive eingeschrieben (vgl. Fendler 1994).

Créolité Die sozialen Identifikationsprozesse antillanischer Intellektueller und Künstler konsequent weiterführend, verleihen Autoren wie Raphaël Confiant (geb. 1951) aus Martinique und Hector Poullet (geb. 1938) aus Guadeloupe auch in sprachlicher Hinsicht ihrer Antillanität Ausdruck, indem sie Ende der 1970er und in den 1980er Jahren, z. T. aber auch heute noch, ihre Romane in kreolischer Sprache schreiben. Jean Bernabé (geb. 1942), Patrick Chamoiseau (geb. 1953) und Raphaël Confiant bündeln ihren Blick auf die gesellschaftlichen Verhältnisse der Antillen im Konzept der *Créolité* (vgl. dazu die von ihnen gemeinsam publizierte *Eloge à la créolité*, 1989). Das Konzept rückt die für die Antillen typische Mischung aus afrikanischen, karibischen, asiatischen und europäischen kulturellen Mustern und Substraten in den Mittelpunkt, die sich zu einer ganz Antillen-spezifischen Form der Interkulturalität und Identität zusammenfügen. Wenn die Antillanitätskonzeption der vorhergehenden Generation die Öffnung in den geographischen Raum der Karibik suchte, so fokussieren die Vertreter der *Créolité* ihren Blick auf die je spezifische Situation in Martinique, in Guadeloupe oder in Haiti. Zugleich grenzen sie sich von kulturellen Mischungsprozessen in anderen Regionen ab, die mit Konzepten wie *mestizaje* in Lateinamerika oder *melting-pot* in den USA beschrieben werden. Am ehesten noch sei für sie eine Parallele zum Konzept der 'multiplen Identitäten' als Ausdruck der sich unter Verhältnissen der Globalisierungen herausbildenden Identifikationsprozesse zulässig: "*La similitude la plus forte est l'apparition d'un sentiment d' 'identité multiple': on est à la fois Noir, Blanc, Indien, Chinois, etc. J'en profite pour rappeler que la créolité est à l'opposé de la globalisation, cette dernière n'étant qu'un phénomène de yankisation, coca-colisation, hollywoodisation de l'univers*" (Confiant/Ludwig/Poullet 2002, 155).

4 Postkoloniale Diskurse und Frankophonie

In den achtziger und neunziger Jahren nimmt die Kritik an den afrikanischen und arabischen Wortführern des Frankophonie-Diskurses zu. Sie wird von Enttäuschungen der schwarzen Intelligenz in Afrika und der Karibik über die fortbestehende Misere ausgelöst: Armut und Korruption, Terror und sinkende Produktivität in den ehemaligen Kolonien und nun unabhängigen Staaten sowie – im Falle der D.O.M. – die von Paris getragene und jede Selbstverantwortung untergrabende Alimentierung der Überseedepartements. Nicht wenige afrikanische Intellektuelle sehen in der Orientierung zunächst auf Assimilation der Kolonisierten, später auf Assoziation der afrikanischen Länder und nun auf Integration in den politischen Institutionalisierungsprozess der Frankophonie einen Verrat an Afrika und den Interessen der Afrikaner. L. S. SENGHOR, der als Staatspräsident des Senegal diese Ideologien in eine politische Programmatik umgesetzt hat, gerät so zur Zielscheibe der Kritik. Als er 1983 in die *Académie française* aufgenommen wird, entlädt sich der Unmut von frankophoniekritischen Afrikanern: G. O. MIDIOHOUAN zum Beispiel reagiert in der von MONGO BETI herausgegebenen Zeitschrift *Peuples noirs, peuples africains* mit der Streitschrift "La gloire du collabo"[10]. Nicht wenige andere Autoren machen keinen Hehl aus ihrer kritischen Position zu SENGHORS *Négritude*-Konzeption und seinem Verhältnis zu Frankreich und zur Frankophonie[11], die sie in den Koordinaten von Postkolonialismus und Neokolonialismus betrachten.[12]

6 Zusammenfassung

In der Zeit des Kolonialismus haben Frankreich und Belgien eine Politik verfolgt, die auf direkte Verwaltung der Kolonialgebiete, auf kulturelle Assimilation ihrer Einwohner hinsichtlich Sprache und Religion sowie auf wirtschaftliche Ausbeutung zielt.

Doch sind die Unterschiede zwischen den Strategien der Kolonialexpansion im ersten und zweiten Empire evident. In der nordamerikanischen *Nouvelle-France* in der Zeit des ersten Empire siedeln sich Bevölkerungsgruppen aus dem Mutterland an, die sich Stück für Stück ihre französischsprachigen Institutionen und Infrastrukturen aufbauen. Im zweiten Empire schaffen die Kolonialmächte Frankreich und Belgien in den kulturell völlig anders

---

10 Die Streitschrift erscheint auch als Kap. V in Midiohouan 1994, 103–138.
11 Zu verweisen wäre hier u.a. auf Adoveti 1972, Béti 1974, Dongala 1998, Kom 2000, Mudimbe 1967, Nkono 1983, Towa 1971; zur Einordnung der Kritik an Senghor vgl. den Aufsatz von Porra 2000.
12 Dazu aufschlussreich ist die durch den Aufsatz "Savoir et légitimation" von Ambroise Kom ausgelöste Debatte in Nr. 14 (Juni 2000) der Zeitschrift *Mots Pluriels*, siehe www. arts.uwa.edu. au/MotsPluriels/MP1400index. html.

geprägten Kolonien einzelne gesellschaftliche Bereiche wie Verwaltung und Gerichte, Militär, Kirche, Schule und Teile der Wirtschaft und des Dienstleistungssektors, in denen das Französische dominiert. Diese Bereiche stellen eine Art Kontaktzone für die Vermittlung des Französischen an die kolonialen Untertanen dar. Deren sprachliches Repertoire verändert sich dahingehend, dass neben ihre Herkunftssprachen auch Kenntnisse des Französischen treten, je nachdem, in welchem Umfang und welcher Intensität sie mit der Kultur der Kolonialmacht in Verbindung stehen.

Gleichzeitig befindet sich Frankreich in Rivalität mit den anderen Kolonialmächten und insbesondere mit Großbritannien. Dies hat zur Folge, dass die von Frankreich kolonisierten Räume zunehmend dem Druck des Englischen ausgesetzt und vielerorts "Grenzkonflikte" zwischen Anglophonen und Frankophonen an der Tagesordnung sind. Die Vertreibung der französischsprachigen Acadier ("le Grand Dérangement") und deren Deportation u. a. nach Louisiana ist hier ebenso zu nennen wie die Dominanzkonflikte zwischen den englischsprachigen Geistlichen irischer Herkunft und den frankophonen Katholiken innerhalb der katholischen Kirche im Osten Kanadas und in Ontario. Dieser Prozess des Ringens um die kulturelle Hegemonie setzt sich heute in geopolitischen Dimensionen auf der Ebene des Statuswandels und des kulturellen Prestiges fort. In der Karibik verläuft die Grenzlinie zwar noch immer zwischen Kreolisch und Französisch, doch mittlerweile orientieren sich immer mehr junge Leute in Haiti oder Guadeloupe am Prestige des Englischen. Hinter dem Begriff des Statuswandels verbirgt sich in diesem Zusammenhang auch die Option einiger afrikanischer Länder, statt des Französischen als offizielle Sprache des Landes das Englische an die erste Stelle zu setzen. Ruanda hat dies vor nicht allzu langer Zeit beschlossen, und im Kongo (ehemals Zaïre) gibt es seit JOSEPH KABILA und der Einflussnahme der USA immer mal wieder Anzeichen für einen ähnlichen Wandel.

Im Zuge des Kolonialismus etablieren sich auf mehreren Kontinenten französischsprachige Gemeinschaften und frankophone Räume. In nur anderthalb Jahrzehnten nach dem Ende des Zweiten Weltkriegs zerfallen in dramatischem Tempo das französische und das belgische Kolonialreich. Das Erbe des Kolonialismus erweist sich als schwere Last für die nach Unabhängigkeit strebenden Länder. Der Mangel an Fachkräften und Führungspersonal, die geringe Bildung eines großen Teils der Bevölkerung, der geringe Grad an Industrialisierung, wirtschaftlicher Entwicklung sowie des Aufbaus zivilgesellschaftlicher Strukturen zum Ende der Kolonialzeit sind Nährboden nicht nur für Korruption und blutige Fehden zwischen rivalisierenden Clans und Ethnien, sondern auch für

Hungersnöte, Epidemien und menschliche Katastrophen. Für die Neuordnung der Beziehungen wird bedeutsam, dass als Alternative zu den bis dahin vorherrschenden politischen und wirtschaftlichen Abhängigkeitsbeziehungen nationalstaatliche und kulturelle Projektionen in den Vordergrund rücken. Zumindest partiell finden sie ihren Ausdruck im Französischen als gemeinsamer Sprache. Sie wird nicht nur als verbindendes Element in die Waagschale geworfen, sondern als identitätsstiftendes Konzept. Dies gilt – mangels wirtschaftlicher und personeller Ressourcen für andere Optionen – für die afrikanischen Länder ebenso wie für Québec, das seit den 1960er Jahren im Zusammenhang mit eigenen nationalstaatlichen Ambitionen zu einem Motor für die frankophonen Kulturbeziehungen zwischen afrikanischen Ländern, Nordamerika und der Karibik wird.

Zu Beginn dieses Kapitels wurde der Diskurs zur Verteidigung der französischen Sprache eingeführt. Es ist ein Diskurs, der die ganze Geschichte hindurch seit dem 16. Jh. periodisch wiederkehrt, bis in die Gegenwart. In der Zeit des Kolonialismus artikuliert sich der Verteidigungsdiskurs in Allianz mit einer Offensivstrategie: Eroberung riesiger Territorien und Durchsetzung des Französischen in anderssprachigen sozialen Räumen einerseits und Abwehr von bzw. Intoleranz gegenüber sprachlichen Mustern des Französischen im Munde von Afrikanern, Kariben oder Asiaten andererseits. Doch die Herrschaftsambitionen des Kolonialdiskurses bleiben nicht unwidersprochen. Seit den dreißiger Jahren artikulieren die Kolonisierten ihren Widerstand und setzen gegen den Rassismus der Kolonialmächte ein emphatisches Bekenntnis zum eigenen Schwarzsein, zur *Négritude*. Ihr sprachliches Medium ist das Französische, das sie sich in den Bildungsinstitutionen der französischen Elite angeeignet haben. Schon bald spaltet sich dieser Diskurs auf, als jüngere Intellektuelle die sozialen Positionen und Visionen ihrer schwarzen Vordenker hinterfragen und letztlich als Verrat an den Interessen Afrikas anprangern.

3.6

La Francophonie:
Institution und Akteur
der internationalen Beziehungen

1 Leitfragen, Gegenstand, Probleme, Thesen

1 Leitfragen

Das vierte Kapitel handelt von der politischen Dimension der Frankophonie und ihrer Institutionalisierung. Folgende Leitfragen stehen im Mittelpunkt: Wer braucht wozu die Francophonie? Wer hat Interesse, sie in der postkolonialen Ordnung als Institution zu etablieren? Wie funktioniert sie als Akteur in den internationalen Beziehungen?

2 Gegenstand

Anknüpfend an die Ausführungen in Kapitel 1 zum Begriff der politischen Francophonie und an Kapitel 3 zur Dekolonialisierung zwischen 1945 und 1962 widmet sich das vierte Kapitel dem Prozess der Institutionalisierung und Politisierung der Frankophonie. Es umfasst einen Zeitraum, der mit dem Beginn der Francophonie-Diskussion in den frühen sechziger Jahren einsetzt und bis in die unmittelbare Gegenwart reicht. In der Frühphase der Francophonie kreuzen sich zwei Ereignisstränge: Einerseits erlangen eine Vielzahl von afrikanischen Ländern ihre Unabhängigkeit, andererseits spitzen sich in Belgien und in Kanada die Konflikte zwischen den französischsprachigen Gemeinschaften und dem Staat zu, wodurch ein Klima der Solidarität und Kooperation zwischen den frankophonen Eliten in Afrika, Kanada und Belgien entsteht. Von hier aus führt die Argumentation in diesem Kapitel über den Prozess der Verstaatlichung der Francophonie und ihren globalen Aspirationen bis zur 9. Gipfelkonferenz im Oktober 2002 und den aktuellen Veränderungen des Jahres 2004.

Im Zuge der Globalisierung wandelt sich die Francophonie in den siebziger und achtziger Jahren zu einem internationalen Staatenbündnis und einer global agierenden Institution der Kultur-, Medien-, Wirtschafts-, Finanz- und Entwicklungspolitik, die seit Ende der neunziger Jahre auch einen deutlichen Akzent auf Fragen der Demokratie, Menschenrechte und des Rechtsstaats setzt. Der Mitte der neunziger Jahre vor allem von Frankreich aus betriebene Umbau zur *Organisation internationale de la Francophonie* (OIF) stellt sich nach außen als spannungsreicher Prozess in Konkurrenz mit den USA dar. Dabei geht es im Kern um die Einflusssphären in Afrika, Asien und Europa. Innerhalb der Francophonie ist der neuerliche Transformationsprozess ebenfalls spannungsgeladen, wie sich an den unterschiedlichen Positionen von Frankreich, Kanada und einer Reihe afrikanischer Länder zur Struktur und Funktionsweise der Organisation zeigt. Als ein komplexes Geflecht aus Institutionen zeichnet sich die Francophonie mittlerweile durch eine hierarchische Struktur aus. Sie mit ihren Kompetenzen und Aufgabenbereichen darzustellen, gehört ebenso zum Gegenstand dieses Kapitels wie ein knapper Überblick über die Kooperationsprogramme und Aktivitäten in den Regionen der Frankophonie.

3   Probleme

Archiv und
Gedächtnis

Die Geschichte der Francophonie ist im Grunde erst noch zu schreiben. Bislang können kaum mehr als Elemente ihrer Geschichte zusammengetragen werden (vgl. Baggioni 1996, 790). Die umfangreiche Bibliographie, die sich zu ihrer Institutionalisierung zusammentragen lässt, darf nicht darüber hinwegtäuschen, dass die Forschungslücken groß sind. I. Kolboom verweist zu Recht darauf, dass die Francophonie als ein neuer Typ von internationaler Gemeinschaft beschrieben werden kann. "Doch als solcher ist sie von den mit der internationalen Politik [...] befassten Wissenschaften noch nicht beachtet worden, die sich dafür um so ausführlicher mit anderen regionalen und internationalen Organisationen befassen (ASEAN, APEC, MERCOSUR, NAFTA, Commonwealth). [...] Im Schrifttum ist sie meist eine Domäne ihrer eigenen Promotoren, die naturgemäß Parteigänger sind und zu keiner wissenschaftlichen Schärfe beitragen" (2002, 466f.). Erst in einigen Jahren werden die diplomatischen Archive für systematische Forschungen zugänglich sein, bis dahin jedoch besteht viel Raum für die Perpetuierung von Mythen und Geschichten aus dem Gedächtnis ihrer Protagonisten.

Damit eng verbunden ist ein zweites Problem. Rezente Prozesse wie jene der Institutionalisierung der Francophonie finden ihren

Niederschlag in den Diskursen (vgl. Abschnitt 5.1.3) über Franco- Macht der
phonie, so in Parlaments- und Feiertagsreden von Prominenten und Diskurse
politischen Führern ebenso wie in Gesetzestexten oder medien-
wirksam aufgelegten Aktionsprogrammen. Die Francophonie lebt in
ihren Diskursen und von der Macht der Diskurse. Sie verschaffen
ihr Realität. Eine andere Realität ist indes, was an tatsächlichen Veränderungen intendiert und letztlich auch erreicht wird, wobei das
Erreichte nicht auch das Intendierte sein muss. Unser Wissen über
die Francophonie basiert im Wesentlichen auf der Analyse von Diskursen, deren Macht zur Veränderung der Verhältnisse erst später
im Rahmen ihrer Evaluation erkannt werden kann. Bislang liegen
jedoch keine Langzeitstudien über Zusammenhänge zwischen politischer Francophonie und Formen des sozialen Wandels im frankophonen Raum vor. Insofern beschränkt sich die Analyse in diesem
Kapitel auf zwei Perspektiven: auf die ideologie- und diskurskritische der Politisierungsprozesse und auf die Prozesse der Institutionalisierung in der Francophonie.

4 Thesen

Der Argumentation im vierten Kapitel liegen die beiden folgenden
Thesen zu Grunde.

Erstens die Politisierungsthese: Die Geschichte der Francophonie
seit Beginn der 1960er Jahre ist die ihrer wachsenden Politisierung
des kulturellen Diskurses und der Ablösung seiner Akteure durch
eine professionelle und bürokratische Elite. Die Politisierung tritt
auf dreifache Weise zu Tage: Zum einen in einer Transformation des
Ideenmonopols in der Frühphase der Francophonie, das außerhalb
Frankreichs und insbesondere unter den intellektuellen Eliten in
Afrika und Québec angesiedelt war, in ein Definitions- und Macht-
monopol der bürokratischen Elite innerhalb Frankreichs in den
1980er Jahren. Zum zweiten drückt sich die Politisierung in der
Transformation von kulturellen Beziehungen auf der Basis einer
gemeinsamen Sprache in transnationale politische Beziehungen,
unter partieller Vernachlässigung der Sprache, aus. Das Ziel dieser
Transformation besteht darin, die internationalen Einflusssphären
zu reorganisieren. Und drittens zeigt sich die Politisierung darin,
wie multilaterale politische Beziehungen in die Gründung von
Institutionen überführt werden, die Ausdruck von politischem Willen sind, die selbst Politik gestalten (Bildungspolitik, Umweltpolitik,
Medienpolitik, Sprachpolitik usw.) und wiederum Gegenstand von
politischen Transformationen sind. Letzteres zeigt sich an den vielfältigen Umstrukturierungen von Institutionen und von Projektbe-
reichen der Francophonie.

4.1.4

Zweitens die Professionalisierungs- und Bürokratisierungsthese. Sie besagt, dass die Francophonie, indem sie Prozesse der Institutionalisierung, Verstaatlichung und Globalisierung aktiv betreibt, sowohl Spezialisierungs- als auch Effizienzerwägungen unterworfen ist. Der von ihr geschaffene institutionelle Apparat verlangt einerseits hohes Verwaltungsaufkommen und erzeugt andererseits Verstetigung und Verharrung. In dem Maße, wie die Institutionen der Francophonie an Vielfalt und Breite gewinnen, nimmt auf der personellen Ebene die Rekrutierung von Fachleuten für eine wachsende Zahl von Praxisfeldern zu. Gleichzeitig kommen Analyse- und Strategiebildungsprozesse in Gang, die wiederum als ein Aspekt der Effizienzerwägungen dem Sachverhalt Rechnung tragen, dass die Francophonie vor allem für den französischen Staat ein kostspieliges Unternehmen ist. Sie stellt somit nicht nur ein Feld für berufliche Karrieren und für die Verwertung von Bildungsressourcen dar, sondern unter dem Einfluss des Neoliberalismus auch eines der Durchsetzung von Verwaltungsstrukturen, effizienteren bürokratischen Abläufen und von Kontrolle. Der Umbau zur OIF und die Einführung einer pyramidalen Struktur von Hierarchieebenen in den letzten Jahren belegen dies geradezu exemplarisch.

2   Die Institutionalisierung der Francophonie

1   Die Paradoxien des Anfangs

Gründungs-mythos

Zu den auch heute noch kontrovers diskutierten Fragen zur Geschichte der Francophonie gehören: Wer eigentlich hat sie auf den Weg gebracht? Wo liegen ihre Anfänge? Welche sind ihre Erinnerungsorte, ihre Gründungstexte und ihre Leitbilder? In den Darstellungen der Promotoren der Francophonie werden immer wieder Namen wie L. S. SENGHOR, H. BOURGUIBA und H. DIORI als ihre Gründungsväter angeführt; M. TÉTU (1992, 51 ff.) erwähnt auch CH. DE GAULLE als eine ihrer Vaterfiguren. Waren es tatsächlich die Präsidenten Senegals, Tunesiens und Nigers persönlich – in einer irgendwie gearteten geistigen oder Interessen-Verwandtschaft mit dem Präsidenten der Französischen Republik –, die die Idee der Francophonie geboren und in ein Werk umgesetzt haben, oder standen dahinter andere Personen?

M. TÉTU (1997, 13) als Herausgeber des Jahrbuchs *L'Année francophone internationale* und exponierter Chronist der Francophonie, sieht zudem den Begriff der *francophonie* vor 1980 kaum im Umlauf

4.2.1

und jene, die ihn damals benutzten, dem Verdacht des Neokolonialismus ausgesetzt. Im Gegensatz zu M. Tétu (1997) hält J. Riesz
(2003a) gerade die "Dekade von 1960 bis 1970, das erste Jahrzehnt
nach der Unabhängigkeit der meisten frankophonen afrikanischen
Staaten, für die entscheidende Phase der Erarbeitung des zeitge-
nössischen Frankophonie-Diskurses und zugleich [für den] ersten
Versuch, sich eine 'Geschichte' zu geben. Die Aufgabe einer sich
neu konstituierenden und global verstehenden Frankophonie in
diesem Jahrzehnt lässt sich zweifach umschreiben: einmal als das
Bemühen, das koloniale 'Erbe', das 'Wissen', die Erfahrungen und
Kompetenzen einer über 200-jährigen Geschichte sprachlicher
überseeischer Expansion in die neue Zeit herüber zu 'retten'; zum
andern als das Bestreben, die neue 'Frankophonie' dennoch deutlich als etwas von der kolonialen Sprach- und Assimilationspolitik
Verschiedenes zu konstituieren und jeden Verdacht neokolonialer
Absichten von ihr fern zu halten". Genau in diesem Spannungs-
verhältnis sind eine Reihe von Paradoxien angesiedelt, die im
Weiteren kurz skizziert werden, um die an Widersprüchen reiche
globale Dynamik in der frühen Phase der Institutionalisierung der
Francophonie besser zu verstehen.

Die frühen sechziger Jahre sind für die Konstitution des Diskurses der Francophonie und für das Aufgehen der Gründungsidee in
einem Prozess der Institutionalisierung bedeutsam und wider-
sprüchlich zugleich. Kaum, dass Frankreich seine Rolle als koloniale Weltmacht aufgeben muss und zahlreiche afrikanische Staaten
ihre Unabhängigkeit von Frankreich und Belgien erlangen, sind es
afrikanische Politiker, die als Initiatoren einer neuen Solidarität
zwischen den französischsprechenden Ländern und der vormaligen
Kolonialmacht in Erscheinung treten; afrikanische Politiker übri-
gens, die in der politischen Klasse Frankreichs bestens etabliert
sind. Als Ort der Initialzündung für die Institutionalisierung der
Francophonie wird in deren Geschichtsdiskurs immer wieder Afrika erwähnt. Diesen Sachverhalt schreibt L. S. Senghor der gesellschaftlichen Situation in den afrikanischen Ländern zu, die weder
kulturell noch ökonomisch oder politisch auf die Unabhängigkeit
vorbereitet gewesen seien (u. a. Senghor 1980, 242). Im Prozess der
Entkolonialisierung folgen die Ereignisse rasch aufeinander. 1960
tagen zum ersten Mal die Erziehungsminister afrikanischer Staaten
und Frankreichs und rufen die auch heute noch arbeitende *Conférence des Ministres de l'Éducation des pays ayant le français en partage*
(CONFEMEN) ins Leben. Im Januar 1961 formiert sich die sog.
Casablanca-Gruppe, bestehend aus Ghana, Libyen, Mali, Marokko,
der Vereinigten Arabischen Republik und Algerien. Weitreichender
ist im März 1961 die Gründung der *Union africaine et malgache*
(UAM) als der ersten institutionalisierten Assoziation französisch-

Paradoxien

sprachiger afrikanischer Staaten, die 1965 in der *Organisation commune africaine et malgache* (OCAM) aufgeht. Auf dem ersten Gipfeltreffen der UAM 1962 in Bangui (Zentralafrika) regt SENGHOR erneut die Schaffung eines "Commonwealth à la française" an. Frankreichs Präsident DE GAULLE hingegen verhält sich lange Zeit – so der immer wieder zitierte Eindruck (vgl. Baggioni 1996, 798) – zurückhaltend und zögerlich gegenüber der Idee einer Francophonie, um nicht in den Ruf des Neokolonialismus zu kommen.

Kulturzentren   J. RIESZ gibt jedoch zu bedenken, dass bereits in den 50er Jahren in Frankreich, als sich die Dekolonisierung abzeichnete, präzise die Zeit nach der politischen Unabhängigkeit vorbereitet wurde. Seit 1953 werden überall in West- und Äquatorial-Afrika französische Kulturzentren gegründet, deren Aufgabe darin besteht, das geistige Leben anzuregen, "die Ausbildung, die Entwicklung und die persönliche Entfaltung der einheimischen Schüler zu ermöglichen und [...] den Graben zu überbrücken, der die Gebildeten von der Masse der Einheimischen trennt und so zum Fortschritt und sozialen Gleichgewicht beizutragen" (Pierre Paraf 1958, zitiert nach Riesz 2003b). Anfang 1954 gab es 28 solcher Zentren in der A.O.F., 1955 waren es bereits 98; für 1956/57 zählt P. PARAF 14 in Senegal, 7 in Mauretanien, 27 im damaligen Sudan (heute Mali), 17 in Obervolta (heute Burkina Faso), 26 in Guinea, 35 in der Elfenbeinküste, 9 in Niger und 22 in Dahomey (Bénin) auf (vgl. ebd.), so dass die Schlussfolgerung von J. RIESZ lautet: "Die 'Frankophonie' musste nach der politischen Unabhängigkeit der afrikanischen Staaten nicht erst erfunden werden, es gab sie bereits" (ebd.).

Ökonomie   In Ökonomie und Politik sind die Geldströme nach Erlangung der staatlichen Unabhängigkeit längst nicht unterbrochen. Spektakulär sind die Korruptionsaffären des damaligen französischen Staatsunternehmens, des Rohstoff- und Wirtschaftsgiganten Elf Aquitaine, der im Verbund mit dem französischen Geheimdienst massiv in die Geschäfte der neuen westafrikanischen Regierungen eingriff, wobei der Geheimdienst die Macht besaß, Ministerlisten zu kontrollieren und – wie im Falle Gabuns, und nicht nur in diesem – über die Ernennung der neuen afrikanischen Staatslenker und deren Schatullen zu entscheiden. Auch auf dem Gebiet der Ökonomie war die Francophonie längst kein Projekt mehr.

Währungspolitik   1930 schuf Frankreich die Franc-Zone als ein Instrument der Handels- und Währungspolitik, um die Wechselkurse zu stabilisieren und den Außenhandel zu entwickeln. Die europäische Franc-Zone mit Frankreich, Monaco und den D.O.M. benutzte den Französischen Franc (FF). 1945 weitet Frankreich die Franc-Zone auf Afrika aus und gründet die *Communauté financière africaine* (CFA), die die Länder West- und Äquatorialafrikas umfasst und die den Franc CFA benutzen, während in den Überseeterritorien der pazifischen Zone der Franc CFP Gültigkeit hat. Frankreich kontrolliert auf diese Weise auch noch lange Zeit nach Erlangung der Unabhängigkeit der afrikanischen Staaten den Außenhandel und die Geldreserven, den Wechselkurs zwischen dem französischen (FF) und dem afrikanischen Franc (FCFA) wie auch beträchtliche Teile des Devisenhandels nach außen und des Wechselkurses im Inneren der Zone (vgl. Coussy 1996). 1994 folgte Frankreich der Aufforderung der Weltbank und des Weltwährungsfonds und reformierte die alte Struktur der Franc-Zone und die Wechselkurse. Eine der Folgen ist ein drastischer Anstieg der Inflation in den afrikanischen Ländern und ein galoppierender Verfall der Kaufkraft (vgl. Le Scouarnec 1997, 46 f., Ager 1996, 99 ff.). Dem Prinzip der Regionalisierung folgend, werden Mitte der neunziger Jahre in Zentralafrika und in Westafrika zwei neue Währungsvertragszonen innerhalb der 14 Staaten der Franc-Zone geschaffen (vgl. HCF 1999, 234 ff.). Mit der Einführung des Euro im Januar 2002 wurde als Wechselkurs 1 Euro = 655,957 Francs CFA festgelegt. In der Währungs- und Handelspolitik ist folglich die Erlangung der Unabhängigkeit der afrikanischen Staaten keine Zäsur (vgl. dazu Le Monde, 27.4.2001, 15).

Militärisch ist Frankreich in Afrika vor der Unabhängigkeit ebenso präsent wie danach. Als Interventionsmacht, mit oder ohne UNO-Mandat, sind französische Truppen seit der Unabhängigkeit in unzählige militärische Konflikte und Kriege verwickelt (vgl. Buijtenhuijs 1996). Bilaterale Abkommen mit einer Vielzahl von Ländern sehen die Stationierung von Truppen auf sieben Militärbasen vor. Wenn in innenpolitischen Konflikten wie jüngst in Côte d'Ivoire französische Truppen eingreifen, erinnert dies an die Militärabkommen zwischen Frankreich und seinen um 1960 in die Unabhängigkeit entlassenen Kolonien, die das Ende der ausländischen Herrschaft über afrikanisches Territorium zugleich besiegelten und hinausschoben (vgl. Middell 2003). Zur Legitimation der fortwährenden militärischen Präsenz verweist Frankreich auf seine "stabilisierende Rolle" angesichts eines immer wieder ausufernden Militarismus afrikanischer Potentaten, einer überlangen Serie von Militärputschen, von Völkermorden und endlosen Grausamkeiten (vgl. Martin 1996). Andererseits ist Frankreich heute der viertgrößte Exporteur von Waffen und Kriegsgerät in der Welt, und die Länder der Frankophonie sind vor allem auch seine Kunden.

Militär

Der Fokus auf das französischsprachige Afrika lässt in den Hintergrund treten, dass in anderen Regionen der Erde zu Beginn der sechziger Jahre die Französischsprachigkeit zu einem Symbol des Kampfes für gesellschaftliche Emanzipation und von sich kulturell artikulierenden Nationalismen geworden ist. In Belgien liefern sich die flämischen und die wallonischen Nationalisten und ihre Par-

Frankophonie in Belgien

teien heftige Auseinandersetzungen. Während des Generalstreiks von 1961 wird wallonischerseits vehement die Forderung nach Regionalautonomie vorgebracht. Im November 1962 erfolgt der Beschluss über die Sprachgrenze. Sie teilt Belgien in ein flämisches/niederländischsprachiges Territorium im Norden und ein wallonisches/ französischsprachiges Territorium im Süden (vgl. Abschnitt 2.2; ausführlicher in Erfurt 1992). In Reaktion auf die flämische Emanzipationsbewegung Ende des 19. und in der ersten Hälfte des 20. Jh.s formiert sich fortan eine Bewegung zur Verteidigung der Frankophonie. Im Inneren des Landes betrachten sich die frankophonen Belgier als Minderheit. Nach außen drängen sie auf eine Intensivierung der Beziehungen mit dem französischsprachigen Québec, mit Frankreich und nicht zuletzt mit Afrika, weshalb die Französische Gemeinschaft Belgiens bald auch eine aktive Rolle in der Francophonie übernimmt.

Frankophonie in Kanada/Québec

Mit der Wahl von JEAN LESAGE (1912–1980) zum Premierminister von Québec im Jahre 1960 erhält die Modernisierung der Quebecer Gesellschaft einen kräftigen Impuls (vgl. Abschnitt 4.4). Die Modernisierung geht mit einer Öffnung der Gesellschaft nach außen und mit einer Annäherung an Frankreich einher. Auf der institutionellen Ebene bedeutsam sind die Gründung eines Ministeriums für kulturelle Angelegenheiten, von Auslandsvertretungen in New York und Paris 1961, London 1962 sowie von Handelsvertretungen in Mailand, Boston, Chicago, Los Angeles, Düsseldorf u. a. Die liberale Regierung der Provinz Québec unter LESAGE nimmt für sich das Recht in Anspruch, auf internationalem Parkett aktiv zu werden, was langfristig immer wieder zu Reibungen mit der kanadischen Bundesregierung führt, welche nämlich die alleinige Legitimität der außenpolitischen Vertretung Kanadas beansprucht. Kanada, das zu jener Zeit fest im Commonwealth verankert war, repräsentiert nach außen das dominant anglophone Gesicht der Föderation, nicht aber die Interessen der Frankophonen. Es ist dies der Ausgangspunkt eines diplomatischen Kriegs zwischen der Provinzregierung von Québec und der kanadischen Bundesregierung, in dem die Bundesregierung versucht zu verhindern, dass Québec nach außen das ansonsten gesichtslose französischsprachige Kanada vertritt. Der Höhepunkt auf einer Woge des Nationalismus zeichnet sich ab, als im Juli 1967 der französische Präsident CHARLES DE GAULLE vom Rathaus in Montréal den Quebecern zuruft "Vive le Québec libre!" und damit demonstrativ Aspirationen auf einen Kurs zu mehr Autonomie und größerer nationaler und internationaler Anerkennung unterstützt. Die kanadische Bundesregierung muss fortan die Defizite in der Außenpolitik anerkennen und Kontakte mit Frankreich und den frankophonen Staaten aufnehmen, während in Québec das Projekt einer staatlichen Souveränität immer

4.2.1

mehr Konturen annimmt. Im Unterschied zu Frankreich stehen Kanada und Québec nicht im Verdacht, die Francophonie als Plattform für neokoloniale Interessen zu nutzen, weshalb auch immer wieder Vertreter Québecs führende Positionen in der Francophonie einnehmen werden.

Für Frankreichs Position auf internationalem Parkett und die **UNO** Bedeutung seiner Sprache wirkt die Aufnahme der vormaligen Kolonien in die UNO wie ein warmer Regen. Die Zahl der in der UNO französisch sprechenden Nationen erhöhte sich in den sechziger Jahren beträchtlich, so dass die französische Diplomatie mit einigem Wohlgefallen vermerken konnte, auf der Bühne der Weltpolitik höre man überall Französisch. Indes verfolgt die französische Sprachpolitik mit Sorge, wie sich dieser Prozess in den neunziger Jahren umkehrt. Verwendeten in der UNO 1992 noch 30 Staaten das Französische, so waren es 2000 nur noch 21 (vgl. Le Monde, 14.3.2003, 5).

2   Von der AUPELF zur ACCT

Das erste Jahrzehnt auf dem Wege zur Institutionalisierung der **AUPELF** Francophonie wird zu Beginn und zum Ende von markanten Ereignissen begrenzt. Bereits erwähnt wurde die 1960 ins Leben gerufene Konferenz der Erziehungsminister (CONFEMEN) der frankophonen Länder Afrikas und Frankreichs, zu der später auch die Vertreter der nordamerikanischen Frankophonien hinzukommen. Ein anderes Ereignis findet im September 1961 in Montréal statt, wo sich die Repräsentanten von 150 Universitäten zu einer Konferenz versammeln, die die Gründung der *Association des universités partiellement ou entièrement de langue française* (AUPELF) beschließen. Mit der AUPELF entsteht ein universitäres Netzwerk der multilateralen Kooperation. Im Mittelpunkt steht die Solidarität zwischen Bildungsinstitutionen des Nordens – Kanadas, Frankreichs, Belgiens – und den jungen Universitäten in den Staaten des Südens. Als internationale Nicht-Regierungsorganisation nach Quebecer Recht gegründet, hat sie in den gut vier Jahrzehnten ihres Bestehens beträchtliche Transformationen erfahren und war immer wieder auch ein Konfliktfeld zwischen den divergierenden Ambitionen Frankreichs, Kanadas und Québecs. 1994 fusioniert die AUPELF mit der 1987 gegründeten *Université des Réseaux d'expression française* (UREF) zur AUPELF-UREF. Bereits 1998, kurze Zeit nach der auf dem Gipfeltreffen der OIF in Hanoi (1997) beschlossenen Reform der Francophonie, wird die AUPELF-UREF in die *Agence universitaire de la Francophonie* (AUF) umgewandelt. Zu ihren Prinzipien gehört weiterhin die multilaterale Kooperation, womit sie sich immer wieder Attacken

4.2.2

der französischen Francophoniebehörden aussetzt, die die Kooperation vor allem auf bilateraler Basis entwickelt sehen möchten. Der AUF gehören Ende des Jahres 2004 520 Mitgliedsinstitutionen an.

ACCT
Ende der sechziger Jahre existieren bereits eine ganze Reihe von Interessenverbänden der Francophonie, darunter die *Assemblée internationale des parlementaires de langue française* (1967), so dass der Ruf nach Koordination und Institutionalisierung immer lauter wird. Frankreich spielt in der neuen Francophoniepolitik zunächst keine aktive Rolle, ist es doch in seiner Afrikapolitik auf einen bilateralen Klientelismus fixiert. Hingegen forcieren frankophone Afrikaner und Quebecer ihre Anstrengungen, um über die Francophonie einen neuen internationalen Zugang nicht nur zu internationaler Kooperation, sondern auch zur Realisierung jeweils nationaler Ziele zu erreichen. 1969 nehmen die Repräsentanten von 28 Regierungen frankophoner Staaten an der ersten Konferenz von Niamey (Niger) teil. Im März 1970, zur zweiten Konferenz von Niamey, unterzeichnen 21 Regierungen die Charta zur Gründung der *Agence de coopération culturelle et technique* (ACCT). "Diese mied zwar aus Rücksicht auf neokoloniale Empfindlichkeiten noch jede explizite Nennung des Wortes Francophonie im Titel, sie entwickelte sich aber unter der Ägide des Quebecers Jean-Marc Léger zur wichtigsten intergouvernementalen Agentur der Frankophonie für technische, kulturelle, wirtschaftliche und politische Zusammenarbeit von frankophonen bzw. partiell frankophonen Ländern auf Ministerebene. Dass sie offiziell erst 1970, wiederum in Niamey, unter erheblichen Schwierigkeiten gegründet werden konnte, lag insbesondere an den Auseinandersetzungen zwischen Kanada und Québec über einen eigenen Platz Québecs neben Kanada in der ACCT" (Kolboom 2002, 454 f., vgl. auch Léger 1987, Le Scouarnec 1997, 62 ff.).

Charta der
ACCT
In Artikel 1 der Charta der *Agence de coopération culturelle et technique* definiert sie ihr wesentliches Ziel wie folgt:

> *L'Agence a pour fin essentielle l'affirmation et le développement entre ses membres d'une coopération multilatérale dans les domaines ressortissant à l'éducation, à la formation, à la culture, aux sciences et aux techniques, et par là au rapprochement des peuples.*
>
> *Elle exerce son action dans le respect absolu de la souveraineté des Etats, des langues et des cultures, et observe la plus stricte neutralité dans les questions d'ordre idéologique et politique.*

Der hier zitierte zweite Absatz mit der Festlegung auf strikte Neutralität in politischen und ideologischen Fragen sollte sich später als Stein des Anstoßes erweisen. Seit zu Anfang der neunziger Jahre die Neuordnung der Macht- und Einflusssphären in der Welt auf

4.2.2

die Tagesordnung der globalen Akteure getreten ist, sucht die Francophonie ihr Heil in der Umstrukturierung zu einer politischen Organisation, die nach innen wie nach außen politisch aktiv ist.

Im Inneren entwickelt sich die ACCT zunächst zu einer Mischinstitution aus multilateralen, supranationalen und intergouvernementalen Elementen. Mitte der siebziger Jahre beginnt sie – über den Bereich von Sprache, Kultur und Bildung hinaus – sich in wachsendem Maße auch für ökonomische Fragen, für Projekte in der Landwirtschaft und der Entwicklung des ruralen Raums sowie der Entwicklungspolitik zu engagieren. "Trotz Führungskrisen und organisatorischer Schwächen wurde sie nach und nach ein zentrales Organisationsforum für die bis dahin unübersichtliche Vielzahl nationaler und internationaler frankophoner Institutionen, Verbände und Vereine privater, halbstaatlicher oder staatlicher Art" (Kolboom 2002, 465; vgl. auch Le Scouarnec 1997, 66 ff.).

3   Die Verstaatlichung der Francophonie

Bereits 1975 unterbreitet der Präsident des Senegal, L. S. Senghor, dem Präsidenten Frankreichs, V. Giscard d'Estaing, den Vorschlag, ein Treffen der Staatschefs französischsprachiger Länder zu initiieren. In Frankreich stößt diese Anregung jedoch erst ein Jahrzehnt später auf offene Ohren (vgl. Le Scouarnec 1997, 71). Zu sehr belasteten die Schwierigkeiten mit und innerhalb der ACCT den politischen Gestus in der französischen Staatsverwaltung. Als sich Ende 1985 François Mitterrand im Wahlkampf befindet, sucht er den außenpolitischen Erfolg. Er initiiert eine Gipfelkonferenz der Staats- und Regierungschefs der Mitgliedsländer der ACCT, zu der er für Februar 1986 die Repräsentanten von 41 Regierungen nach Versailles einlädt. Algerien und Kamerun nehmen nicht teil; Kambodschas Regierung war zu jener Zeit international nicht anerkannt; Vietnam, Laos und, nach langem Zögern, die Schweiz nehmen als Beobachter teil. Louisiana erhält einen Gaststatus. Die Bundesstaaten Belgien und Kanada sehen sich mit den nun schon hinlänglich bekannten Problemen der außenpolitischen Vertretung konfrontiert. Belgien wird schließlich durch die Bundesregierung wie auch durch die *Communauté française* vertreten, und aus Kanada nehmen neben der Bundesregierung auch die Repräsentanten der Provinzen Québec und Nouveau-Brunswick teil.[1] Ein Ergebnis

1. Gipfel-konferenz

---

1   Für die Einberufung des ersten Gipfeltreffens war der politische Kurswechsel in Kanada bedeutsam. Als auf der Bundesebene der von den Liberalen gestellte Premierminister P. E. Trudeau durch den Konservativen B. Mulroney abgelöst wird und in der Provinz Québec der Liberale R. Bourassa die Macht von

des mit heißer Nadel gestrickten ersten Gipfels ist die Einrichtung eines *Comité international du suivi* (CIS), eines Komitees zur Nachbereitung. Es erhält weitreichende Kompetenzen, um zu klären, wer für die Umsetzung der Beschlüsse der Gipfelkonferenz zuständig sein soll und welche Aufgaben dabei der ACCT zugewiesen werden. Analysten sahen darin eine Erklärung des Misstrauens Frankreichs gegenüber der ACCT (vgl. Le Scouarnec 1997, 74f.). F. MITTERRANDS Initiative zu dieser ersten Konferenz bedeutet einerseits, dass neben die ACCT ein internationales Forum auf höchster politischer Ebene tritt. Langfristig bedeutet sie andererseits, dass die Francophonie als politischer Begriff enttabuisiert wird, indem MITTERRAND sie als offizielle Dimension der französischen Außenpolitik einführt und sie im Staatsapparat institutionell verankert. Wenn hier von Verstaatlichung der Francophonie die Rede ist, so wird damit der Prozess bezeichnet, in dem die Francophonie zu einem Betätigungsfeld der offiziellen Staatspolitik ausformuliert wird. Gleichzeitig wird sie in die Verwaltungsstrukturen des Staates integriert, und dies nicht nur in Frankreich, sondern auch in den Staatsapparaten der Mitgliedsländer. Somit gerät dieser Verstaatlichungsprozess der Francophonie zu einem Kreuzungspunkt von Politisierungsdiskurs und Bürokratisierungsdiskurs.

Die weiteren Gipfelkonferenzen

Mit jedem weiteren im Zweijahresrhythmus stattfindenden Gipfeltreffen, den *sommets de la Francophonie*, verfestigt sich die Francophonie als Institution und Akteur in den internationalen und zwischenstaatlichen Beziehungen. Für Frankreich wird sie eine Staatsangelegenheit ersten Ranges (vgl. Abschnitt 1.2.5). Die Orte und Daten der darauf folgenden Gipfeltreffen sind:

2. Québec (Kanada/Québec), September 1987
3. Dakar (Senegal), Mai 1989
4. Chaillot/Paris (Frankreich), November 1991
5. Grand-Baie (Mauritius), Oktober 1993
6. Cotonou (Benin), Dezember 1995
7. Hanoi (Vietnam), November 1997
8. Moncton (Kanada/Nouveau-Brunswick), September 1999
9. Beirut (Libanon), Oktober 2002[2]
10. Ouagadougou (Burkina Faso), November 2004.

Die 11. Gipfelkonferenz findet 2006 in Bukarest (Rumänien), die 12. im Jahre 2008 in Québec statt.

R. LÉVESQUE (Parti Québécois) übernimmt, ergibt sich eine Konstellation, die die Teilnahme der Provinz Québec am Gipfeltreffen ermöglicht. Zuvor hatte die kanadische Regierung unter TRUDEAU die Mitgliedschaft Québecs blockiert; Frankreichs Politik zielte jedoch auf dessen Einbindung in die Francophonie (vgl. Le Scouarnec 1997, 72, 79f.).

2   Wegen der Attentate vom 11. September 2001 in New York und Washington wurde die für Oktober 2001 geplante Gipfelkonferenz um ein Jahr verschoben.

4.2.3

Bis 1993 heißt das Gipfeltreffen in der offiziellen Sprachregelung *Conférence des chefs d'États et de gouvernement des pays ayant en commun l'usage du français*. Zum Gipfeltreffen auf Mauritius wird diese Bezeichnung zu *Conférence des chefs d'États et de gouvernement des pays ayant le français en partage* modifiziert. Die Umbenennung ist ein kleines Indiz für einen weltgeschichtlichen Wandel, der Anfang der neunziger Jahre zu gravierenden Veränderungen in den politischen Bündnissystemen und nicht zuletzt auch im Selbstverständnis der Francophonie führen sollte. Das Ende des Kalten Krieges, der Zusammenbruch der Sowjetunion, das Scheitern der sozialistischen Gesellschaften in Mittel- und Osteuropa und die daraus resultierenden Konsequenzen für zahlreiche Staaten in Asien und Afrika lassen ein weltpolitisches Vakuum entstehen, das die mächtigen Konkurrenten, darunter Frankreich und die USA, zum Handeln zwingt. So werden zur Gipfelkonferenz in Paris im November 1991 Rumänien, Bulgarien und Kambodscha als neue Mitgliedstaaten in die Francophonie aufgenommen, womit der Prozess ihrer Ausweitung auf nicht-frankophone Staaten eingeleitet wird. Das Treffen von 1991 ist aber auch in anderer Hinsicht bedeutsam: Die Mitgliedsstaaten verabschieden Resolutionen zum israelisch-arabischen Konflikt, zur Lage in Haiti und zu den Militärputschen und Kriegen in einigen afrikanischen Ländern, womit die von der ACCT 1970 proklamierte "strikte Neutralität in politischen und ideologischen Fragen" der Geschichte angehört.

(Randnotiz: Zäsur)

4 Die Francophonie vor den Herausforderungen der Globalisierung

Im Zeitraum zwischen den Gipfelkonferenzen von Cotonou 1995 und Hanoi 1997 reagiert die Francophonie mit einer Reorganisation ihrer Struktur und einer Neuverteilung der Kompetenzen auf die neue Situation in den internationalen Beziehungen. Wie soll sie sich einstellen auf die Neuordnung der Einflusssphären in der Welt, auf die Auswirkungen der Globalisierung und des Neoliberalismus? In Cotonou verabschieden die Staats- und Regierungschefs ein *Projet francophone pour le temps présent et le siècle à venir*, um der Francophonie *"sa pleine dimension politique"*[3] zu verleihen. Was darunter zu verstehen ist, lässt sich mit Stichwörtern wie Rationalisierung, effektive Leitungsstrukturen, Subsidiarität, Operativität nur andeuten – gemeint ist letztlich, die Francophonie zu einem

(Randnotiz: Cotonou und Hanoi)

---

3   Actes de la sixième Conférence des chefs d'États et de gouvernement des pays ayant le français en partage, décembre 1995, Paris: Agence de la Francophonie 1995.

Akteur der Globalisierung umzubauen, der aktiv in die Gestaltung der internationalen Beziehungen einzugreifen in der Lage ist. Der *sommet* von Cotonou beschließt unter anderem, auf dem Gipfeltreffen in Hanoi einen Generalsekretär der Francophonie zu wählen. Zugleich implizierte die "Entfaltung ihrer politischen Dimension", dass die aus dem Jahre 1970 stammende Charta der ACCT gänzlich überarbeitet werden musste, lag es doch in der Absicht Frankreichs, eine pyramidale Struktur der Über- bzw. Unterordnung (Subsidiarität) mit einem Generalsekretär an der Spitze durchzusetzen. Das bis dahin funktionierende und weitgehend supranational agierende Koordinations- und Machtzentrum, die ACCT, wurde entmachtet, indem sie als *Agence de la Francophonie* in eine operative Instanz überführt und dem Generalsekretär unterstellt wurde. 1996 nimmt die Ministerkonferenz der Francophonie die neue *Charte de la Francophonie* an. Auf der 7. Gipfelkonferenz in Hanoi 1997 wird die eingeleitete Reorganisation offizialisiert. Der frühere UN-Generalsekretär BOUTROS BOUTROS-GHALI wird auf Drängen des französischen Präsidenten JACQUES CHIRAC zum Generalsekretär der Francophonie gewählt. Er repräsentiert fortan die Einheit aller Gremien und Institutionen, die seitdem unter dem Namen *Organisation internationale de la Francophonie* (OIF) agieren (vgl. Kolboom 2002, 465).

supranational vs. intergouvernemental

Der Prozess der Reorganisation war damit noch nicht abgeschlossen. "Im Kern ging es um einen Zielkonflikt zwischen einer mehr supranationalen und einer mehr zwischenstaatlichen Politik mit jeweils unterschiedlichen Folgen. Die supranationale Logik schien eher in der alten ACCT angesiedelt, deren zentrales Referenzsystem im sprachlich-kulturellen Bereich lag. Ihr letzter Generalsekretär, der vor allem in Afrika geschätzte Quebecer JEAN-LOUIS ROY, verkörperte eine internationale und supranationale Frankophonie. Die zwischenstaatliche Logik hingegen hatte ihre Plattform in der Gipfelkonferenz gefunden, und die hier vereinten Staats- und Regierungschefs, insbesondere die miteinander konkurrierenden Geberländer Frankreich und Kanada, sahen darin die Möglichkeit, eine intergouvernementale Frankophonie als 'gleichberechtigten Akteur in der internationalen Politik' zur Geltung zu bringen (Boutros-Ghali in Hanoi, *Lettre de la Francophonie* 106/1997, 5). Der Sieg dieser zweiten Linie und die damit verbundene Nachordnung der Agence de la Francophonie drückte sich definitiv in der Umbenennung der Ex-ACCT in 'Agence intergouvernementale de la Francophonie' aus" (ebd., 465 f.).

Ökonomie, Technologie und Kultur

Seit dem Gipfeltreffen von Hanoi 1997 erhalten die ökonomische Dimension der Kooperation und die Einführung neuer Technologien der Information und Kommunikation größere Bedeutung, wofür die AIF entsprechende Programme auflegt. I. KOLBOOM schätzt die Situation folgendermaßen ein: "Zugleich verband

4.2.4

die seit Hanoi deutlich gewordene Programmatik mehr als bisher die ökonomisch-politische Dimension mit dem Sprachlich-Kulturellen [...]. Die neue *Organisation Internationale de la Francophonie* (OIF) wollte und will ihren Anspruch als Akteur in der internationalen Politik dadurch unterstreichen, indem sie die Oberkompetenz für alle Frankophoniebelange bündelt und international vertritt. Dies gilt um so mehr, als die verschärfte Globalisierung auch die letzten Barrieren zwischen Politik, Wirtschaft, Technologie, Kultur und Sprache aufgehoben hat und damit zum wirksamsten Förderer des Englischen als Weltsprache wurde. Die französische Forderung nach einer *exception culturelle générale* und nach einem 'Kulturpluralismus' als Teil der Welthandelspolitik gewinnt damit eine immens politische Bedeutung, um so mehr als sie Teil der französischen und frankophonen Kritik an der kommunikativen Globalisierung unter amerikanischer Vorherrschaft geworden ist" (2002, 466).

Spätestens mit der Gipfelkonferenz in Moncton 1999 hat die neue Linie der Francophonie Kontur erhalten. Sie besteht in der Durchsetzung eines Selbstverständnisses als politischer Akteur, der sich um der eigenen Glaubwürdigkeit willen auch nach innen den Grundsatzfragen von Demokratie, Menschenrechten und Rechtsstaat stellen muss. Wenngleich das Gipfeltreffen in Moncton dem an sich unverfänglichen Leitthema der frankophonen Weltjugend gewidmet ist, treten nicht nur wegen des zeitgleich stattfindenden "alternativen Gipfels" von frankophonen Menschenrechtsgruppen die Fragen von Demokratie und Menschenrechten in den Ländern der Francophonie in den Mittelpunkt. Die Diskussion entzündet sich u. a. an der Teilnahme des kongolesischen Präsidenten und Diktators Laurent Désiré Kabila (1939–2001). Die hierbei zu Tage tretenden Spannungen verdeutlichen ein grundsätzliches Problem des neuen Kurses der Francophonie, der in der Durchsetzung eines Gebots von Demokratie und Achtung der Menschenrechte in ihren Mitgliedsstaaten besteht. Für beinahe die Hälfte der Mitglieder stellt die Verwirklichung dieses Gebots eine große Herausforderung dar, wollen sie sich nicht schon bald am Pranger stehen sehen und auf Normen und Werte verpflichtet werden, die zunächst nur die politische Kultur der Länder des Nordens bestimmen. Einmal mehr werden somit die Heterogenität in den Interessenlagen und die Spannungen zwischen Nord und Süd augenfällig.

Die 9. Gipfelkonferenz in Beirut, die wegen der Terroranschläge in New York und Washington im September 2001 um ein Jahr auf Oktober 2002 verschoben worden war, fand unter dem Motto "Dialog der Kulturen" erstmals in einem arabischen Land statt. Zur Bilanz, die der scheidende Generalsekretär B. Boutros-Ghali vorlegt, gehört die Akkreditierung der OIF in den großen internatio-

Demokratie und Menschenrechte

Beirut

4.2.4

nalen Organisationen wie UNO (New York), UNESCO (Genf), Europäischer Union (Brüssel) oder Union Africaine (Addis-Abeba). Die OIF selbst sieht sich überdies in der Rolle eines *global player* bei der Lösung internationaler Probleme, wie die Deklaration von Beirut vom 20.10.2002 zeigt. Als Forum des Dialogs der Kulturen betont die OIF in der Schlussdeklaration ihre Rolle als Solidargemeinschaft im Kampf um die Verteidigung der kulturellen Vielfalt in der Welt. Zugleich verpflichten sich die Mitgliedsstaaten, sich für die Verbreitung des Französischen im Inneren der Organisation zu engagieren und aktiv an einer internationalen Konvention der UNESCO zur Unterstützung der kulturellen Vielfalt mitzuwirken. Zu den Ergebnissen des Gipfels zählt eine Annäherung zwischen der OIF und Algerien, das bislang seine Mitarbeit in der Francophonie ablehnte, wie auch die Einführung einer geschlossenen Tagungsrunde, in welcher vor allem die politischen Krisen und Kriege in den afrikanischen Ländern diskutiert werden. Zum neuen Generalsekretär der OIF wird der vormalige senegalesische Präsident ABDOU DIOUF gewählt.

Ouagadougou   Überschattet von den Unruhen in Côte d'Ivoire, dem militärischen Eingreifen französischer Truppen und dem Exodus von ca. 8 000 Franzosen aus dem früheren Musterland französisch-afrikanischer Kooperation, fand am 26. und 27. November 2004 das 10. Gipfeltreffen der OIF in der Hauptstadt des benachbarten Burkina Faso statt. Unter dem Motto *"La Francophonie, espace solidaire pour un développement durable"* standen in Ouagadougou stärker als je zuvor bei einem Gipfeltreffen der OIF die Probleme von Friedenssicherung, Ökonomie und Demokratie im Mittelpunkt der Beratungen. Maßnahmen zur Schuldenreduzierung für die armen Länder, Aufbau eines Vergabesystems für Mikrokredite, verbesserter Zugang für die Länder des Südens zu den internationalen Märkten, Ausweitung der Handelsbeziehungen zwischen den Ländern des Südens waren zentrale Themenbereiche der Diskussionen zu Wirtschaftsfragen. Dezidiert befasste sich das Gipfeltreffen mit dem Problemfeld von Sicherheit und Frieden, die als wesentliche Bedingungen für eine dauerhafte Entwicklung angesehen wurden. Gerade in Anbetracht von Krisenherden, wie diejenigen im Nahen Osten, in Haiti, in Côte d'Ivoire und den Spannungen zwischen Côte d'Ivoire und Burkina Faso, den neuerlichen militärischen Drohungen Ruandas gegen die D. R. Kongo oder der Darfour-Krise im Sudan, wird deutlich, vor welchen Herausforderungen die Francophonie im Hinblick auf die Sicherung des Friedens und die Demokratisierung der Gesellschaften steht.

Auf dem Gipfeltreffen in Ouagadougou werden die Anträge auf Mitgliedschaft in der OIF von sieben Staaten behandelt. Griechenland und Andorra treten der OIF als assoziierte Mitglieder und

Armenien, Georgien, Kroatien, Österreich und Ungarn als Mitglieder mit Beobachterstatus bei. Die Anträge der assoziierten Mitglieder Albanien und Mazedonien auf Vollmitgliedschaft in der OIF werden zurückgestellt.

Auf dem Gipfeltreffen in Ouagadougou wurden erstmals strategische Leitlinien für die Entwicklung der Francophonie im kommenden Jahrzehnt bis 2014 verabschiedet (*Cadre stratégique décannal de la Francophonie*). Mit dieser strategischen Planung definiert die Francophonie – über die in Beirut (2002) für vier Jahre beschlossene Programmatik hinaus – allgemeine und längerfristige Ziele der Organisation. Ohne dass aus der Reihenfolge der Auflistung eine Priorität abzuleiten sei, nennt der "Cadre stratégique" die folgenden vier "Missionen":

- Förderung der französischen Sprache und der sprachlichen und kulturellen Diversität
- Förderung des Friedens, der Demokratie und der Menschenrechte
- Unterstützung von Schul-, Berufs- und universitärer Ausbildung und der Forschung
- Entwicklung der Kooperation im Sinne von dauerhafter Entwicklung und Solidarität.

Die OIF, die Ende des Jahres 2004 63 Mitglieder, davon zehn mit Beobachterstatus, umfasst, profiliert sich auf der Ebene ihrer Vernetzung mehr denn je als ein globaler Akteur. Unübersehbar ist dabei jedoch die außerordentlich große Heterogenität unter den Mitgliedstaaten hinsichtlich ihrer ökonomischen und sozialen Entwicklung. Anhand der nachfolgenden Übersicht, basierend auf den Daten des *Rapport du développement humain/Human Development Report* 2004 der Vereinten Nationen, lässt sich ablesen, wie sich die Länder der Francophonie im globalen Vergleich darstellen.

4.2.4

Tab. 10: Länder der Francophonie im Rapport du Développement humain/Human Development Report 2004 der Vereinten Nationen*

Land[1]	IDH[2]-Rang	Bevölkerungszahl (in Millionen)			Lebens-erwar-tung bei Geburt	Brutto-sozial-produkt pro Kopf (Kauf-kraft-parität)[3]	Verstädterungs-tendenzen[4] (% der Gesamt-bevölkerung)			Alpha-betisie-rungs-rate[5] (% der Bevölk. über 15 J.)
	2002	*1975*	*2002*	*2015*	*2002*	*2002*	*1975*	*2002*	*2015*	*2002*
Kanada	4	23,1	31,3	34,1	79,3	29.480	75,6	80,1	84,0	99,0
Belgien	6	9,8	10,3	10,5	78,7	27.570	94,5	97,2	97,5	99,0
Schweiz	11	6,3	7,2	7,0	79,1	30.010	55,7	67,6	68,7	99,0
Österreich (B)	14	7,6	8,1	8,1	78,5	29.220	65,3	65,8	67,2	99,0
Luxemburg	15	0,4	0,4	0,5	78,3	61.190	73,7	91,6	94,1	99,0
Frankreich	16	52,7	59,8	62,8	78,9	26.920	72,9	76,1	79,0	99,0
Griechenland	24	9,0	11,0	10,9	78,2	18.720	55,3	60,6	65,2	97,3
Slowenien (B)	27	1,7	2,0	1,9	76,2	18.540	42,4	50,8	52,6	99,7
Tschechische Rep. (B)	32	10,0	10,2	10,1	75,3	15.780	63,7	74,2	75,7	99,0
Seychellen	35	0,1	0,1	0,1	72,7	18.232	33,3	49,8	53,3	91,9
Polen (B)	37	34,0	38,6	38,2	73,8	10.560	55,4	61,8	64,0	99,7
Ungarn (B)	38	10,5	9,9	9,3	71,7	13.400	52,8	64,7	70,0	99,3
Litauen (B)	41	3,3	3,5	3,2	72,5	10.320	55,7	66,8	67,5	99,6

*Angaben nach: Statistiques du Rapport Mondial sur le Développement Humain/Human Development Report 2004 – United Nations Development Programme (UNDP), New York, Oxford University Press, 2004; http://www.undp.org/currentHDR_F.

1   Die nachfolgende Liste enthält nur jene Länder, die im *Rapport Mondial sur le Développement Humain* enthalten sind, nicht also die zur OIF gehörigen Provinzen Kanadas Québec und Nouveau Brunswick sowie die Frankophone Gemeinschaft Belgiens, Andorra und auch nicht das Fürstentum Monaco. Die mit (B) gekennzeichneten Länder nehmen als Beobachter am *Sommet de la Francophonie* teil. Der Bericht führt insgesamt 177 Länder auf, die entsprechend ihrem IDH in drei Gruppen eingeteilt sind: *Développement humain élevé* (55 Länder), *Développement humain moyen* (86 Länder), *Faible développement humain* (36 Länder).
2   IDH = Indicateur du développement humain
3   Basis der Angaben: US-$.
4   Da die Zahlen auf nationalen Definitionen dessen beruhen, was eine Stadt oder ein Ballungsgebiet darstellt, sind Vergleiche zwischen den einzelnen Ländern nur bedingt aussagekräftig.
5   Die Alphabetisierungsraten für Kanada, Belgien, die Schweiz, Österreich, Luxemburg, Frankreich und die Tschechische Republik sind im *Rapport du développement humain* 2004 nicht gesondert ausgewiesen; für die Berechnung des IDH wurde ein Wert von 99,0 % angenommen.

4.2.4

Land[1]	IDH[2]-Rang	Bevölkerungszahl (in Millionen)			Lebens-erwar-tung bei Geburt	Brutto-sozial-produkt pro Kopf (Kauf-kraft-parität)[3]	Verstädterungs-tendenzen[4] (% der Gesamt-bevölkerung			Alpha-betisie-rungs-rate[5] (% der Bevölk. über 15 J.)
	2002	*1975*	*2002*	*2015*	*2002*	*2002*	*1975*	*2002*	*2015*	*2002*
Slowakische Rep. (B)	42	4,7	5,4	5,4	73,6	12.840	46,3	57,2	60,8	99,7
Kroatien (B)	48	4,3	4,4	4,3	74,1	10.240	45,1	58,6	64,6	98,1
Bulgarien	56	8,7	8,0	7,2	70,9	7.130	57,5	69,4	74,0	98,6
Mazedonien	60	1,7	2,0	2,2	73,5	6.470	50,6	59,4	62,0	96,0
Mauritius	64	0,9	1,2	1,3	71,9	10.810	43,4	43,1	47,3	84,3
Albanien	65	2,4	3,1	3,4	73,6	4.830	32,7	43,2	51,2	98,7
Rumänien	69	21,2	22,4	21,6	70,5	6.560	42,8	54,5	56,4	97,3
Santa Lucia	71	0,1	0,1	0,2	72,4	5.300	23,6	30,1	36,8	94,8
Libanon	80	2,8	3,6	4,2	73,5	4.360	67,0	87,2	90,1	86,5
Armenien (B)	82	2,8	3,1	3,0	72,3	3.120	63,0	64,6	64,2	99,4
Tunesien	92	5,7	9,7	11,1	72,7	6.760	49,9	63,4	68,1	73,2
Dominica	95	0,1	0,1	0,1	73,1	5.640	55,3	71,7	76,2	76,4
Georgien (B)	97	4,9	5,2	4,7	73,5	2.260	49,5	52,2	51,6	100,0
Kapverden	105	0,3	0,5	0,6	70,0	5.000	21,4	55,1	64,8	75,7
Äquatorial-guinea	109	0,2	0,5	0,7	49,1	1.817[6]	27,1	47,1	58,2	84,2
Vietnam	112	48,0	80,3	94,7	69,0	2.300	18,9	25,2	32,4	90,3
Rep. Moldova	113	3,8	4,3	4,2	68,8	1.470	35,8	45,9	50,0	99,0
Ägypten	120	39,3	70,5	90,0	68,6	3.810	43,5	42,1	44,9	55,6
Gabun	122	0,6	1,3	1,6	56,6	6.590	40,0	83,1	89,1	71,0
São Tomé und Principe	123	0,1	0,2	0,2	69,7	1.317	27,3	37,7	40,3	83,1
Marokko	125	17,3	30,1	36,5	68,5	3.810	37,8	56,8	64,8	50,7
Vanuatu	129	0,1	0,2	0,3	68,6	2.890	15,7	22,4	28,6	34,0

6   Angaben nach *Rapport Mondial sur le Développement Humain 2000*: http://www.undp.org/currentHDR_F.

4.2.4

Land[1]	IDH[2]- Rang	Bevölkerungszahl (in Millionen)			Lebens-erwar-tung bei Geburt	Brutto-sozial-produkt pro Kopf (Kauf-kraft-parität)[3]	Verstädterungs-tendenzen[4] (% der Gesamt-bevölkerung)			Alpha-betisie-rungs-rate[5] (% der Bevölk. über 15 J.)
	2002	1975	2002	2015	2002	2002	1975	2002	2015	2002
Kambodscha	130	7,1	13,8	18,4	57,4	2.060	10,3	18,0	26,1	69,4
Laos	135	3,0	5,5	7,3	54,3	1.720	11,1	20,2	27,4	66,4
Komoren	136	0,3	0,7	1,0	60,6	1.690	21,2	34,4	43,0	56,2
Kamerun	141	7,6	15,7	18,9	46,8	2.000	26,9	50,6	59,9	67,9
Togo	143	2,3	4,8	6,4	49,9	1.480	16,3	34,5	43,3	59,6
Kongo	144	1,5	3,6	5,2	48,3	980	34,8	53,1	59,3	82,8
Madagaskar	150	7,9	16,9	24,0	53,4	740	16,4	26,3	30,7	67,3
Mauretanien	152	1,4	2,8	4,0	52,3	2.220	20,3	60,5	73,9	41,2
Haiti	153	4,9	8,2	9,7	49,4	1.610	21,7	36,9	45,5	51,9
Dschibuti	154	0,2	0,7	0,8	45,8	1.990	61,6	83,3	87,6	65,5
Senegal	157	4,8	9,9	13,2	52,7	1.580	34,2	48,9	57,9	39,3
Ruanda	159	4,4	8,3	10,6	38,9	1.270	4,0	16,6	40,5	69,2
Guinea	160	4,1	8,4	11,2	48,9	2.100	16,3	34,2	44,2	41,0
Benin	161	3,0	6,6	9,1	50,7	1.070	21,9	43,8	53,5	39,8
Côte d'Ivoire	163	6,8	16,4	19,8	41,2	1.520	32,1	44,4	51,0	49,7
Tschad	167	4,1	8,3	12,1	44,7	1.020	15,6	24,5	31,1	45,8
D. R. Kongo	168	23,9	51,2	74,2	41,4	650	29,5	31,2	39,7	62,7
Zentralafrika-nische Rep.	169	2,1	3,8	4,6	39,8	1.170	33,7	42,2	50,3	48,6
Guinea-Bissau	172	0,7	1,4	2,1	45,2	710	16,0	33,2	43,5	39,6
Burundi	173	3,7	6,6	9,8	40,8	630	3,2	9,6	14,6	50,4
Mali	174	6,3	12,6	19,0	48,5	930	16,2	31,6	40,9	19,0
Burkina Faso	175	6,1	12,6	18,6	45,8	1.100	6,3	17,4	23,2	12,8
Niger	176	4,8	11,5	18,3	46,0	800	10,6	21,6	29,7	17,1

4.2.4

3 Der Diskurs der institutionalisierten Francophonie als globaler Akteur

1 Die Francophonie als Akteur der internationalen Beziehungen

Der folgende Text ist eine Sequenz aus der Rede des Generalsekretärs der Internationalen Organisation der Francophonie (OIF), BOUTROS BOUTROS-GHALI, die er kurz vor Ende seines Mandats anlässlich der Eröffnung der Ministerkonferenz der Francophonie am 12. Dezember 2002 in Lausanne hielt. Er soll als Beispiel dafür dienen, wie sich die Francophonie als globaler Akteur in Szene setzt.

Text

> *A quelques jours donc de la fin de mon mandat, c'est avec une réelle émotion que je prends la parole devant vous. [...] En effet, tout au long de mon mandat, je me suis employé, avec votre appui, à donner forme et substance à une véritable Organisation internationale de la Francophonie, car tel était le sens premier de la réforme de Hanoi. [...] Nos chefs d'État et de gouvernement l'ont rappelé à Moncton et confirmé, il y a quelques semaines, à Beyrouth: c'est dans la coopération avec les autres organisations internationales que la Francophonie prend toute sa portée politique et sa dimension d'ouverture. Depuis 1998, notre investissement dans la coopération avec les Organisations internationales a connu une croissance exponentielle, notamment avec celles, à New York, Genève, Addis et Bruxelles, auprès desquelles l'OIF dispose de Représentations permanentes. [...] Cela est tout particulièrement vrai dans le domaine des droits de l'Homme et dans celui du commerce international ou, plus généralement, de l'économie. Ce sont là deux domaines majeurs de la coopération internationale qui intéressent tant la Francophonie que les Nations Unies, à Genève en particulier. Ce sont d'ailleurs des domaines où la coopération de l'OIF avec ses partenaires internationaux est particulièrement avancée, en termes d'actions comme de financement. Ils ont imprimé à la Francophonie son double élan politique et économique de ces dernières années. L'un et l'autre sous-tendent l'exigence de solidarité face aux risques d'exclusion et d'uniformisation que peut comporter la mondialisation [...]*[4]

Als 1997 zum Gipfeltreffen der Francophonie in Hanoi der aus Ägypten stammende frühere Generalsekretär der UNO, BOUTROS

---

4 Vgl. www.francophonie.org/secretaire/discours/infos.cfm.

Einordnung   BOUTROS-GHALI (geb. 1922) zum Generalsekretär der neu geschaffenen *Organisation Internationale de la Francophonie* (OIF) gewählt
wurde, war dies ein deutliches Zeichen für den Politik- und Strukturwandel, mit dem die Francophonie auf die Verschiebungen in
den internationalen Beziehungen seit Anfang der 1990er Jahre
reagierte. Seine Erfahrungen und Kontakte aus der Zeit als rang-
höchster Diplomat der Vereinten Nationen sollten der Francophonie zu internationalem Gewicht verhelfen, das es erlaubte, als
globaler Akteur der internationalen Beziehungen in Erscheinung
zu treten und im Prozess ihrer Neuordnung eine aktive Rolle zu
spielen. Am Ende seines Mandats als Generalsekretär der OIF zieht
er vor der Ministerkonferenz der Frankophonie Bilanz. In diesem
Sinne hebt er hervor, dass sein Engagement darauf gerichtet gewesen sei, *"à donner forme et substance à une véritable Organisation internationale"*. Darunter will er vor allem die Rolle der Francophonie
als eines international anerkannten *global players* und dessen Ver-
flechtung – auf Augenhöhe (?) – mit den anderen internationalen
Organisationen wie UNO, UNESCO, Europäischer Union, Organisation der afrikanischen Staaten usw. verstanden sehen. Im Diskurs der Francophonie rücken damit neue Zielprojektionen in den
Vordergrund. Ging es gerade mal ein Jahrzehnt früher den
Repräsentanten der Francophonie darum, die Bedeutung der
Französischsprachigkeit als einigendes Band und als Symbol der
Solidarität unter den Mitgliedsländern hervorzuheben, so tritt nun
*"le domaine des droits de l'Homme et celui du commerce international ou,
plus généralement, de l'économie"* in den Vordergrund. Will die Francophonie in der ersten Liga mitspielen, muss sie sich auf deren
Themen einstellen. Sprache und kulturelle Verschiedenheit werden in der Rede zum Ende hin zwar auch erwähnt. Doch zeigt
sich, dass sie nicht mehr im Fokus des Frankophonie-Diskurses
stehen. Dieser stellt sich nun ganz auf die Konkurrenzsituation
zwischen globalen Akteuren und auf die Risiken der Globalisierung ein: *"face aux risques d'exclusion et d'uniformisation que peut
comporter la mondialisation"*. In anderen Reden BOUTROS-GHALIS wird
– wenn auch diplomatisch geschickt formuliert – unmissverständ-
lich deutlich, dass die als Ausschluss- und Uniformierungsprozesse
wahrgenommenen hegemonialen Bestrebungen der USA und
eines Teils der englischsprachigen Welt in den internationalen und
ökonomischen Beziehungen seitens der Francophonie als ernst-
hafte Bedrohung wahrgenommen werden. Als Reaktion darauf
versucht die Francophonie seit etwa zwei Jahren, die Beziehungen
zu den Organisationen der Lusophonie und der Hispanophonie
(vgl. Kapitel 1) zu intensivieren, um die Anerkennung der kulturellen Vielfalt und Verschiedenheit zu einem Thema auf der internationalen politischen Bühne zu machen.

4.3.1

2 Der Globalisierungsdiskurs der OIF

Die Zäsur von 1989 mit dem Zusammenbruch des östlichen Blocks und der Bipolarität der Welt nach dem Zweiten Weltkrieg hat die Dynamik in der Francophonie sprunghaft, wenngleich zeitverzögert, angekurbelt. Diese Dynamik lässt sich in zwei geographisch und inhaltlich weit auseinander liegenden Zonen beobachten: Zum einen ist der südostasiatische Raum um seine Einbindung in die Internationalisierungsprozesse durch die Mobilisierung seiner teilweise frankophonen Qualität bemüht, die an die Zugehörigkeit zum Kolonialbesitz Frankreichs in Indochina erinnert. So ist es gewiss kein Zufall, dass das Gipfeltreffen der Staats- und Regierungschefs der Francophonie, das weitreichende Veränderungen in Struktur und Mandat der Organisation beschloss, 1997 gerade in Hanoi stattfand, nachdem erste Weichen in Richtung auf ein globales Engagement 1995 auf dem Gipfeltreffen von Cotonou (Benin) gestellt worden waren.

Zum anderen haben einige Länder in Südosteuropa wie Bulgarien und Rumänien Anfang der 1990er Jahre Anschluss an die institutionalisierte Francophonie (ACCT) gesucht; weitere Länder aus Mittel- und Osteuropa wie Moldova, Albanien, Slowenien, Polen, Litauen, Tschechien und die Slowakei kommen wenige Jahre später hinzu, weil sie sich davon ein Gegengewicht zu der Polarität der neuen Welt nach 1989 und damit eine Stärkung ihrer Eigenständigkeit gerade bei der Einbindung in die Weltökonomie und -politik versprechen.

Der im Zusammenhang mit der Rede von B. Boutros-Ghali angesprochene Wandel im Francophoniediskurs reagiert sowohl auf die neuen Realitäten in den internationalen Beziehungen seit Beginn der 1990er Jahre als auch auf das zögerliche Engagement innerhalb der Francophonie selbst, die die "Sympathieerklärungen" gegenüber den Systemumbrüchen in Rumänien und Bulgarien erst spät mit einem politischen Konzept unterfüttert.

In den Ländern des europäischen Ostens ebenso wie in Südostasien kann keine sprachliche Verwandtschaftskonstruktion darüber hinwegtäuschen, dass sowohl die Zahl der Französisch-Sprecher extrem gering ist als auch die Konstruktion einer historischen *entente* zwischen den jeweiligen Eliten und der *grande nation* meist eher spärlich ausfällt. Es wird deutlich, dass sich die Francophonie seit Anfang der neunziger Jahre von ihrer früheren Identität in dem Maße verabschiedet, wie sie ihre Rolle als globaler Akteur im Kampf um größeren politischen und wirtschaftlichen Einfluss wahrnimmt. Das Engagement in Ost- und Südosteuropa ist dafür ebenso ein Indikator wie die mit dem Gipfeltreffen von Hanoi (1997) durchgesetzten strukturellen Reformen, die in Moncton

4.3.2

(1999) diskutierten Menschenrechtsfragen oder die in Lausanne (2002) erörterten Wirtschaftsbeziehungen.

Dieser Wandel im Verständnis der Francophonie macht sie für die Kultur- und Sozialwissenschaften keineswegs weniger interessant, lässt sich doch an diesen Veränderungen in vorzüglicher Weise studieren, welche Bedeutung kulturellen Identifikationsmustern im Widerstreit von Globalisierungs- und Regionalisierungsprozessen zukommt.

4   Struktur und Institutionen der Francophonie

1   Institutionen und Agenturen

Struktur Die heutige Struktur und die Institutionen der OIF wurden in wesentlichen Zügen in der *Charte de la Francophonie* von 1997 definiert. Sie löst die Charta der ACCT von 1970 ab, die, wie oben ausgeführt, bereits Mitte der achtziger Jahre überholt war. Die Veränderungen in der Struktur der heutigen Francophonie gegenüber jenen von vor 1997 lassen sich an den beiden Abbildungen 3 und 4 ablesen.

Sommet Das Gipfeltreffen der Staats- und Regierungschefs der Länder der Francophonie bzw. *la Conférence des chefs d'États et de gouvernement des pays ayant le français en partage*, in Art. 3 der Charta kurz *sommet* genannt, ist die höchste Instanz in der Francophonie und tagt alle zwei Jahre. Die Repräsentanten der Mitgliedsstaaten wählen den Generalsekretär und bestimmen die Orientierung der Organisation.

Conférence ministérielle de la Francophonie Der *Sommet* wird flankiert von der Ministerkonferenz (CMF) und vom *Conseil permanent* (s. u.). Die Ministerkonferenz besteht aus den Außenministern oder den für die Francophonie verantwortlichen Ministern der Teilnehmerstaaten. Sie tagt einmal pro Jahr und bereitet die Gipfeltreffen vor, kontrolliert die Einhaltung der Beschlüsse, plant und koordiniert die Budgets der einzelnen Institutionen und Agenturen der OIF und legt die politische Linie der AIF fest.

Conseil permanent de la Francophonie Unter der Autorität der Ministerkonferenz bereitet der Ständige Rat (CPF) die Gipfeltreffen vor und nach. Er setzt sich aus Persönlichkeiten zusammen, die von den Staats- und Regierungschefs benannt werden. Er tagt unter Leitung des Generalsekretärs der OIF. Zu seinen Aufgaben gehört die Evaluierung der Programme, die von den Agenturen (*opérateurs*) durchgeführt werden.

Abb. 3: Struktur der Francophonie nach dem Gipfeltreffen von Chaillot/Paris 1991

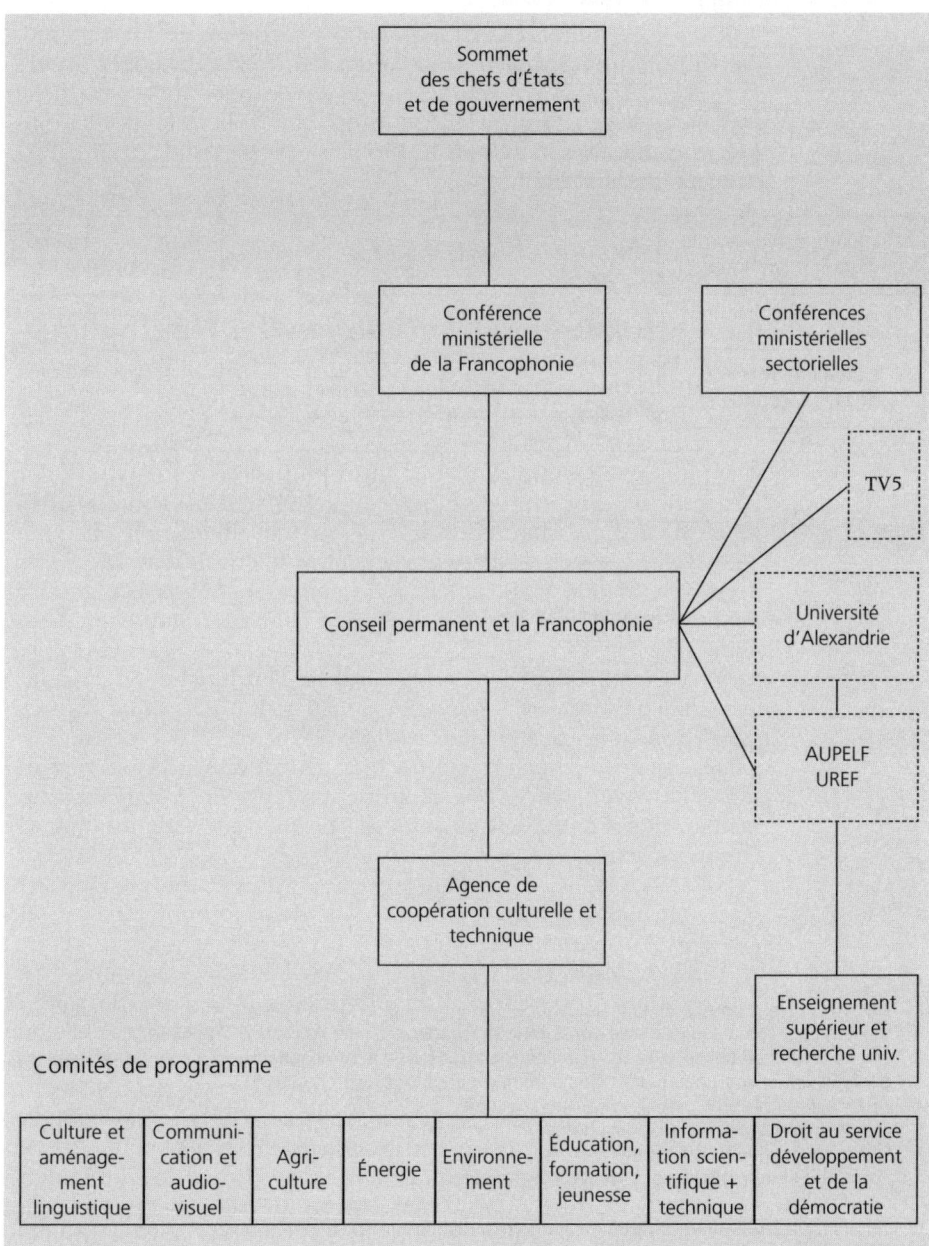

Quelle: Adaptiert nach Tétu 1992, 326

Abb. 4:   Struktur der Organisation internationale de la Francophonie (OIF) nach der
Gipfelkonferenz von Hanoi 1997*

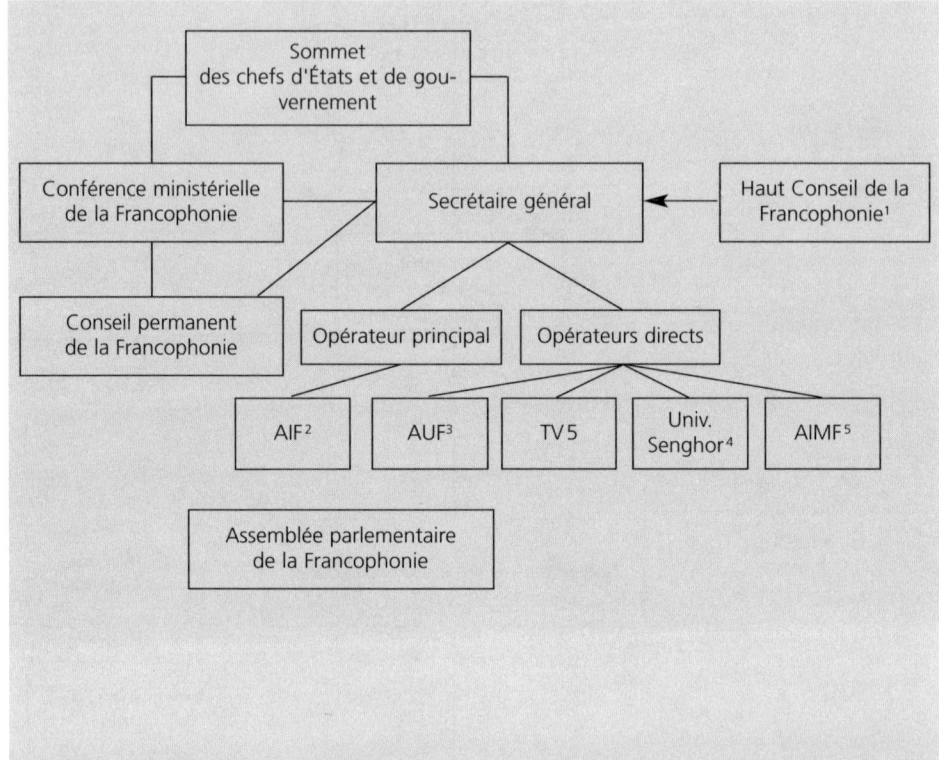

1   Der (neue) Haut Conseil de la Francophonie trat im Januar 2004 in Paris zu seiner Gründungssitzung
zusammen. Ihm ging der Conseil Consultatif voraus, der nach der Auflösung (April 2002) des alten, bei
der französischen Regierung angesiedelten Haut Conseil de la Francophonie, nun dem Generalsekretär
der Francophonie als beratendes Gremium nachgeordnet ist (vgl. Kapitel 1).
2   Agence intergouvernementale de la Francophonie.
3   Agence universitaire de la Francophonie.
4   Université Senghor d'Alexandrie.
5   Association internationale des Maires francophones.

*Adaptiert nach http://www.diplomatie.gouv.fr/francophonie (Dezember 2004), ergänzt um den Haut
Conseil de la Francophonie/Conseil consultatif.

4.4.1

Das Generalsekretariat wird vom Generalsekretär der OIF geleitet. Er repräsentiert die Francophonie nach außen und ist der politisch Verantwortliche für alle Institutionen und Agenturen der Francophonie. Sein Mandat erstreckt sich auf vier Jahre und kann um eine Amtszeit verlängert werden. Nach Auflösung des französischen *Haut Conseil de la Francophonie* durch Präsident CHIRAC im April 2002 wird dem im Oktober 2002 gewählten Generalsekretär ABDOU DIOUF ein Beratungsgremium, der *Conseil consultatif,* zur Seite gestellt, dessen Aufgaben in der strategischen Orientierung, in der Beobachtung und Analyse des Zustands der Francophonie und in konzertierten Aktionen mit anderen frankophonen Nicht-Regierungsorganisationen bestehen.

Secrétariat général

Das frühere Macht- und Schaltzentrum der Francophonie, die ACCT, hat in der heutigen Struktur der OIF den Platz eines *opérateur principal.* Als *Agence intergouvernementale de la Francophonie* (AIF) – in der Charta noch als *Agence de la francophonie* bezeichnet – erfüllt sie auf zwischenstaatlicher und multilateraler Ebene die Aufgaben der Information, Koordination und der Durchführung der Programme. Schulische, berufliche und technische Bildung und Erziehung, die Förderung des Französischen sowie die wechselseitige Kenntnis der Sprachen und Kulturen in den Ländern der Francophonie stehen im Mittelpunkt ihrer Arbeit (zu den Programmen vgl. Abschnitt 4.4).

AIF

Neben der AIF als *opérateur principal* sind dem Generalsekretär vier *opérateurs directs* nachgeordnet, die für je spezifische Praxisfelder zuständig sind. Für die universitäre Kooperation ist dies die 1961 in Montréal als AUPELF gegründete *Agence universitaire de la Francophonie* (AUF) (siehe Abschnitt 4.2.2).

AUF

Eine weitere Agentur (*opérateur direct*) der Francophonie ist der französischsprachige internationale Fernsehkanal TV5, der 1984 gegründet wurde, dessen Pilotphase aber in das Jahr 1978 zurückreicht. *TV5 Europe* wird von Frankreich, Belgien, Schweiz und Monaco getragen. 1988 kommt das Programm von *TV5 Québec-Canada* hinzu; 1992 werden die Stationen für Afrika in Form von *TV5 Afrique* und für die Karibik und Lateinamerika als *TV5 Amérique latine* eröffnet. In Asien strahlt *TV5 Asie* sein Programm seit 1997 aus. Ein Programm für die USA gibt es seit 1998.

TV5

TV5 Europe sendet rund um die Uhr und bietet ein vielfältiges Informations- und Unterhaltungsprogramm in Französisch, wobei sowohl Sendungen der Partnersender France Télévisions, Arte France, TSR (Télévision Suisse Romande), RTBF (Radio Télévision Belge Francophone) und CTQC (Consortium de Télévision Québec-Canada) als auch Sendungen aus Afrika und Asien ausgestrahlt werden (zu den Nachrichtenprogrammen vgl. die nachfolgende Übersicht).

4.4.1

Tab. 11: TV 5 Europe: Nachrichtensendungen aus den Regionen der Francophonie[5]

Titel der Sendung	Herkunftsland	Wann? Wie oft?	Dauer
Journal télévisé Radio Canada	Kanada	Täglich 8:00	23 min.
Journal RTBF Radio-Télévision Belge Francophone	Belgien	Täglich Mo.-Fr., 13:00	30 min.
		Sa., 11.12., 13:00 So., 12.12., 13:05	25 min. 25 min.
Journal TSR Télévision Suisse Romande	Schweiz	Täglich ca. 00:00	28 min.
		So., 12.12., 00:46	20 min.
JTA Journal télévisé africain Toute l'actualité du continent africain en 12 minutes	Afrika (Zusammen- schnitt TV5)	Täglich ca. 00:30 So.: 12.12., 01:06	12 min.
TV5, Le Journal	Frankreich (TV5)	Sechsmal täglich ca. 04:00 ca. 06:00 ca. 14:00 ca. 18:00 ca. 22:00 ca. 02:00	20–26 min.
TV5 Journal	Frankreich (TV5)	Zweimal täglich 10.00 16.00	12 min.
TV5 Infos	Frankreich (TV5) Kurzinfo	Dreimal täglich 09:00 12:00 17:00	2 min. 3 min. 2 min.
Journal de France 2	Frankreich	Täglich ca. 20:30	28 min.

---

5 Programmstruktur anhand der Sendungen im Zeitraum von Mo., 6.12. bis So., 12.12.2004.

Das Gipfeltreffen von Dakar 1989 beschließt die Gründung einer internationalen französischsprachigen Universität mit Sitz in Alexandria (Ägypten), die als private Universität die postgraduale Qualifikation (*3e cycle*) von Funktionären und Aktivisten auf jenen Gebieten ermöglicht, welche für die Entwicklung Afrikas von besonderer Bedeutung sind: Finanzverwaltung, Umwelt, Gesundheit, Ernährung und kulturelles Erbe.

Université Senghor

Als Agentur für Fragen der Stadtentwicklung und der Konzertation von Bürgermeistern und Stadtplanern fungiert die *Association internationale des maires et responsables des capitales et des métropoles partiellement ou entièrement francophones* (AIMF), der mittlerweile 109 Hauptstädte und Metropolen in 46 Ländern angehören. Zu den hauptsächlichen Arbeitsfeldern dieses Netzwerks zählen sowohl kommunalpolitische Fragen als auch Projekte zur Modernisierung örtlicher Verwaltungen.

AIMF

Bereits auf das Jahr 1967 geht die Gründung einer Vereinigung von französischsprachigen Parlamentariern zurück, die sich damals *Association internationale des parlementaires de langue française* (AIPLF) nannte und sich 1998 in *Assemblée internationale des parlementaires de langue française* umbenannte. In ihr sind Parlamentarier aus Nordamerika, Afrika, Europa, Asien und Ozeanien vereint. Ziel der Organisation ist die demokratiefördernde Verbindung zwischen den Institutionen der Francophonie und den jeweiligen Bevölkerungen der Mitgliedsstaaten. Sie beschäftigt Kommissionen auf den Gebieten von a) Politik und allgemeiner Verwaltung, b) Kooperation und Entwicklungshilfe, c) Bildung, Kommunikation, kulturellen Angelegenheiten und d) Parlamentsangelegenheiten.

AIPLF

2 Budget

Was kostet die Francophonie? Wer finanziert sie? Wie verteilen sich die Budgets auf die einzelnen Institutionen und Aktivitäten? So interessant und wichtig für eine realistische Analyse der Francophonie genaue Angaben zur Finanzierung und zum Kosten-Nutzen-Verhältnis wären, so schwierig ist es, einen verlässlichen Überblick über Budgets und Kosten zu erhalten. Zwar regelt die Charta der Francophonie von 1997, welche Institutionen innerhalb der Organisation existieren und folglich mit einem Budget ausgestattet sein müssen. Doch kennen wir damit lediglich die Mechanismen der Entscheidung und der Verteilung, wissen aber nicht, in welcher Höhe und aus welchen Quellen der Francophonie Mittel zufließen.

Charta

Auf das Gipfeltreffen von Dakar 1989 geht die Einrichtung des *Fonds Multilatéral Unique* (FMU) zurück, über den heute die Zahlungen der Geberländer und die Finanzierung der Programme abge-

Fonds Multi-
latéral Unique

wickelt werden, doch wie der Name schon sagt, gehen in diesen Fonds nur die für die multilaterale Kooperation bestimmten Zuwendungen ein. Keinen Aufschluss erhält man über die Finanzierung der bilateralen Aktionen der Mitgliedsländer. Vor allem Frankreich misst der bilateralen Kooperation ein großes Gewicht bei und stellt hierfür in verschiedenen Ressorts der Außenpolitik, Wirtschaftspolitik und Entwicklungshilfe umfangreiche Mittel bereit. Ein weiterer Finanzierungsbereich von beträchtlicher Bedeutung, der hier ebenfalls nicht berücksichtigt werden kann, sind die Ausgaben für jene Institutionen in den Mitgliedsländern, deren Aufgabenfeld exklusiv oder partiell die Francophonie ist: die Ministerien oder Staatssekretariate, die nationalen Kommissionen wie *Délégation générale à la langue française*, die *Conseils de la langue française* in Ländern wie Kanada oder Belgien und schließlich die Vielzahl der Freundschafts- und Partnerschaftsgesellschaften auf der Ebene des privaten oder Nicht-Regierungsengagements vom Typ der ONG/OING wie *Alliance française, France-Acadie* oder *Richelieu International*.

Die folgenden Angaben beziehen sich auf eine Studie des *Haut Conseil de la Francophonie* (vgl. HCF 1999, 357–376) zum geplanten und geschätzten Budget der Institutionen der OIF in den Jahren 1998 und 1999 auf der Grundlage des multilateralen Fonds (FMU).

Geberländer

Der FMU setzt sich aus Zuwendungen der Geberländer nach folgendem Schlüssel zusammen: Frankreich – 77%, Kanada – 11,76%, Kanada/Québec – 4,52%, Kanada/Nouveau-Brunswick – 0,27%, Französische Gemeinschaft Belgiens – 4%, Schweiz – 1,63%, Monaco – 0,2%. Weitere sieben Staaten tragen – wenngleich als 'non-significatif' kategorisiert – zur Finanzierung der *Agence universitaire de la Francophonie* oder zum *Fonds Inforoute* bei: Burkina Faso, Kamerun, Côte d'Ivoire, Gabun, Libanon, Mauritius, Senegal.

TV5

Das Budget der einzelnen Institutionen der Francophonie setzt sich aus den Zuwendungen aus dem FMU sowie aus anderen Quellen wie z. B. aus direkten Zuweisungen aus den Mitgliedsstaaten, aus Vermarktungserlösen und aus Spenden zusammen. Um ein Beispiel zu geben: Der Fernsehkanal TV5 erhält 1998 Zuwendungen aus dem FMU in Höhe von 3,25 Mio. FF[6], die ausschließlich für TV5 Afrique bestimmt sind. Das Gesamtbudget von TV5 beträgt jedoch 446 Mio. FF. Zusätzlich zu den Zahlungen der Staaten und Regierungen an den FMU finanziert Frankreich für TV5 weitere 272 Mio. FF, Québec 47 Mio. FF, die Schweiz 30 Mio. FF und die Französische Gemeinschaft Belgiens 29 Mio. FF. Als eigene Ressourcen von TV5 werden 64 Mio. FF ausgewiesen. Weitere 4 Mio. FF kommen als Zuwendungen aus der *Agence intergouvernementale de la Francophonie* (AIF).

---

6   Umrechnungskurs: 1 Euro entspricht ca. 6,55 französischen Francs (FF).

Bezogen auf das Budget des FMU gehen zirka 75% der Mittel zu AIF und AUF ungefähr gleichen Teilen an die AIF und die *Agence universitaire de la Francophonie* (AUF). 1998 waren dies jeweils ca. 144 Mio. FF. Das Budget beider Institutionen ist jedoch weitaus größer. Die AIF dürfte 1998 reichlich 300 Mio. FF erhalten haben, zuzüglich von weiteren 20 Mio. FF für das Generalsekretariat. Nach der Studie des HCF (1999, 364f.) finanziert die AIF in den Jahren 1998 und 1999 die fünf großen Programme mit folgenden Mitteln:

* *Espace de savoir et de progrès* (schulische, berufliche und technische Bildung) – 52,3 Mio. FF;
* *Espace de culture et de communication* (kulturelle Animation, audiovisuelle Produktionen, Informationsdatenbanken) – 146,2 Mio. FF;
* *Espace économique et de développement* (Entwicklungskooperation, Energiegewinnung) – 65,8 Mio. FF;
* *Espace de liberté, de démocratie et de développement* (Unterstützung der Justiz, parlamentarische Kooperation) – 42,8 Mio. FF;
* *La Francophonie dans le monde* (zur Finanzierung der Verbindungsbüros in Brüssel, Genf und New York) – 12 Mio. FF.

Weitere Budgets entfallen auf die Université Senghor in Alexandria (ca. 16 Mio. FF), auf die AIMF (1997: 31 Mio. FF) und AIPLF (6,5 Mio. FF), auf die CONFEMEN (keine Angabe) und die CONFEJES (11 Mio. FF). Somit ergibt sich für 1998 ein Budget der Francophonie von mindestens 1,06 Mrd. FF, das aus dem FMU bereitgestellt wird.

Die Gesamtinvestitionen in die Francophonie seitens der Mit- Gesamtbudget und Kosten gliedsländer sind jedoch um ein Vielfaches höher zu veranschlagen. Zu den 1,06 Mrd. FF kommen einerseits die Investitionen für die bilaterale Kooperation und andererseits die Ausgaben für die nationalen Agenturen der Francophonie in den Mitgliedsländern hinzu. Schätzungen zufolge belaufen sich letztere allein in Frankreich 1997 auf ca. 5,17 Mrd. FF, davon 3,5 Mrd. FF über das Außenministerium und 1,26 Mrd. über das Ministerium für Kooperation (vgl. Massart-Piérard 1999, 31, Fußnote 44). Wenn sich also das für die multilaterale Kooperation zur Verfügung stehende Budget relativ bescheiden ausnimmt, erreichen die Gesamtausgaben inklusive der Kosten für die bilaterale Kooperation, die nationalen Agenturen und die pompös inszenierten Gipfeltreffen ein stattliches, wenngleich hier nicht zu bezifferndes Finanzvolumen.

Doch was sind schon die vielleicht zwei oder drei Milliarden Euro jährlich, die sich mittlerweile auf 63 Staaten verteilen, gemessen an dem Finanzbedarf, der erforderlich wäre, um langfristig eine erfolgreiche Francophoniepolitik zu betreiben? Frankreichs finanzielles Engagement bleibt weit hinter dem zurück, was es an sym-

4.4.2

bolischen Gesten und an Absichtserklärungen in die Welt setzt. Dazu passt die seit mehr als zehn Jahren forcierte Strategie der Ausweitung der Organisation durch Gewinnung neuer Mitglieder. Will die Francophonie jedoch langfristig erfolgreich sein, müssen die bestehenden Beziehungen vertieft, die Kooperation intensiviert und die Finanzmittel deutlich aufgestockt werden.

5   Programme und Aktivitäten

1   Quellenkritik

Unübersichtlichkeit

Die Programme und Aktivitäten der Francophonie darzustellen, um auf diese Weise eine konkrete Vorstellung von ihrer Tätigkeit zu erhalten, erweist sich als schwierig: zum einen wegen der außerordentlich großen Vielfalt an Aktivitäten im frankophonen Raum, von denen jedoch keineswegs alle, über die berichtet wird, von den Agenturen der Francophonie auch verantwortet oder (ko-)finanziert werden; zum anderen wegen einer nicht weniger unübersichtlichen Lage in Berichterstattung, Darstellung und Analyse der mehr oder weniger einschlägigen Aktivitäten. Als Informationsquellen über die Francophonie stehen zur Verfügung:

- Selbstdarstellung der Institutionen und Agenturen der Francophonie im Rahmen ihrer Öffentlichkeitsarbeit (Homepages, Informationsbulletins, Periodika, Rechenschaftsberichte etc.);
- Dokumentation des Haut Conseil de la Francophonie (HCF) in dem von ihm seit 1986 herausgegebenen *État de la francophonie dans le monde;*
- Dokumentation in *L'Année francophone internationale* (AFI; seit 1992).

Internet basierte Öffentlichkeitsarbeit

Die Institutionen der Francophonie sind selbstverständlich in der virtuellen Welt des Internets präsent und teilen mit dieser auch ihre Flüchtigkeit und Unverbindlichkeit, was die Recherche von und den Umgang mit Daten nicht selten frustrierend macht. Eine Liste von einschlägigen Internetadressen findet sich in Kapitel 7. Wenn zum aktuellen Geschehen die Homepages der Institutionen durchaus auch aufschlussreiche Informationen über Programme und Aktivitäten der Francophonie bieten, so ist es umso schwieriger und meist auch unmöglich, Entwicklungen über an sich kurze Zeiträume von wenigen Jahren hinweg zu verfolgen. Die schnelle Verfügbarkeit von Daten, soweit sie für die Öffentlichkeit überhaupt zugelassen sind, geht mit einer sehr geringen "Halbwertszeit" der Angaben auf den Homepages einher. Die an sich schon große Dynamik bei der Reorganisation frankophoner Institutionen wird von einer noch viel größeren bei der Neugestaltung von Homepages übertroffen, letztlich zum Nachteil der Nutzer, die auf frühere Daten meist keinen Zugriff mehr haben. In diesem Fall kann unter Umständen die Konsultation des Servers des *Centre de documentation et d'information de l'AIF* unter dem Namen CIFDI weiterhelfen (siehe Kapitel 7). Einzelne Institutionen der Francophonie geben mehrmals jährlich Informationsbulletins mit aktuellen Angaben zu den Programmen (Ankündigungen, Ausschreibungen, Termine etc.) heraus. Von 1990 bis 1997 erschienen die *Lettre(s) de la Francophonie* der ACCT. Ihnen folgt 1998 *Le Journal de l'Agence intergouvernementale de la Francophonie*, nun von der AIF herausgegeben. Weniger bunt und stärker auf eine bestimmte Klientel orientiert ist das seit 1996 erscheinende Informationsbulletin *Le français à l'Université*, herausgegeben von der *Agence universitaire de la Francophonie*. Alles in allem jedoch enthalten weder diese Informationsblätter noch die Angaben auf den Homepages Informationen über die Ergebnisse von Programmen, über Nutzen oder Wirkung von Aktivitäten oder über die Evaluation von Projekten. Wenngleich die Ministerkonferenz der Francophonie 1999 auf ihrer Sitzung in Bukarest beschließt, die Programme regelmäßig zu evaluieren und sich der oberste Verwaltungsbeamte (*administrateur général*) der AIF, ROGER DAHAYBE, sogar für eine "véritable culture d'évaluation" (vgl. das Vorwort zur *Programmation 2002–2003* der AIF, S. 5) engagiert, ist davon bislang wenig in die Sphäre der Öffentlichkeitsarbeit vorgedrungen.

Von 1985 bis 2001 vom *Haut Conseil de la Francophonie* (HCF) in Paris herausgegeben, vermitteln die im Zweijahresrhythmus erscheinenden umfangreichen Bände *État de la francophonie dans le monde* (siehe Literaturverzeichnis) eine französische Perspektive auf die Francophonie.[7] Die Bände basieren in ihrem Dokumentationsteil auf der Auswertung von Fragebögen, die im Auftrag der französischen Regierung (ministère de la Coopération) als Teil der diplomatischen Korrespondenz in ca. 150 französischen Botschaften beantwortet werden. Ergänzt werden die Dokumentationen um Studien zu einzelnen Themen, wie etwa zur Migration (in HCF 1999, 2001), zu Bilinguismus und bilingualen Schulprojekten (in HCF 1997) oder zur Beziehung von Frankophonie und Zivilgesellschaft (in HCF 2001), um nur einige Beispiele zu nennen. Die

État de la francophonie dans le monde

---

7   Seit der Auflösung des HCF gibt erstmals 2003 der *Conseil consultatif* die Dokumentation "La francophonie dans le monde" (2000–2003) im Verlag Larousse heraus.

4.5.1

Dokumentation ist nach Themenbereichen, *espaces* genannt, gegliedert, die im Laufe der 1990er Jahre ständig erweitert wurden. Kernthemen sind die *espace(s) pédagogie, langue, culture, communication, économie* und *sciences*. Ende der 1990er Jahre treten Angaben zu den *espace(s) santé, humanitaire, juridique, environnement, nouvelle technologie de l'information et de la communication* sowie *dynamique de la francophonie* hinzu. Die Angaben beschränken sich dabei nicht auf die Mitgliedsstaaten der Francophonie, sondern es werden sozusagen die Reflexe französischsprachiger Kultur und Lebensweise weltweit eingefangen. Für die Betrachtung längerfristiger Abläufe erweisen sich die Dokumentationen als problematisch, weil die darin aufbereiteten Daten und deren Präsentation von Band zu Band stark variieren. Vielmehr spiegeln sie wider, welche Ideen und Vorstellungen im HCF und anderen Institutionen der Francophonie gerade *en vogue* sind.

L'Année francophone internationale

Seit 1992 erstmals das Jahrbuch *L'Année francophone internationale* (AFI) an der Université Laval in Québec erschien, um die Ereignisse des Vorjahres zu dokumentieren, hat die Redaktion ihr Netz an Korrespondenten deutlich ausgeweitet, so dass die Bände heute ein facettenreiches, wenngleich manchmal auch unkritisches Bild über Aktivitäten im frankophonen Raum vermitteln. Im Unterschied zu den Publikationen des HCF basieren die Informationen des AFI auf Berichten von Korrespondenten, die meist als Wissenschaftler in den jeweiligen Regionen oder Ländern das frankophone Geschehen vor Ort verfolgen. Geordnet nach Kontinenten und Ländern, in denen französischsprachige Kultur eine Rolle spielt, werden zunächst Linien in Politik, Wirtschaft und Gesellschaft nachgezeichnet. Ein deutlicher Akzent der Berichte liegt auf dem kulturellen Leben und den Medien, jeweils ergänzt um aktuelle bibliographische Angaben. In den beiden folgenden Teilen des Jahrbuchs unter dem Titel "Idées et événements" und "Vie institutionnelle et associative" nehmen Berichte über Programme und Aktivitäten von Institutionen der Francophonie entsprechenden Raum ein, wobei auch hierbei zuvorderst das kulturelle Interesse bedient wird.

2 Programmatische Leitlinien

Leitlinien der OIF

Die aktuelle Programmatik der OIF für die internationale Kooperation, wie sie mit der neuen Charta der Francophonie von 1997 umrissen und in ihren wesentlichen Zügen seit dem Gipfeltreffen in Moncton (1999) in Form von Aktionsprogrammen in Kraft sind, bestimmen die folgenden Themenbereiche:

- Frieden, Demokratie und Rechtsstaat
- Förderung und Verbreitung der französischen Sprache

4.5.2

- Förderung der sprachlichen und kulturellen Verschiedenheit
- Technische und berufliche Bildung
- Wirtschaftliche Kooperation zwischen den Mitgliedsländern der Francophonie
- Entwicklung und Verbreitung neuer Informations- und Kommunikationstechnologien.

Zu diesen Leitlinien verabschiedeten die Treffen von Regierungsvertretern und die Teilnehmer von Fachkonferenzen Aktionspläne und Deklarationen, die den Rahmen für die Programme der multilateralen Kooperation darstellen. Um einige Beispiele zu geben: die Deklaration von Bamako (Mali) anlässlich des Symposiums *"Bilan des pratiques de la démocratie, des droits et des libertés dans l'espace francophone"*, November 2000; der Handlungsplan der Kulturminister der Francophonie, angenommen auf der Konferenz von Cotonou (Benin), Juni 2001; die Erklärung der Frauenkonferenz der Francophonie, Luxemburg, Februar 2000; die Erklärung der Wirtschafts- und Finanzminister der Francophonie, Monaco, April 1999. Für die Umsetzung dieser Handlungspläne und Erklärungen in Programme und Projekte sind in erster Linie die *Agence intergouvernementale de la Francophonie* (AIF) und die *Agence universitaire de la Francophonie* (AUF) zuständig. Höchste Priorität kommt dabei der Kooperation zugunsten der Länder des Südens zu.

3 Sprache, Kultur und Medien

Sowohl die AIF als auch die AUF fördern mit ihren Programmen die Verbreitung des Französischen in den Regionen der Frankophonie, seine Verwendung in internationalen Organisationen und in einzelnen Sektoren der Gesellschaft, insbesondere in der Bildungs-, Informations- und Kommunikationsbranche. Als ideologische Topoi für die Ausschreibung von einschlägigen Programmen gelten einerseits die Wahrung der sprachlichen Vielfalt auf dem Globus und deren Verteidigung gegen die immer weiter ausgreifende Kommunikation in einer einzigen Sprache, in Englisch, und andererseits, wiewohl im Umfang deutlich nachgeordnet, die Unterstützung im Umgang mit der Sprachenvielfalt sowie der Sprachpolitik im Inneren der Frankophonie selbst. Diskursanalytisch ist an den Dokumenten der AIF die wiederkehrende Verwendung von Formulierungen aufschlussreich wie *"gestion harmonieuse de la diversité linguistique"* oder *"développement harmonieux de la langue française et des langues partenaires"*. Ob mit einem Euphemismus wie *langues partenaires* und dem Ausrufen von Harmonie den reichlich vorhandenen Sprachkonflikten mit einem Akt politischer Willensbildung

Sprache

4.5.3

Programme

begegnet werden kann, müsste dann wohl die angekündigte "Evaluationskultur" zu Tage bringen.

Weniger phantasiereich lesen sich hingegen die drei Programme der AIF unter folgenden Titeln:

- *Le français dans la vie internationale*
- *Promotion du français et appui à son enseignement*
- *L'appui aux politiques linguistiques et aux langues partenaires.*

Kultur
und Medien

Die AUF wiederum verwaltet ein sich ebenfalls in viele Einzelprojekte aufgliederndes Programm unter dem Titel "Langue française, francophonie et diversité linguistique".

Von großer Bedeutung für die multilaterale Kooperation sind die Bereiche Kultur und Medien. Hierbei greifen die Identifikationsprozesse der Gemeinschaften, die Prozesse von Demokratie und sozialer Entwicklung wie auch das beträchtliche ökonomische Gewicht der kulturellen und medialen Produktion ineinander. Die Programme der AIF decken dabei ein breites Spektrum von Bedürfnissen ab, wobei der Entwicklung des ländlichen Raums und der kulturellen und medialen Verhältnisse in Afrika große Bedeutung zukommt.

Programme

Die AIF verfolgt die folgenden Programme:

- *Centre de lecture et d'animation culturelle en milieu rural*
- *La promotion des arts du Sud*
- *L'appui aux États pour l'élaboration et la consolidation de politiques culturelles*
- *Images et médias du Sud*
- *Livre.*

4 Frieden, Demokratie und Gerechtigkeit

Krisenprävention
und Konflikt-
lösung

Seit die Francophonie Mitte der neunziger Jahre ihre Rolle als globaler Akteur definiert, nehmen Problembereiche wie Frieden, Demokratie und Gerechtigkeit einen zentralen Platz ein. Die neue Charta von 1997 zeigt dies ebenso wie die oben erwähnte Deklaration von Bamako (November 2000) zur Förderung von Demokratie und Menschenrechten. In Anbetracht zahlreicher Krisenherde in Afrika, Asien und Lateinamerika, von Diktaturen, Kriegen und gravierenden Verletzungen der Menschenrechte erhalten Konfliktprävention und Maßnahmen zur friedlichen Regelung von Konflikten, verbunden mit notwendigen Demokratisierungsprozessen innerhalb der Francophonie, zentrale Bedeutung in der Kooperation. Wertvorstellungen und Strategien, die das politische Handeln von Ländern wie Kanada und Québec, Schweiz und Luxemburg

4.5.4

oder auch Belgien und Frankreich auf der einen Seite bestimmen, liegen derzeit oft sehr weit entfernt von jenen des politischen Geschäfts in West- und Zentralafrika, in dem die Folgen des Kolonialismus immer wieder neue Wunden reißen. Insofern will sich die Francophonie auch als Mediator verstehen und mit ihren Programmen in das Spannungsfeld von wirtschaftlicher Entwicklung und zivilgesellschaftlichen Verhältnissen mit Projekten zur Förderung von Demokratie und Frieden eingreifen.

Folgende Programme stehen im Mittelpunkt: Programme
- *Contribution à la paix*
- *Démocratie, droits et libertés*
- *Appui aux parlements*
- *Appui à la modernisation de la justice*
- *Concertation juridique et judiciaire*
- *Suivi de Bamako.*

Die AUF unterhält zusätzlich das Programm "Aspects de l'état de droit".

5   Entwicklung und Solidarität

Der größte Teil der Bevölkerungen in den Mitgliedsländern der Francophonie lebt unterhalb der Armutsgrenze. Von den 50 ärmsten Ländern der Erde gehören 24 der Francophonie an (vgl. die Übersicht in Abschnitt 4.2). Unter den Bedingungen der Globalisierung, so konstatiert die AIF in ihrer Programmplanung 2002–2003, beschleunigen sich die Zirkulationsströme von Waren, Kapital und Dienstleistungen, was durchaus auch neue Möglichkeiten der Entwicklung für die Länder des Südens eröffne, gleichzeitig aber die Risiken der weiteren Marginalisierung erhöhe. Als Kriterien für die Förderung hat die AIF festgelegt, dass diese vor allem den ärmsten Ländern zugute kommt, dass sie einen Beitrag zu dauerhafter Entwicklung und Zusammenarbeit leistet und die humanen, institutionellen und produktiven Kapazitäten der privaten und öffentlichen Akteure in Entwicklungsprojekten Unterstützung erfahren.

Armut und Entwicklungspolitik

Zu den Programmen gehören u. a.:   Programme
- *Mondialisation et intégration économique régionale*
- *Renforcement des capacités des entreprises*
- *Appui aux politiques et concertation pour le développement durable en énergie et environnement*
- *Maîtrise des outils de développement durable en énergie et environnement.*

4.5.5

Hinzu kommt ein weiteres Programm unter dem Titel *"Développe-ment solidaire"*, mit dem Projekte von Frauen, von Jugendlichen und Vereinigungen unterstützt werden.

6 Bildung und Erziehung

Als Schlüssel im Kampf gegen Armut, Unterdrückung und soziale Marginalisierung betrachtet die AIF die Bildung und Erziehung der Jugend. Dies umso mehr, als in vielen afrikanischen Ländern das Bildungswesen am Boden liegt und berufliche Bildung kaum noch gewährt wird. Ein Akzent der Bildungsprogramme liegt im Bereich schulischer Elementarbildung, insbesondere der Alphabetisierung von Frauen und Mädchen, ein anderer in beruflicher und tech-nischer Bildung.

Programme   Die Programme der AIF sind:
* *Éducation de base*
* *Formation professionnelle et technique*
* *Formation informelle et acquisition des compétences.*

Auf dem Sektor der Hochschulbildung und der Wissenschaft fördert die AUF mit mehreren Programmen die Mobilität von Studieren-den und Lehrenden, die Kooperation zwischen Institutionen und die Vernetzung von Projekten und Forschungsgruppen.

7 Informations- und Kommunikationstechnologien

In Anbetracht geringer wirtschaftlicher Entwicklung in weiten Tei-len der Francophonie engagieren sich AIF und AUF mit ihren Kooperationsprogrammen dafür, dass die Kluft zwischen reichen und armen Ländern nicht unüberwindbar wird, indem letztere auf dem Gebiet der Informations- und Kommunikationstechnologien Unterstützung erhalten. Hierbei geht es darum, die Staatsapparate und Verwaltungen ebenso wie zivilgesellschaftliche Institutionen in die Lage zu versetzen, Informations- und Kommunikationstechno-logien zu nutzen und in den Dienst der gesellschaftlichen Entwick-lung und der sozialen Mobilisierung zu stellen.

Programme   Die aktuellen Programme sind die folgenden:
* *Appropriation et usage des technologies de l'information et de la com-munication*
* *Maîtrise des technologies éducatives et de la formation à distances*
* *Le fonds francophone des inforoutes.*

4.5.7

Im Sinne der internationalen Kooperation beteiligt sich die AIF am Weltforum zur Informationsgesellschaft, das in zwei Phasen, zunächst im Dezember 2003 in Genf, dann im November 2005 in Tunis, stattfindet und von einer Vielzahl flankierender Tagungen, Regionalkonferenzen und Spezialistentreffen begleitet wird.

6 Zusammenfassung

Im Mittelpunkt dieses Kapitels stand ein an Paradoxien und Widersprüchen reicher Transformationsprozess in der zweiten Hälfte des 20. Jh.s, der in der Phase der Entkolonialisierung einsetzt und sich unter den Verhältnissen der Globalisierung voll entfaltet. Es ging darum, nachzuzeichnen, wie ein kulturelles Phänomen – die französische Sprache und Kultur – nicht nur als Projektionsfläche für Emanzipations- und Aneignungsprozesse, sondern auch als Medium für Solidaritätsbekundungen und als Baustoff für die Konstruktion sozialer und transnationaler Bündnisse dient. Der rote Faden, der das Kapitel durchzieht, besteht in der Politisierung dieses kulturellen Phänomens und führt zum Aufbau von transnational agierenden politischen Organisationen und Institutionen. Die Politisierung geht mit einer zunehmend professionelleren und bürokratischeren Gestaltung der Kooperation und der Verwaltungsabläufe einher, muss doch das Bündnis gegen die Kritiker von innen wie gegen die anderen Mitspieler in der globalen Arena unter Beweis stellen, dass es für die Durchsetzung seiner Interessen tauglich ist (vgl. die Thesen in Abschnitt 4.1). So lassen sich in der zweiten Hälfte des 20. Jh.s mehrere Transformationsprozesse heraus präparieren. Als einer der markanten und zentralen Prozesse erweist sich die Transformation des Ideenmonopols außerhalb Frankreichs unter afrikanischen und Quebecer Eliten in ein Definitions- und Machtmonopol der bürokratischen Elite innerhalb Frankreichs. Es handelt sich hierbei um einen Hegemoniewechsel, der auf der Ablösung einer kulturell orientierten Elite durch eine bürokratische Elite basiert. Dieser Prozess tritt u. a. mit der Verstaatlichung der Francophonie Mitte der 80er Jahre unter Präsident MITTERRAND zu Tage, der die Francophonie zur staatspolitischen Angelegenheit erklärt und dem Verwaltungsapparat neue Ressorts hinzufügen lässt. Gleiches passiert in der Folge auch in den Mitgliedsländern der Francophonie, die innerhalb ihrer Staatsapparate korrespondierende Verwaltungsstrukturen aufbauen. Ein anderer markanter Prozess ist in diesem Zusammenhang der Umbau der Francophonie zur OIF Mitte der 90er Jahre, als es darum ging, das

Transformationsprozesse

4.6

Schiff flottzumachen für die Navigation im rauhen Wasser globaler Strömungsverhältnisse. Als neue Leitbegriffe treten Effizienz und Subsidiarität aus dem Vokabular des Bürokratisierungsdiskurses hervor sowie Menschenrechte und Demokratie aus dem politischen Diskurs.

Auf dem Weg zum Akteur der Globalisierung hat die Francophonie viele ihrer Gründungsideen hinter sich gelassen, so z. B. die der politischen Neutralität. Andere, vor allem die der Informationsgesellschaft, sind hinzugekommen und zirkulieren seit Ende der neunziger Jahre in der Idee einer global verfügbaren virtuellen Frankophonie, die sich über Datenautobahnen ebenso wie über weltweit ausgestrahlte Fernsehprogramme konstruiert. Wieder andere, die zudem ihr Selbstverständnis nachhaltig veränderten, spiegeln die Züge der Systemauseinandersetzung im Kalten Krieg bis 1990 und nach dessen Ende die der Konkurrenz Frankreichs zum hegemonialen Kurs der USA wider. Die Francophonie mobilisiert dabei ihre Kräfte der Selbstbehauptung gegen ein international wahrgenommenes *English only*, das neben seiner faktischen Form von sprachlicher Dominanz auch eine symbolische hat: als bedrohliches Symbol für die Herabstufung der internationalen Geltung Frankreichs und seiner Kultur, Politik und Wirtschaft in eine niedrigere Liga.

4.6

KAPITEL 5

Frankophonie als diskursiver Raum im multikulturellen Milieu

1 Leitfragen, Gegenstand, Probleme und Thesen

1 Leitfragen

Dieses Kapitel wendet sich der Frage zu, welchen Status das Französische im Zusammentreffen unterschiedlicher Kulturen hat. Was bedeutet dieser Status für frankophone Gemeinschaften, die mit den sprachpolitischen und identitären Konflikten in mehrsprachigen Gesellschaften konfrontiert sind?

Komplementär zu dieser vorwiegend soziolinguistischen Betrachtungsweise werden die Diskurse im frankophonen Raum auch in einer anthropologischen Sichtweise analysiert. In diesem Zusammenhang wird folgende Frage gestellt: Was bedeutet es für die Individuen, in einem spezifischen Umfeld französischsprachig zu sein und als Frankophone/r in einer mehrsprachigen Gesellschaft zu leben?

2 Gegenstand

Gegenstand dieses fünften Kapitels sind Diskurse im frankophonen Raum, deren Analyse, gemessen an der Darstellung in den Kapiteln 2 bis 4, sehr viel feingeschnittener und sozusagen auf einer Mikroebene anzusiedeln ist. Hier stehen – um mit P. Bourdieu zu sprechen – "die feinen Unterschiede" im Mittelpunkt: die Identifikationsprozesse von Individuen und Gemeinschaften sowie die sprachlichen Formen, mit denen sie sowohl ihren Platz in der Gesellschaft artikulieren als auch ihren Alltag gestalten. In diesem Zusammenhang ist von Diskursen die Rede, von der Frankophonie als diskursivem Raum und von Multikulturalität. Die Frankophonie als diskursiven Raum zu betrachten, führt direkt zu den Konflikten und Kämpfen von Individuen und Gemeinschaft um Wahrung oder um Wandel ihrer Sprachpraxis und ihrer Identität. Standen im vorhergehenden Kapitel über die politische Francophonie die sprachpolitischen Verhältnisse auf staatlicher und transnationaler Ebene im Mittelpunkt, so geht es nun darum, zu zeigen, wie bestimmte soziale Gruppen und Gemeinschaften in einigen dieser Länder die Französischsprachigkeit als Konfliktfeld, als Aneignungs- und als Transformationsprozess erleben. Die Fallstudien geben darüber Auskunft, wie in frankophonen Gemeinschaften im multikulturellen Milieu die jeweiligen Akteure ihre Position als Minderheit oder Mehrheit, als dominante oder dominierte Gruppe, als gesellschaftlich exponierte Elite oder sozial marginalisierte Sprecher im Diskurs konstruieren. Auf diese Weise lassen sich die Prozesse der Grenzziehung und der Identifikation innerhalb der Frankophonie und zwischen Frankophonen und Angehörigen anderer Kulturen erkennen.

Auch in methodischer Hinsicht unterscheidet sich dieses Kapitel von den übrigen. Die Arbeit am Text und an der sprachlichen Form ist der Schlüssel zum Verstehen. Verstanden werden soll, was es für die Angehörigen einer Gemeinschaft bedeutet, frankophon zu sein und als Frankophone/r in einer multikulturellen Gesellschaft zu leben. Die einzelnen Diskurse werden jeweils mit einer Textsequenz eingeführt. Diese Sequenz wird zunächst kurz in Raum und Zeit situiert, um sie dann als Element des zu bestimmenden Diskurses in das Handeln der Akteure einzuordnen. Die Analyse der Sequenz zielt auf einzelne Wörter und syntaktische Einheiten ebenso wie auf argumentative Strukturen und Formen sprachlicher Mischung. Sie dient als Ausgangspunkt, um die diskursive Realität der Akteure im sozialhistorischen Kontext der Frankophonie zu verorten.

3   Probleme

Francophonie vs. francophonie

Die politische *Francophonie*, wie sie im vorhergehenden Kapitel dargestellt wurde, steht in einem merkwürdigen Verhältnis zur *francophonie*, wie sie Gegenstand des zweiten Kapitels war. Wenn die Francophonie als intergouvernementales und transnationales Beziehungsgeflecht maßgeblich auch die sprachpolitischen Konstellationen in ihren Mitgliedsländern beeinflusst, so ist bislang weitgehend unbeachtet geblieben, welchen Einfluss sie auf die Französischsprachigkeit und die kulturelle Praxis frankophoner Gruppen hat und welche Wechselwirkungen überhaupt zwischen *Francophonie* und *francophonie* bestehen. Dass diese Wechselwirkungen so wenig erforscht sind, kann ohne weiteres als ein Dilemma

5.1.3

verstanden werden. Dieses Dilemma ist hier nicht zu beheben. Allerdings soll ein Weg skizziert werden, wie wir näher an diese Wechselwirkungen und näher an die sozialen Identifikations- und Transformationsprozesse in der Frankophonie herankommen. Dieser Weg wird anhand der nachfolgenden Fallstudien illustriert.

Die Frankophonie wird im vorliegenden Kapitel nicht als eine ethnisch, geopolitisch, territorial oder sozial verfestigte Entität verstanden, sondern – wie in Kapitel 1 bereits angedeutet – als ein diskursiver Raum. Für die Untersuchung bedeutet dies, sich auf die Beschreibung von dynamischen und interaktionalen Prozessen in Gesellschaften einzulassen und über die Analyse und Interpretation von Diskursen zu erkennen, wie sich Gesellschaftlichkeit und somit auch, wie sich Frankophonie konstruiert und Identität artikuliert. Um die Frankophonie in ihrer Diversität, Heterogenität, Dynamik und Widersprüchlichkeit zu erkennen, bieten sich anthropologische Betrachtungen zu Fragen der Identität und soziolinguistische Analysen zu sprachlichen Äußerungen an. Das eigentliche Problem besteht darin, den induktiven Weg der Erkenntnis zu gehen, d. h. die am Detail gewonnenen Erkenntnisse zu verallgemeinern und an die Komplexität des Phänomens Frankophonie zurückzubinden.

> Frankophonie als diskursiver Raum

Unter Diskurs wird hier das sprachliche Handeln oder, genauer, die sprachliche Inszenierung einer bestimmten gesellschaftlichen Praxis verstanden (vgl. dazu u. a. Maas 1984, 232 ff.). Diskurse sind an soziale Akteure oder, allgemeiner, an Subjekte gebunden. So sprechen wir von Diskursen der politischen Parteien, z. B. vom Diskurs der französischen Sozialisten hinsichtlich der Umsetzung der Europäischen Sprachencharta oder hinsichtlich des Regionalstatuts für Korsika. Oder wir sprechen von den Diskursen der Medien, z. B. vom Diskurs von "Le Monde" (Paris) oder von "Le Devoir" (Montréal) im Hinblick auf die Unabhängigkeitsbestrebungen Québecs. Oder aber wir betrachten Diskurse von Gewerkschaften, Bürgerinitiativen, Kulturverbänden usw., in denen jeweils eine bestimmte soziale Praxis inszeniert wird. So wie Diskurse immer aus Texten bestehen, im sozialen Raum angesiedelt sind und sich auf die gesellschaftlichen Verhältnisse – jene der Macht, der Hegemonie, des Besitzes, der Bildung, der kulturellen Werte usw. – beziehen, greifen sie in diese Verhältnisse ein, indem sie sie sprachlich erfahrbar machen und mitgestalten. Mit anderen Worten: Diskurse sind sprachlich verfasste soziale Praxis, in der die Verhältnisse in einer Gesellschaft für eine bestimmte Öffentlichkeit inszeniert werden – als bedeutsam, bedrohlich, skandalös oder amüsant, als identitätsstiftend oder solidarisch, mit ihren Hintergründen oder ohne diese, als Pro- und Kontra-Argumentationen oder in der Polyphonie der unterschiedlichen Lesarten.

> Diskurs

> 5.1.3

Der diskursive Raum, in dem sich z. B. die Frankophonie in Kanada konstruiert, ist als weit weniger homogen anzusehen, als dies lange Zeit, im Sinne eines ideologischen Grundpfeilers, von den Frankophonen selbst postuliert wurde. Er ist eben auch ein konfliktgeladenes Terrain, auf dem die sozialen Akteure in ihren Diskursen ihre Positionen bestimmen, ihre Interessenkonflikte austragen und letztlich auch ihre soziale Verschiedenheit zum Ausdruck bringen. Es ist ein Raum, in welchem um Legitimität gekämpft, um die Verteilung von staatlichen Subventionen gerungen und über die (Re-)Produktion des *"fait francophone en Amérique du Nord"* gestritten wird. Dies bedeutet, dass neben frankophonen Diskursen in Kanada auch anti-frankophone existieren und dass unter den frankophonen solche sind, die sich als *traditionelle* Diskurse, als *modernisierende* Diskurse oder als *globalisierende* Diskurse (vgl. Heller/Labrie [dir.] 2003), als Minderheitendiskurse oder als nationalistische Diskurse artikulieren, je nachdem, wie sie die gesellschaftlichen Verhältnisse inszenieren. Die hier erwähnten Diskurse im frankophonen Kanada können als Beispiele für die diskursive Dynamik gelten, die auch andere soziale Räume der Frankophonie bestimmt.

Multikulturelles Milieu Als Lebens- und Kommunikationsraum ist die Frankophonie von der Koexistenz verschiedener Völkerschaften mit ihren Sprachen, Diskursen, Religionen und Geschichten, mit ihren ethnischen oder rassischen Zuschreibungen, mit ihren Werten und Normen geprägt. Maßgeblich für die soziale Dynamik in der Frankophonie sind auch die Auseinandersetzungen der Akteure um den Platz, den sie in der sozialen Hierarchie und den Herrschaftsverhältnissen einnehmen. Und überall, wo es Kontakt zwischen verschiedenen Kulturen gibt, ist dieser auch ein potentielles oder längst schon reales Feld des Konflikts. Zugleich bedeutet die Frankophonie im multikulturellen Milieu immer auch, dass kulturelle Formen von anderen Ethnien aufgenommen werden und Mischungsprozesse in Gang kommen, die nun wiederum Raum für Auseinandersetzungen über sprachliche Normen, über "richtiges" oder "gutes" Französisch nach sich ziehen. Die Sprachdiskussion ist dabei immer auch ein Kampf auf der symbolischen Ebene, wo es eigentlich um soziales Prestige, um Macht oder Hegemonie, um Aufwertung oder Abwertung von Sprache, Kultur und sozialen Werten geht.

Fallstudien Bezüglich der nachfolgenden vier Fallstudien unter Abschnitt 5.2 bis 5.5 stellt sich die Frage, warum gerade sie aus einer potenziell sehr langen Liste von möglichen Fallstudien ausgewählt wurden. Ein Grund besteht in den Forschungserfahrungen des Autors, dessen Vertrautheit mit den hier ausgewählten Diskursen fundierter ist als beispielsweise mit solchen in Neu-Kaledonien oder in Südostasien. Ein anderer Grund, der zugleich der wesentlichere ist, besteht darin, dass dieses Buch in seiner Gesamtanlage als eine

5.1.3

historische Momentaufnahme zur Frankophonie zu lesen ist (vgl. Abschnitt 1.1). So wird über das Problem der Auswahl von Fallstudien eine Art Raster ausgebreitet, durch das die gegenwärtig bedeutsamen Prozesse der Identifikation und Transformation frankophoner Gemeinschaften herausgefiltert und analysiert werden können. Als solche treten in den Vordergrund:

- Migrationsprozesse und ihre Folgen für die Dominanz- und Hegemonieverhältnisse in multikulturellen Gesellschaften (vgl. Abschnitt 5.2);
- soziale Mobilität und die Rekrutierung von Eliten, die die Sprachpraxis als ein Feld der sozialen Distinktion und der Normsetzung inszenieren (vgl. Abschnitt 5.3);
- Aneignungs- und Erwerbsprozesse des Französischen, die zwischen den Polen von spontaner Aneignung und institutionell (schulisch) gesteuertem Erwerb gänzlich verschiedene Sprachformen und Artikulationsmuster entstehen lassen (vgl. Abschnitt 5.4);
- Demarkationsprozesse in einer sich unter dem Eindruck der Immigration stark wandelnden französischen Gesellschaft (vgl. Abschnitt 5.5).

4 Thesen

In der Argumentation des vorliegenden fünften Kapitels werden folgende Thesen vertreten:

Erstens die Heterogenitätsthese: Wie alle Gemeinschaften sind auch jene der Frankophonie fern davon, ein sozial und sprachlich homogenes Gebilde zu sein. Vielmehr ist sie in ihrer Heterogenität als eine spannungsgeladene diskursive Konstruktion zu begreifen. Die Heterogenität entsteht dadurch, dass Individuen und unterschiedliche soziale Gruppen die französische Sprache und Kultur sowohl als Demarkationslinie als auch als Feld sozialer Identifikation konstruieren. Als Demarkationslinie stellt sie sich insoweit dar, als die Sprachpraxis des Französischen und ihre Bewertung, durch Frankophone selbst wie durch Sprecher anderer Sprachen, Fragen der Zugehörigkeit zu oder des Ausschlusses aus einer Gemeinschaft, Fragen der sozialen Legitimität und der Identität aufwerfen.

Zweitens die Hegemoniethese: Ein diskursiver Raum für soziale Konflikte ist die Frankophonie vor allem deshalb, weil sie Austragungsort wie Gegenstand des Kampfes um kulturelle Hegemonie, um Macht und politischen Einfluss, um globale oder lokale ökonomische Interessen ist. Das Feld sozialer Konflikte reicht hinein in die Vorstellungen von und den Umgang mit kultureller und sozialer Verschiedenheit, die auf Sprachen, Rassen, Ethnien, Geschlechter, Religionen, soziale Klassen usw. projiziert werden und in Ideologien wie Nationalismus, Rassismus, Sexismus, Tribalismus, Elitismus usw. Gestalt annehmen.

Drittens die Normenthese: Auf der sprachlichen Ebene bedeutet die Gestaltung der sprachlichen Verhältnisse der Mündlichkeit, der Schriftlichkeit und der Ein- und Mehrsprachigkeit immer auch eine Auseinandersetzung über die jeweilige Sprachpraxis und deren Normen und Formen. Auch in dieser Hinsicht ist die Frankophonie ein diskursiver Raum, in dem über sprachliche Normen und Formen, über Normeinhaltung und -abweichung, über die soziale Symbolik von Normen und auch darüber gestritten wird, wer als die legitimen bzw. modellbildenden Sprecher anzusehen sind und welches Prestige der jeweiligen sprachlichen Varietät zugeschrieben wird.

2 Diskurse frankophoner Minderheiten im anglodominanten Milieu: Kongolesen und Maghrebiner in Toronto

1 Diskurse frankophoner Migranten in Ontario

Transkription Die beiden folgenden Textsequenzen sind Auszüge aus verschrifteten Interviews. Es handelt sich somit um die Transkription von gesprochener Sprache. Für ungeübte Leser solcher Transkriptionen mag die Lektüre auf den ersten Blick ungewöhnlich und vielleicht sogar schwierig sein. Der hauptsächliche Grund für das anfängliche Leseproblem ist der, dass die gesprochene Sprache und die Interaktion zwischen Interviewer und Interviewten nicht den Satzbildungsregeln der Schriftsprache folgen. Die Transkription gibt dies in einer relativ authentischen Form wieder. Unvollständige Äußerungen, Abbrüche, Inkohärenzen usw., die zur Normalität gesprochener Sprache gehören, kennzeichnen auch die beiden folgenden Sequenzen.

In den beiden Textpassagen kommen Migranten aus dem Maghreb und dem Kongo zu Wort, die seit einigen Jahren in der kanadischen Metropole Toronto leben. Die Texte erlauben, in die Problematik des Lebens im frankophonen Minderheitenmilieu in der kanadischen Provinz Ontario einzudringen.[1]

---

1 Die beiden folgenden Textsequenzen wurden im Rahmen des Projekts "Prise de parole: la construction discursive de l'espace francophone en milieu minoritaire" aufgenommen, vgl. Erfurt 2000a, hier insbes. S. 107 ff. und Heller/Labrie (dir.) 2003.

5.2.1

Text 1 **Text 1** ist eine Sequenz aus einer Diskussion, die im Rahmen eines Treffens von frankophonen Vereinigungen und Verbänden in der kanadischen Provinz Ontario im Februar 1998 in Sudbury stattfand. Ziel dieses Treffens war die Abstimmung zwischen den frankophonen Organisationen und Vereinigungen über grundsätzliche Fragen der Mitbestimmung der Frankophonen, der Mittelverwaltung und der Vertretung gegenüber den staatlichen Behörden. Der hier zitierte Sprecher ist marokkanischer Herkunft. Er lebt in Toronto und ist ein Vertreter der *Minorités ethnoculturelles et raciales.*

> Mehmet[2]*: e: je dirais que nous sommes des Canadiens francophones vivant en français en Ontario. e: nos communautés et les membres de nos communautés ils ont beaucoup de potentialité au niveau de l'éducation au niveau du bagage intellectuel ou culturel. et vous pourrez toujours être disponible à la communauté franco-ontarienne de l'Ontario et participer effectivement e: a: son développement communautaire culturel économique mais il faut comme je l'ai dit il faut qu'il ait des conditions préalables pour cela. donc les francophonies ethno-culturelles c'est une opportunité pour les francophones de l'Ontario il faut que tout le monde puisse saisir cette opportunité. il faut le développer il faut le bâtir […] mais toutefois pour être intégré il faut qu'il y ait des conditions requises à remplir […] la première condition e: qui est nécessaire. pour cette intégration dans la société franco-ontarienne d'abord c'est de nous permettre c'est nous permettre de prendre des décisions en ce qui concerne les sujets qui nous concernent directement de près ou de loin. la deuxième condition nécessaire c'est de nous permettre enfin e: de définir un montant de l'enveloppe des sommes allouées aux communautés francophones de l'Ontario parce que je ne crois pas que ça sera vraiment réalisable cette intégration sans que ces conditions soient remplies*

Einordnung In dieser kurzen Sequenz steckt ein ganzes Bündel von Elementen, die für den Diskurs der ethnokulturellen und rassischen Minderheiten in Ontario kennzeichnend sind. Zunächst wird ein gemeinschaftsstiftendes Bekenntnis formuliert: *nous sommes des Canadiens francophones vivant en français en Ontario.* Die früher verbreitete identitätsstiftende Formel der *Canadiens français*, die auf der Einheit von "langue, religion et race" basierte, ersetzt er durch die Kollokation

---

2 Die beiden Sequenzen sind weitgehend nach orthographischen Prinzipien verschriftet, jedoch unter Verzicht auf Satzzeichen wie Punkt, Komma, Fragezeichen, Ausrufezeichen etc. Die verwendeten Zeichen bedeuten: <?> – steigende Intonation, […] – Auslassung, . – kurze Pause von ca. 1 Sekunde, .. – etwas längere Pause von ca. 2 Sekunden, (XX) – unverständliche Passage, : – Dehnung des Vokals (vor allem in Interjektionen).

5.2.1

("Wortfügung") *'Canadiens francophones'*. In den Mittelpunkt rückt somit die Sprache als das verbindende Element, während Religion und Rasse im Zusammenhang mit den Migrationsströmen aus Afrika, Asien und der Karibik für ihn als Elemente sozialer Kohäsion obsolet geworden sind. Zugleich stiftet diese Kollokation Solidarität unter jenen Frankophonen, die im Minderheitenmilieu in einer anglophon dominierten Gesellschaft leben und sich zugleich in einem Spannungsverhältnis mit den *Québécois* befinden, die ihrerseits wieder als dominant gegenüber den Frankophonen im Minderheitenmilieu wahrgenommen werden. Nicht selten schwingt hierbei auch eine Opposition zum Nationalismus und Nationalstaatsprojekt in Québec mit.

Im Weiteren spricht Mehmet geradezu beschwörend vom *bagage intellectuel et culturel* der Frankophonen und ruft dazu auf, die Gemeinschaft kulturell und wirtschaftlich zu stärken. Er knüpft damit an ein zentrales Problem der frankophonen Gemeinschaften an, die im 19. Jh. und bis in die 1970er und 1980er Jahre hinein gerade auf den Gebieten von Wirtschaft und Bildung deutliche Defizite gegenüber den Anglophonen aufwiesen und vielfach sozial marginalisiert waren. Sein werbendes Plädoyer, die *francophonies ethnoculturelles* als *opportunités pour les francophones de l'Ontario* zu betrachten, ist gleichsam als ein Hinweis darauf zu verstehen, dass Grenzen quer durch die am Forum teilnehmenden Repräsentanten frankophoner Assoziationen verlaufen und unter den Teilnehmern keineswegs von Homogenität in den Interessenlagen und sozialen Befindlichkeiten auszugehen ist. Die *Néo-Canadiens*, die sich in den *communautés ethnoculturelles* zusammenschließen, werden seitens der hier nicht explizit erwähnten *Francophones de souche*, d. h. der seit vielen Generationen in Kanada lebenden Frankophonen, durchaus als Rivalen angesehen, wenn es darum geht, die staatlichen Subventionen für die frankophone Minderheit auf eine wachsende Zahl von Assoziationen zu verteilen. Der sensible Punkt ist dabei nicht nur die Verteilung der geringer werdenden Mittel, die seitens der Bundesregierung bereitgestellt werden. Auch der mit dem Hinzutreten von neuen Akteuren verbundene Wandel ist problematisch, weil er als Angriff auf die Positionen von historischer Legitimität und kultureller Hegemonie seitens der traditionellen Gruppierungen interpretiert wird. Ihren Anspruch beziehen diese *Francophones de souche* aus dem "*bagage historique*" der Kämpfe, die sie über Jahrzehnte mit den sozial dominanten Gruppen der Anglophonen um Gleichberechtigung und kulturelle Anerkennung ausgetragen haben.

Text 2 **Text 2** ist eine Sequenz aus einem 1998 geführten Interview mit einem Repräsentanten der in Toronto ansässigen *Communauté*

5.2.1

ethnoculturelle congolaise. Wie Mehmet lebt auch der Kongolese Fernand – damals noch *"Zaïrois"* – seit wenigen Jahren in dieser multikulturellen Metropole, nachdem er zuvor einige Jahre in Frankreich studiert hat.

> Interviewer (I): *Ouais. et puis comment fonctionnez-vous <?> en français aussi ou e: ça*
>
> Fernand (F): *ça c'est très intéressant ça dépend. moi personnellement l'approche que j'avais e: étant donné que je dirigeais e: la majorité de toutes les réunions e: je parlais en lingala. fran-lingala comme on le dit donc français lingala. pour n'est-ce pas atteindre tout le monde e: je pourrais peut-être e: pendant deux minutes parler en français et et les trois prochaines minutes en lingala juste pour essayer un peu de passer le message à tout le monde [...]*
>
> I: *est-ce qu'on pourrait dire que le français e: est une sorte de facteur de cohésion <?>*
>
> F: *je e: je dirais non*
>
> I: *non*
>
> F: *non pour le cas zaïrois c'est pas un facteur de cohésion e: l'expérience vécue me laisserait croire que c'est peut-être un facteur de division ceux qui ne manipulent pas la langue française ont cette haine vis-à-vis de ceux qui manipulent la langue et même si ils l'expriment pas e: facilement ils se retiennent ils ne participent pas. parce que ils sont mal à l'aise de participer à quelque chose qui se déroule en français et ça c'est même même au Zaïre c'est le cas c'est le cas [...]*
>
> I: *est-ce que l'anglais joue un autre rôle <?> à ce niveau là peut-être comme autre langue e: de la réalité*
>
> F: *Justement c'est là où ça devient intéressant. parce que ceux qui ne manipulent pas le français ont l'opportunité de vivre dans un milieu pleinement anglophone et là justement ils parlent anglais [...]*

In dem hier wiedergegebenen Ausschnitt aus einem Interview stehen die Sprachenproblematik und die Phänomene der multiplen Identitäten und der sprachlichen Hybridität im Mittelpunkt. Die Analyse des Interviews führt uns auch in diesem Fall zu Antworten auf die eingangs formulierte Leitfrage, was es bedeutet, als Frankophone/r in einer mehrsprachigen, hier in einer anglodominanten Gesellschaft zu leben. Wenn Mehmet im Kreise der frankophonen Assoziationen für die Anerkennung der *communautés ethnoculturelles* wirbt, beschreibt Fernand in der zweiten Sequenz, mit welchen Prozessen der Binnendifferenzierung er bei der Leitung der ethnokulturellen Gemeinschaft der Kongolesen konfrontiert ist und wie sich seine Landsleute im anglodominanten Milieu Torontos sprach-

Einordnung

5.2.1

lich verhalten. Vier Problemkreise verdienen hierbei Erwähnung. Erstens macht die Sequenz deutlich, wie innerhalb der kongolesischen Gemeinschaft mit den Ressourcen der Mehrsprachigkeit umgegangen wird und sprachliche Mischungsprozesse aus Französisch und Lingala – *fran-lingala* – und Englisch und Lingala – *lingaanglais* bzw. *lingala anglicisé* – praktiziert werden, um soziale Kohäsion und das Funktionieren der Gemeinschaft zu erreichen. Zwar liege es für viele Kongolesen in Toronto näher, Englisch zu sprechen bzw. zu lernen, doch – unausgesprochen – verweist er in dieser Sequenz hinsichtlich des Französischen auf einen zweiten Problemkreis sprachlicher Identifikation. Das Französische, wiewohl keineswegs von allen Kongolesen verstanden, gilt als die offizielle Sprache der Gemeinschaft. Diese definiert sich als frankophon, um die für ihre Arbeit erforderlichen staatlichen Subventionen nutzen zu können. Anspruch auf Förderung haben sie (nur) als frankophone Organisation im Minderheitenmilieu, weil sie auf diese Weise in den Geltungsbereich des Gesetzes über die offiziellen Sprachen Kanadas von 1969/1988 fallen. Drittens unterstreicht die Sequenz einmal mehr die Problematik der sozialen Differenzierung unter den Kongolesen. Französisch gilt als Sprache einer sozialen Elite, die vor allem von denen abgelehnt wird, die nicht in den Genuss von Bildung kamen. Französisch ist somit nicht ein Medium der sozialen Kohäsion, sondern der Distinktion und sogar der Feindschaft, wenn von *"cette haine vis-à-vis de ceux qui manipulent la langue"* die Rede ist. Und schließlich viertens verweist diese Diskurssequenz auf ein generelles Problem sprachlicher Minderheiten, nämlich auf den Assimilationsdruck, der von der dominanten Kultur, hier der englischsprachigen, ausgeht. Englisch sprechen und schreiben zu können ist auch in einer multikulturellen Gesellschaft geradezu unumgänglich, um eine Chance auf dem Arbeitsmarkt, bei Behörden usw. zu haben.

2 Frankophone Gemeinschaften im Minderheitenmilieu und *la nouvelle francophonie*

Neoliberalismus

Die Statistiken weisen für Ontario etwa eine halbe Million Frankophone aus. Die *Franco-Ontariens* stellen somit die größte frankophone Gemeinschaft in den dominant anglophonen Provinzen Kanadas dar. Die kanadische Frankophonie, in Québec ebenso wie im frankophonen Minderheitenmilieu in der Acadie, in Ontario und den übrigen Provinzen, sieht sich in den 1990er Jahren mit tiefgreifenden Wandelprozessen konfrontiert (vgl. Cardinal 1994; Heller 1994, 1999; Meintel et al. 1997; Roy 2002; Thériault 1995; Thériault [dir.] 1999, 2002). Die neoliberale Politik und die Aus-

5.2.2

wirkungen der Globalisierung haben die Wirtschaft wie den Staat, das soziale Leben der Gemeinschaften wie die Mobilität des Einzelnen verändert. Die frankophonen Gemeinschaften in Ontario und in den anderen Provinzen sind von diesen Veränderungen auf mehrfache Weise betroffen. So bekommen sie die Politik der Bundesregierung als ihres hauptsächlichen Gesprächs- und Verhandlungspartners darin zu spüren, dass systematisch Personalstellen im öffentlichen Dienst und in der Verwaltung von Programmen für die sprachlichen Minderheiten gestrichen sowie die Subventionen reduziert werden. Noch drastischer wirkt sich der gesellschaftliche Wandel in der Sozialstruktur aus. Die traditionellen Erwerbszweige der Frankophonen in Ontario wie Bergbau, Textil- und Schwerindustrie und Landwirtschaft wurden nach den Krisen der 1980er Jahre stark reduziert oder völlig umstrukturiert. Die Folgen waren hohe Arbeitslosigkeit, Migration und wachsende soziale Differenzierung. Dies hat zu einer Krisensituation in den frankophonen Institutionen und Assoziationen geführt. Ohne die bisherige Politik der offiziellen Zweisprachigkeit Kanadas öffentlich in Frage zu stellen, reduziert die Umverteilung und die Kürzung des Budgets seitens der Regierung die Chancen für eine aktive Fortführung der Minderheitenpolitik beträchtlich. Dies wäre aber umso dringlicher, als sich im Laufe der neunziger Jahre das Panorama der Frankophonie in Ontario stark verändert und mit dem Zuzug vieler *Néo-Canadiens* auch eine *Nouvelle francophonie* etabliert hat (vgl. Heller/Labrie [dir.] 2003).

Die Zahl der Frankophonen, die den *minorités ethnoculturelles et raciales* angehören, ist in den neunziger Jahren weiter angestiegen. Sie konzentrieren sich in den beiden urbanen Zentren der Provinz, in Toronto und im Raum Ottawa-Carleton. Viele von ihnen haben sich zunächst in Montréal aufgehalten und sind, meist aus wirtschaftlichen Gründen, später nach Ontario umgezogen. In Toronto ist jeder fünfte Frankophone (22,5%) ein Angehöriger einer *minorité raciale*, in Ottawa etwa jeder zehnte (8,9%)[3]. Als Immigranten aus Algerien, Kongo, Djibouti, Somalia, Haiti usw. haben sie länderbezogene Vereinigungen gegründet, die zunächst dazu bestimmt waren, Neuankömmlingen aus ihren Ländern die Integration in die kanadische Gesellschaft zu erleichtern. Innerhalb der Frankophonie versucht sich somit eine 'neue' Frankophonie zu emanzipieren, die sich in ihrer Geschichte, in ihren kulturellen und sprachlichen Ressourcen, ihrer Identität als *Néo-Canadiens* deutlich von der traditionellen Frankophonie unterscheidet.

La nouvelle francophonie

---

3   Vgl. Office des affaires francophones 1999, p. 7–8.

3 Diversifizierung frankophoner Identitäten

In ähnlicher Weise wie die *minorités ethnoculturelles et raciales* haben sich im Laufe der 1990er Jahre auch andere Frankophone, die sich marginalisiert fühlen, in Vereinen und Verbänden zusammengeschlossen: zu feministischen Gruppen, zu Vereinen der *gais et lesbiennes*, zu Künstlervereinigungen usw. Damit wächst nicht nur schlechthin das Spektrum der frankophonen Interessenverbände an, sondern mit ihrer öffentlichen Wortmeldung und Positionsbestimmung stellen sie gleichzeitig die Legitimität der früher existierenden Assoziationen als Sprecher für die gesamte Frankophonie in Ontario in Frage. Sie fordern ihren Platz in der Frankophonie, gleichzeitig aber auch die Anerkennung ihrer Verschiedenheit. Sie fordern, Position zu beziehen zu Defiziten und Problemen im Milieu der ethnokulturellen und rassischen Minderheiten, und beanspruchen gleichzeitig Autonomie in Fragen, die ihre eigene Kultur betreffen. Hierbei steht die Ideologie der traditionellen Frankophonie, die der *Francophones de souche*, auf dem Prüfstand, zugleich auch ihre Legitimität und Kompetenz als Sprecher der Frankophonen gegenüber den staatlichen Institutionen.

3 Normative Diskurse und soziale Eliten in Québec

1 Diskurse der traditionellen und neuen Eliten

Die beiden folgenden Textpassagen führen in eine sprachpolitische Kontroverse ein, in der zwei diskursive Grundmuster hinsichtlich der sprachlichen Norm(en) und der sprachlichen Variation in Québec und in der Frankophonie aufeinander stoßen. Text 1 ist ein Auszug aus dem Buch des Quebecer Schriftstellers, Chansonniers, Dramaturgen und Regisseurs Georges Dor *Anna braillé ène shot (Elle a beaucoup pleuré). Essai sur le langage parlé des Québecois* (Montréal 1996). Text 2 ist ein Auszug aus dem Buch von Marty Laforest *États d'âme, état de langue. Essai sur le français parlé au Québec* (Montréal 1997), das eine Erwiderung auf das Buch von G. Dor darstellt.

Text 1   Su quel bord que t'é? Chu su c'bord-là.

       Une infinie tristesse m'incite à écrire ce livre. Une grande lassitude aussi, celle d'entendre sans cesse bredouiller et mâchonner une

5.3.1

langue informe, invertébrée, dérivé incompréhensible de la langue française. Je ne suis pas sûr que des gens du peuple ne regrettent pas eux-mêmes, de temps à autre, cette pauvreté-là. Je suis certain, en tous cas, qu'ils en souffrent, consciemment ou non, et je voudrais faire une ou deux suggestions susceptibles d'aider à l'amélioration de notre langue parlée. Je ne serais d'ailleurs pas étonné qu'à la question «T'sé veux dire?» si quelqu'un répondait «Non», il s'entendrait rétorquer: «Moé non plus!» (Dor 1996, 15).

Les Québécois parlent-ils joual?   Text 2

Qui peut dire exactement ce qu'est le joual, de tout temps terme vague, tantôt valise où l'on fourre tout ce qui de près ou de loin ressemble à un écart par rapport à la norme, tantôt étiquette associée à un quartier de Montréal? Du point de vue linguistique, aucune définition précise n'a jamais réussi à s'imposer. Ce qui est joual pour les uns n'en est pas nécessairement pour les autres. À peu près tout ce qui est perçu comme caractéristique du registre populaire du français québécois a été considéré comme tel. Cela est surtout vrai des anglicismes, mais également des traits de prononciation et des tournures syntaxiques considérées comme fautives, en plus de tout ce qui relève du vulgaire, du juron, etc. On s'entend assez généralement pour voir dans le joual un sociolecte, c'est-à-dire une variété de français, plutôt urbaine, parlée par la classe ouvrière (d'où son caractère potentiellement subversif dans une perspective de lutte de classe, ce qui explique en partie que le joual ait été un cheval de bataille dans les années soixante-dix). Cependant, certains ont aussi parlé de joual rural – généralement les Montréalais de la classe ouvrière eux-mêmes, tant il est vrai que le locuteur du joual est forcément «l'autre»! Enfin pour d'aucuns, comme Dor, il semble que seul le français des plus hautes élites québécoises n'en soit pas (Laforest 1997, 46–47).

Die französischsprachigen Quebecer würden ein scheußliches   Einordnung
Französisch sprechen, ein fehlerhaftes noch dazu. Ein unverständ-
licher, ärmlicher, ja vulgärer Jargon sei es, den sie stammelnd und
nuschelnd hervorbrächten und der zugleich unverständlich sei für
die anderen Frankophonen dieser Erde. So stellt sich im Wesentlichen der Befund dar, den GEORGES DOR (1931–2001) in seinen
sprachkritischen Betrachtungen Ende der 1990er Jahre in dem
genannten Buch wie in drei weiteren, darunter *Ta mé tu là? (Ta
mère est-elle là?). Un autre essai sur le langage parlé des Québécois* (Montréal 1997) und *Chu ben comme chu (Je suis bien comme je suis).
Constats d'infraction à l'aimable* (Montréal 2001) seinen Landsleuten
vor Augen führt und mit zahlreichen Belegen illustriert. DOR ist
keineswegs der Erste und der Einzige, der mit beißendem Spott

5.3.1

das Sprechen im öffentlichen Raum Québecs geißelt. Auch schon Anfang der 1960er Jahre gab es einen gut florierenden Markt für die sprachkritische Streitschrift *Les insolences du Frère Untel* von JEAN-PAUL DESBIENS (Montréal 1960/1988).

In MARTY LAFORESTS Reaktion auf den "Verleumdungsdiskurs" – *le discours du dénigrement* – von GEORGES DOR verbindet sich eine wissenschaftlich aufgeklärte Argumentation mit einer gewissen Verzweiflung darüber, dass alles Anschreiben gegen das Negativbild, das viele *Québécois* bezüglich ihrer Sprache haben, wenig Gehör finde. Im Gegenteil – sie schauten unverdrossen in den Spiegel, den GEORGES DOR ihnen vorhält: "*à force de se le faire répéter par tous les Georges Dor du pays, que nulle part ailleurs dans le monde on ne parle aussi mal*" (Laforest 1997, 12).

Joual

Das Negativbild von der eigenen Sprache, der gesprochenen Sprache wohlgemerkt, nicht oder weit weniger von der in Québec praktizierten Schriftsprache, konzentriert sich in der Bezeichnung *le joual* oder *parler joual*. Sie geht auf den Journalisten des "Devoir" (Montréal) ANDRÉ LAURENDEAU zurück, der 1959 die Sprechweise der frankokanadischen Schüler mit den Lauten von Pferden verglich und als *parler joual* bezeichnete: "*c'est précisément dire joual au lieu de cheval. C'est parler comme on peut supposer que les chevaux parlaient s'ils n'avaient pas déjà opté pour le silence et le sourire de Fernandel*" (Desbiens 1988, 31). Nach GEORGES DOR "joualierten" die *Québécois* auch heute noch. Davon ausgenommen seien lediglich die Spitzen unter den Intellektuellen. Der Artikulation seiner Landsleute fehle im Großen und Ganzen die Eleganz, die Geschliffenheit und der Wortreichtum, die "richtige" Sprecher des "guten" Französisch auszeichneten.

Die Abwertung der Sprechweise der *Canadiens français* hat eine lange Geschichte. Sie ist ein Topos im Diskurs der traditionell auf Frankreich und auf die Pariser Norm orientierten Elite. Sie mündete in eine Kontroverse, als sich in den sechziger Jahren im Zuge der Emanzipationsbewegung der "Stillen Revolution" (siehe folgenden Abschnitt) und des Quebecer Nationalismus der Gegendiskurs einer neuen sozialen Elite formiert. Dieser neue Diskurs setzt auf eine autozentrierte Bestimmung der Quebecer Identität. Nicht mehr die Vergötterung des "schönen" Französischs *à la française*, sondern das Bekenntnis zu dem in Québec praktizierten Französisch tritt in den Vordergrund, und ebenso die soziale Modernisierung der Quebecer Gesellschaft. Die neue Elite wird von Künstlern und Schriftstellern angeführt. Autoren wie MICHEL TREMBLAY, JEAN BARBEAU oder JEAN-CLAUDE GERMAIN bringen die sozial stigmatisierte Sprechweise des *Joual* der Arbeiterklasse Montréals auf die Bühne. Sie verstehen es als "*cheval de bataille*" bei der Neubestimmung der nationalen Identität und der Inszenierung

5.3.1

der kulturellen Verschiedenheit der *Canadiens français* sowohl gegenüber dem anglophonen Kanada als auch gegenüber den sprachlichen Normvorstellungen der an Frankreich orientierten Eliten.

Die *Joual*-Diskussion in Québec ist eine Diskussion vor allem der siebziger Jahre. Sie gehört in eine Phase des gesellschaftlichen Umbruchs, in der die Säkularisierung der Gesellschaft vorangetrieben, das Bildungswesen rasch ausgebaut und zahlreiche Universitäten gegründet werden. Zugleich nimmt die Nationalstaatsidee in Québec konkrete Gestalt an. Heutige Repliken auf das *Joual*, wie von GEORGES DOR, erklären sich nicht zuletzt daraus, dass sich bestimmte idealisierte Erwartungen der alten wie partiell auch der neuen Eliten hinsichtlich der Sprachpraxis der *Québécois* nicht erfüllten.

2 Normative Diskurse und Sprachpolitik in Québec

Lange Zeit wurde das Französische in Kanada in Begriffen der Abweichung, des Verfalls, der Ungeschliffenheit behandelt und mit dem Französischen der "guten Gesellschaft" in Frankreich kontrastiert. Der französische *Bon usage* stellt auch heute noch eine Richtgröße dar, auf die die gänzlich anderen sprachlichen Verhältnisse in Québec projiziert werden. Als Prestigevarietät steht er am ehesten der traditionellen Bildungselite zur Verfügung. Über Jahrzehnte hinweg haben sowohl anglophone Kreise als auch die frankokanadischen Eliten gegenüber der französischsprachigen Bevölkerung Kanadas die Minderwertigkeit der vernakulären Varietäten des Französischen betont und die Frankokanadier wegen ihres "schlechten Französischs" getadelt.

Ein Schlüsselereignis, das diese Situation ändern sollte, ist die Stille Revolution in Québec, *la Révolution tranquille*, Anfang der 1960er Jahre. Die Stille Revolution ist als eine Emanzipationsbewegung der *Québécois* gegenüber der anglodominanten kanadischen Gesellschaft zu verstehen. Sie richtet sich zugleich gegen die Hegemonie und die Fesseln der katholischen Kirche im sozialen Leben und leitet einen nachhaltigen Prozess der Säkularisierung der Gesellschaft ein. Von ihr gehen entscheidende Anstöße aus, das Nationalbewusstsein der *Canadiens français* zu modernisieren, die rechtliche Gleichstellung mit den Anglophonen zu erreichen und das Gefühl der Minderwertigkeit abzubauen. Dieses Gefühl, im eigenen Land Bürger zweiter Klasse zu sein und folglich auch nur eine zweitklassige Sprache zu sprechen, verliert sich jedoch nur langsam.

La Révolution tranquille

Die offizielle Zweisprachigkeit Kanadas, die 1968 beschlossen wird, bedeutet nicht, dass die Kanadier zweisprachig sind, sondern sie sanktioniert gewissermaßen die zweimalige Einsprachigkeit der Angehörigen der beiden "Gründernationen", wie es in der Verfas-

Loi 101

sung heißt, und verpflichtet den Staat auf der Ebene der Föderation, in der jeweiligen Sprache der Bürger zu agieren. Als einzige Provinz mit einer Mehrheit an frankophonen Einwohnern (ca. 82%) beschließt Québec 1977 die "Charte de la langue française" (Gesetz 101), mit der die offizielle Einsprachigkeit in Französisch verfügt wird. Das Gesetz 101 löst das Gesetz 22 von 1974 ab, mit dem bereits Französisch zur offiziellen Sprache der Provinz erklärt wurde. Die "Charte de la langue française" (1977) legt Maßnahmen fest, um das Französische dauerhaft in den gesellschaftlichen Institutionen der Provinz zu verankern. Hauptanliegen war es, das gesamte Arbeitsumfeld, d. h. die interne Kommunikation in allen größeren Betrieben, zu franzisieren und somit die bereits weit fortgeschrittene Anglisierung Québecs umzukehren.

Office de la langue française

Für die Durchsetzung des Programms der *francisation* ist der *Office de la langue française* zuständig.[4] Große Bedeutung hat dabei die terminologische Arbeit, insbesondere die Ausarbeitung von französischer Fachterminologie für die betriebliche Kommunikation. Eine andere Form der Diskussion über sprachliche Normen, wie sie vor allem im Bildungswesen und in der Lexikographie geführt wurde, bestand in einem ausgeprägten lexikalischen Purismus, in der Jagd auf sog. Regionalismen und Anglizismen als die vordergründig zu identifizierenden Unterschiede zwischen den europäischen und nordamerikanischen Varietäten des Französischen. Wiederum in eine soziolinguistische Terminologie übersetzt, handelt es sich hierbei um Sprachkorpusplanung, die mit dem Ziel der sprachlichen Selektion und der Normalisierung der Praxis des Französischen im öffentlichen Raum verbunden ist.

Standard d'ici

Im Zuge der Infragestellung des französischen Normmodells als des einzig möglichen kristallisieren sich Versuche heraus, eine Quebecer, eine akadische oder eine kanadische Norm zu schaffen. Das Postulat eines Quebecer Standards oder, wie es heißt, eines *standard d'ici*, das seit Anfang der neunziger Jahre mit Nachdruck verfolgt wird, fördert eine umfangreiche normative Tätigkeit. So unterhält beispielsweise *Radio Canada* in Montréal eine große Abteilung für Fragen der Sprachpolitik und Normierung. Die Sprechweise der hier ausgebildeten Rundfunksprecher gilt als orthoepisches Modell für die gesprochene Realisierung des Quebecer Standards. Soziale Trägerschicht des *standard d'ici* ist in erster Linie die neue Bildungselite, die für ihre kulturelle Entwicklung von den in den 1970er Jahren

---

4 Der *Office de la langue française* ging aus der 1961 gegründeten *Régie de la langue française* hervor. Nach der Ablösung des *Parti Québécois* als Regierungspartei durch den *Parti Libéral* im Jahre 2002 wurden die zentralen sprachpolitischen Institutionen in Québec wie der *Conseil de la langue française* und der *Office de la langue française* umstrukturiert.

zahlreich gegründeten französischsprachigen Universitäten und Hochschulen profitieren konnte. Seit Anfang der 1990er Jahre sind mehrere Wörterbücher erschienen, die auf die Valorisierung der eigenen Sprechweise setzen und den *usage québécois* kodifizieren. Er findet seinen Niederschlag in den Wörterbüchern von J.-C. BOULANGER (1992), C. POIRIER (dir. 1998), L. MENEY (1999) oder im Thesaurus der Université de Sherbrooke (vgl. Martel/Cajolet-Laganière 1996). Doch zeigt die heftige Kontroverse, die in den neunziger Jahren um diese Wörterbücher und insbesondere um jenes von J.-C. BOULANGER (1992) in den Medien und den Lehrerverbänden geführt wurde, dass die Kodifizierung des *usage québécois* auf den Widerstand eines Teils der Bildungselite stößt.

3 Gesellschaftliche Modernisierung, vernakuläres Französisch und Standardfranzösisch

Das vernakuläre Französisch, wie es in Québec und in der kanadischen Frankophonie gesprochen wird, ist ein wesentliches Kennzeichen frankophoner Identität. Auch die Elite bedient sich dieser Form, nicht zuletzt, um ihre Machtbasis zu stärken. Gleichzeitig ist sie bemüht, sich vom vernakulären Französisch zu distanzieren, um ihren hegemonialen Platz in der sozialen Stratifikation zu behaupten. Für diese Elite spielt die Standardvarietät die Rolle eines distinktiven Merkmals der sozialen Klassenzugehörigkeit. Sie beruft sich auf das Französische Frankreichs als legitime Quelle für die Definition einer Norm, wiewohl bereits im 19. Jh. Versuche unternommen werden, eine kanadische Identität auf der Grundlage der Anerkennung lokaler sprachlicher Formen zu begründen. Die Vernakulärvarietät kann jedoch nicht als reelle Grundlage für die Umsetzung von Modernität verstanden werden. Ganz im Gegensatz dazu vollzieht sich Modernisierung zwangsläufig über einen Prozess der Standardisierung.

4 Nouchi-Diskurs und sprachliche Hybridisierung in Côte d'Ivoire

1 Das *Nouchi* in Abidjan

Die folgende Sequenz aus einem Gespräch zwischen zwei Jugendlichen der Gymnasialstufe in einer Schule von Abidjan wurde

5.4.1

im Mai 2002 aufgezeichnet und transkribiert (siehe Kube 2003, 139). Die Jugendlichen selbst bezeichnen ihre Sprechweise als *Nouchi*.

Text

1	A:	*Ah, mon cher*
2	B:	*Lui-là, il n'a qu'à faire molo molo*
3	A:	*Il est trop choyé même.*
4	B:	*Ses cours façon-façon vraiment ça nous soutra*
5		*pas, le mogo vient kro en classe, et pis il dit il*
6		*vient faire cours.*
7	A:	*Faut pas i va nous distraire même, c'est blo*
8		*même cette histoire-là et puis s'il veut même,*
9		*aujourd'hui là même, moi je vais secher, je vais*
10		*gbahé le cours même.*
11	B:	*Tu gbahé?*
12	A:	*Ouais, on va gbahé.*
13	B:	*Actuellement même, j'ai la kraya même j'ai*
14		*envie de badou.*
15	A:	*Eeeeeh, ça ment sur moi actuellement, bo, je*
16		*suis tchass.*
17	B:	*Si tu veux, après, on sort, on va au Zégène.*
18	A:	*Y a pas drap! Puis je flo à la casse sinon son*
19		*cours-là aujourd'hui-là, ça ment eh, ça ment*
20		*même et pis encore qui est choyé encore tout à*
21		*l'heure on a cours de philo encore*

Einordnung

Wenn in Kapitel 3 gezeigt wurde, wie das Französische als Sprache der Kolonialmächte Frankreich und Belgien den Untertanen in Afrika und in anderen Regionen oktroyiert und es für einen kleinen Teil dieser Menschen auch zur Sprache der Bildung oder der beruflichen Tätigkeit wurde, so wird in diesem Abschnitt eine andere und bislang nur wenig untersuchte Situation dargestellt: das Französische als Erstsprache von Afrikanern. Neuere Untersuchungen belegen die auch schon von P. DUMONT 1990 skizzierte Tendenz, dass Französisch als Erstsprache erworben wird. So geben einer neueren Untersuchung zufolge Schüler in Abidjan an, Französisch in Form des *Français populaire d'Abidjan* (FPA) bzw. des *Français populaire ivoirien* (FPI) als Erstsprache zu sprechen.[5] Gleichzeitig wird das Phänomen der Hybridität deutlich. Anhand des Belegtextes zeigt sich, wie unter den Verhältnissen der Vielsprachigkeit in einer afrikanischen Großstadt ein Mischungsprozess von sprachlichen Formen in Gang gekommen ist und hybride sprachliche Formen dadurch entstehen, dass auf andere

---

5   Persönliche Information von SABINE KUBE (Paris) im Ergebnis ihrer Feldforschungen in Abidjan im Jahre 2002. Zu den sprachlichen Verhältnissen in Abidjan vgl. auch Ploog 2000, 2001.

Sprachen als Ressourcen für sprachliche Kreativität und Identität zugegriffen wird.

Zum besseren Verständnis werden zunächst einige lexikalische Einheiten erläutert (die Analyse des Belegs folgt der Darstellung von Kube 2003, 139 ff.).

Z. 2 –	*faire molo molo*: 'langsam machen'; abgeleitet von frz. *mollement* (Adverb), das im *Français populaire* Synonym für *doucement* 'langsam' ist. Die Wiederholung von Wörtern (Reduplikation) ist ein produktives Verfahren in afrikanischen Sprachen, im Nouchi und im FPI zum Ausdruck von Intensität oder Steigerung.
Z. 3, 20 –	*choyé*: 'streng', Bedeutungswandel gegenüber frz. *choyer* – 'verwöhnen'.
Z. 4 –	*soutra*: aus dem Dioula 'helfen'.
Z. 5 –	*le mogo vient kro en classe*: "der Mann (Lehrer) schläft in der Klasse"; *mogo* > Dioula 'Lehrer'; *kro* > Dioula 'schlafen'.
Z. 7 –	*blo* > aus dem Baoulé 'übertreiben/sich für etwas rühmen'.
Z. 10–12 –	*ghabé*: 'schwänzen', vermutlich Neuschöpfung im Nouchi, Etymologie unbekannt.
Z. 13 –	*kraya*: 'Hunger', vermutlich Neuschöpfung im Nouchi, Etymologie unbekannt.
Z. 14 –	*badou*: 'essen', vermutlich Neuschöpfung im Nouchi, Etymologie unbekannt.
Z. 15 –	*ça ment sur moi*: "Ich habe Schwierigkeiten", Bedeutungswandel gegenüber frz. *mentir* – 'lügen'.
Z. 16 –	*être tchass*: 'pleite sein', vermutlich Neuschöpfung im Nouchi, Etymologie unbekannt.
Z. 18 –	*Y a pas drap*: "Kein Problem", Etymologie unbekannt.
Z. 18 –	*Je flo à la casse*: "ich gehe nach Hause"; *flo* > engl. *flow* – 'strömen', *la casse* > span. *casa* – 'Haus'.

Das Nouchi in Abidjan stellt sich demzufolge als eine hybride Varietät dar, deren syntaktische Muster aus dem Französischen stammen, während im Wortschatz und in der Morphologie, insbesondere in der Verbmorphologie, auf Muster aus ivorischen Sprachen und manchmal auch aus europäischen Sprachen zurückgegriffen wird.

2   Migration, Urbanisierung und Hybridität in Abidjan

Abidjan ist die Wirtschaftsmetropole von Côte d'Ivoire. Sie zählt ca. 3 Mio. Einwohner und gilt als eine der modernsten Städte Westafrikas. Ein Fünftel aller Einwohner von Côte d'Ivoire leben in dieser multiethnischen Stadt. Abidjan ist ein Migrationszentrum ersten Ranges. Viele Einwohner der ca. 60 verschiedenen Ethnien haben die ländlichen Regionen verlassen und leben nun im urbanen Milieu. Zirka ein Drittel der Migranten sind Ausländer, ein

Vielsprachigkeit in Abidjan

5.4.2

großer Teil von ihnen kommt aus Burkina Faso (ca. 30%), ein Fünftel aus Mali und ein Zehntel aus Guinea, um nur die wichtigsten Herkunftsländer zu nennen. Abidjan ist folglich eine in hohem Maße multiethnische und vielsprachige Stadt. Jedoch hat sich in Abidjan – anders z. B. als in Dakar, wo die Mehrheit sich in Wolof verständigt – keine der afrikanischen Sprachen für die großräumige Kommunikation durchgesetzt, abgesehen vom Dioula als der Sprache der meisten Händler auf den Märkten der Stadt (vgl. Subjetzki 1996).

FPI   Dem Erscheinungsbild nach gilt Abidjan trotzdem als frankophon geprägte Stadt, wie Côte d'Ivoire insgesamt das Land im subsaharischen Afrika mit der größten Verbreitung des Französischen ist (alle Angaben nach Kube 2003, 133f.). Dabei ist jedoch auffällig, dass sich das hier gesprochene Französisch stark ausdifferenziert hat. Während die kleine Gruppe der gesellschaftlichen Elite ein am Pariser Standard orientiertes Französisch praktiziert, sprechen viele andere Ivorer das sogenannte *Français populaire ivoirien* (FPI) (vgl. Simard 1994, Lafage 1978, 1998). Diese Varietät oder besser: dieses Varietätenbündel, das von den wenig oder nicht Gebildeten gesprochen wird, weist vielfältige Einflüsse aus ivorischen Sprachen auf und hat zugleich eigenständige Wandelprozesse erfahren, wie wir sie weiter oben im Wortschatz des Nouchi festgestellt haben.

Nouchi   Das Nouchi ist eine erst seit relativ kurzer Zeit beachtete Sprachform, die vor allem unter der jungen Generation weite Verbreitung gefunden hat. Nouchi wird nicht nur gesprochen und in der Pop-Musik gesungen, sondern auch geschrieben, u. a. in zwei satirischen Wochenzeitungen und im Internet. Entstanden ist es als eine Art Geheimcode unter den Straßenjugendlichen in Abidjan, die seit der Dauerkrise des Schulsystems Ende der 70er Jahre als massenhaft schulisch Gescheiterte auf der Straße leben und ihren Lebensunterhalt mit Gelegenheitsjobs oder gegebenenfalls auch mit Kleinkriminalität verdienen. "Sehr bald übernahmen jedoch auch Schüler und Studenten diese Sprachform, wodurch Nouchi zum Teil seinen kryptischen Charakter verlor. Die Lexik passt sich heute dem spezifischen Alltag der unterschiedlichen Sprechergruppen an" (Kube 2003, 136f.). Nouchi ist heute längst nicht mehr nur der Argot von Straßengangs. "Die gesamte Jugend Abidjans reklamiert diese Sprachform als Verständigungsmittel, ungeachtet der sozialen Zugehörigkeit, der Stadtviertel, aus denen sie kommen, und des Bildungsstands, über den sie verfügen" (ebd., 149). Zugleich zeichnet sich ab, dass unter den sozialen Verhältnissen der Stadt Abidjan die Überlieferung von afrikanischen Sprachen über die Generationen hinweg brüchig wird. An ihre Stelle treten tendenziell vernakuläre Sprachformen wie FPI oder eben Nouchi. "Nouchi, mit

5.4.2

seiner Mischung aus Französisch, ivorischen Sprachen und Neu-
bildungen der Ivorer selbst, verkörpert für die Schüler die 'langue
identitaire ivoirienne' (ebd., 149).

3 Französisch als afrikanische Sprache

Die Diskussion über die Rolle des Französischen in Afrika – von
PIERRE DUMONT 1990 auf die kontrovers diskutierte Formel *le
français langue africaine* gebracht – muss heute mehr denn je im
Zusammenhang mit Migration, Urbanisierung und Vielsprachigkeit gesehen werden. Bei Kindern und Jugendlichen in Abidjan
ersetzen inzwischen Varietäten des Französischen die afrikanischen Sprachen als Erstsprachen (vgl. Abschnitt 2.2.3). Zugleich
kann die rasche Verbreitung des Nouchi in Abidjan und die Identifikation vieler Ivorer mit dem FPI als eine Antwort darauf verstanden werden, wie sich angesichts des Scheiterns der staatlichen
Bildungssysteme und der damit verbundenen lückenhaften institutionellen Vermittlung der Sprache hybride sprachliche Formen
aus Französisch und afrikanischen Sprachen herausbilden. Be-
günstigt wird die Verbreitung des Nouchi durch die Kommunika-
tionsprobleme, wie sie unter Verhältnissen der Vielsprachigkeit im
urbanen Milieu unweigerlich auftreten. Hingegen gilt weiterhin
die gute Kenntnis des Französischen als Stimulus für berufliche
Karrieren in Wirtschaft und Verwaltung, Bankwesen und Dienst-
leistungssektor.

> Sprachdynamik

    Wie in anderen Regionen der Frankophonie ist auch in Côte
d'Ivoire die Praxis des Französischen mit einer permanenten
Bewertung der Sprecher durch Angehörige der sprachlichen Eliten
verbunden. Dies trifft besonders im Falle der Konkurrenz von
Sprechergruppen und Varietäten zu. Hierbei tritt ein "innerfranko-
phoner" Sprachkonflikt deutlich zu Tage: Unter Frankophonen
weit verbreitet sind Bewertungen der Sprachpraxis anderer,
verbunden mit Werturteilen wie 'gut', 'schlecht' oder 'speziell',
'patois' oder 'baragouin', um nur einige zu nennen. Sprachlich
taxieren und taxiert zu werden, ist Teil der sozialen Positionsbestimmung, "der feinen Unterschiede", der Grenzziehung zwischen
den Sprechern. Wie in anderen Regionen der Frankophonie auch
ist die Attitüde der Bewertung bzw. der Abwertung eine Seite von
sozialer Distinktion besonders der Elite. Eine Folge aus dieser
Attitüde ist die Ablehnung des Norm-Französischen und die Identifikation mit vernakulären Varietäten des Französischen bei all
jenen, deren Bildungschancen begrenzt sind. Für die soziale Identifikation mit dem Nouchi sprechen u. a. die folgenden Argumente,
wie aus Befragungen von Gymnasiasten in Abidjan hervorgeht. Die

> Nouchi-Diskurs

> 5.4.3

beiden am häufigsten wiederkehrenden Argumente (vgl. Kube 2003, 146–149) sind erstens *"pour mieux me faire comprendre par tous"* (Schüler, 16 Jahre), d. h. um Nouchi auch als interethnische Sprache zu verwenden, und zweitens, um Problemen bei der Beherrschung der französischen Norm und damit zusammenhängenden Negativbewertungen durch die Schule auszuweichen: *"En français je fausse trop"* (Schülerin, 15 Jahre), *"lorsque certains mots français me manquent"* (Schülerin, 20 Jahre), *"parce qu'on se trompe moins"* (Schülerin, 16 Jahre).

Gegenläufig zu diesen Ergebnissen zeigt sich jedoch, dass sich in anderen ebenfalls vielsprachigen Regionen Westafrikas zwei, drei oder vier afrikanische Sprachen für die Zwecke der interethnischen und großräumigen Kommunikation durchsetzen (vgl. die Studien in Calvet (Hg.) 1992. Das alte koloniale Argument, Französisch sei im afrikanischen Sprachengewirr als interethnisches Kommunikationsmittel erforderlich, verdankt seine Existenz in erster Linie der geringen Bereitschaft, andere Formen als die der Kolonialsprache überhaupt zuzulassen.

5 *Rap* und *roman beur* als kulturelle Diskurse der zweiten und dritten Einwanderergeneration in Frankreich

1 *Rap* in der Banlieue französischer Großstädte[6]

Text 1 ist ein Auszug aus dem Rap-Song "IAM Concept" (1991) der Marseiller Rap-Gruppe IAM (d. h. *Imperial Asiatic Man* oder *Indépendantistes Autonomes de Marseille* oder engl. "Ich bin"). IAM als eine der populärsten französischen Rap-Gruppen besteht wie beinahe die gesamte Szene der Rap-Musiker in Frankreich aus Migranten aus den früheren Kolonialgebieten Schwarzafrikas, Madagaskars, des Maghreb oder den Antillen. Der Kopf von IAM ist der sich als (Sohn eines) *pied-noir* bezeichnende PASCAL PÉREZ.

---

6 Für die Auswahl der beiden folgenden Texte sowie für Hinweise zu diesem Thema möchte ich ARNO SCHOLZ (Stuttgart) danken. Weiterführende Literatur zum Thema Rap findet sich in der von JANNIS ANDROUTSOPOULOS und ARNO SCHOLZ zusammengestellten Bibliographie unter http://hiphop. archetype.de/texte/hipbiblio-05.2003.pdf

Text 2 ist ein Auszug aus dem Rap-Song "Garde à vue" (1992) der Pariser Gruppe MINISTÈRE AMER. In diesem Song artikuliert die Gruppe ihre Opposition zu den *"flics"*, die die Staatsgewalt in einem sehr direkten Sinne repräsentieren.

L'histoire est à revoir, ainsi voici l'explication   Text 1
Et l'argumentation de la fondation
De la civilisation des nations
Depuis Akkad, Elam, depuis Sumer
Un humain sur terre a tant et tant marché
Sur les mains, le ventre, le cul, la tête, les pieds
Cet homme est l'homme noir exploité, déraciné.
Voilà pourquoi IAM, d'ivoire ou d'ébène
Les hommes ont pour origine en fait la même
Et il est temps de reconnaître
Que l'histoire actuelle est fausse et malhonnête
Afin de maintenir, asservir, assouvir
La soif de pouvoir de l'occident à l'avenir
Contenir, les colonies dans l'ignorance
L'Europe a instauré l'esclavage par l'absence
De vérité historique, connaissances imprégnées
De culture indigène en présence
Récusant l'hypothèse profonde
Que certains pays noirs ont civilisé le monde
Intervient, en ces termes, sentinelle universelle
D'une main ferme, sucker
Entends ma théorie tu resteras blême
Au son de ces mots devrais-je dire IAM.

[…] Peu commodes les méthodes,   Text 2
mais note que les menottes me serrent,
ils sortent la batte, me tombent dessus à 4,
car j'suis réformé P4,
même les mains dans le dos,
nous sommes les putains de Nègres Négros.
Coups de latte sur coups de latte, le sang coule
J'entends des „aïes", des „ouilles",
mon homeboy leur distribue des coups de boule dans les couilles,
nos doigts du milieu pour tous ces flics véreux.

Seit Anfang der 1980er Jahre sind die französischen Ballungs-   Einordnung
zentren wie Paris, Lyon, Marseille oder Toulouse Orte der sozialen Unruhe, des Protestes und der Kriminalität. Die *Banlieue* ist zu einem Synonym für die Ghettoisierung von Migranten und für das Scheitern der Integrationspolitik der französischen Gesellschaft

5.5.1

geworden. Der rechtsextreme *Front National* findet hier seine Argumente für Fremdenfeindlichkeit, Rassismus und die Radikalisierung der Innen- und der Einwanderungspolitik. Zugleich avancieren die *Banlieues* zum Schauplatz einer neuen Jugend-Subkultur und zum Gegenstand vielfältiger literarischer, musikalischer und filmischer Ausdrucksformen, wobei die Einwanderer der zweiten und dritten Generation die Protagonisten eines multikulturellen Frankreichs sind. Die Kinder der Immigranten entdeckten in den frühen achtziger Jahren in dem aus den US-amerikanischen Ghettos kommenden Rap ihre kulturelle Identität, begleitet von Breakdance, Graffiti und einer eigenen Mode. Musiker und Gruppen wie NTM (Nique ta mère), MC Solaar, IAM, Ministère AMER, Assassin, Les Negs Marrons, Alliance Ethnik, Bisso Na Bisso und viele andere kreieren seit Anfang der neunziger Jahre eine genuin französische und breit gefächerte Rap-Musik und Hip-Hop-Kultur, die unter französischen Jugendlichen außerordentlich populär ist. Darin wird in einer Mischung aus Sarkasmus, Beschimpfung und Humor von Rassismus, Drogenproblemen, Arbeits- und Hoffnungslosigkeit in der *Banlieue* und von den Konflikten der *banlieusards* mit der Polizei erzählt (vgl. Silverstein 2002).

Die Botschaft des Songs "IAM Concept" ist eindeutig. Kolonialismus, Rassismus und Ausbeutung werden als das angegriffen, was sie sind: ein Vergehen der europäischen Kolonialmächte an den afrikanischen Kulturen. IAM klagt die Herrschaftspraktiken des Westens und die koloniale Unterwerfung Afrikas an, zugleich den Geschichtsdiskurs, der die historische Wahrheit verfälscht. "L'histoire est à revoir", so lautet ihre Aufforderung, ein kulturelles und geschichtliches Selbstverständnis der Ausgegrenzten zu entwickeln. In dem Song "Garde à vue" von Ministère AMER (Text 2) wird sozusagen programmatisch die Bitterkeit gegenüber der Autorität und dem Gewaltmonopol des Staates inszeniert. In den Songs dieser Gruppen findet der Protest seinen sprachlichen Ausdruck im Argot der *Banlieue*: engl. *sucker*, wörtlich 'Sauger', hier eher "Arschkriecher"; *homeboy*, auch dies im Anklang an die US-Rapszene für 'Freund, der im selben Viertel oder im selben Ghetto aufgewachsen ist'; *j'suis réformé P4*, 'jemand, der vom Wehrdienst wegen einer bestimmten Behinderung zurückgestellt wurde'.

Verlan   Ein ebenso geläufiges Ausdrucks- und Stilmittel ist der *Verlan* (vgl. dazu Scholz 2003 a und b), eine unter französischen Jugendlichen weit verbreitete sprachliche Mode, bei der Silben und Laute des Wortes vertauscht werden, vgl. *femme > meuf, mec > keum, arabe > beur > rebeu* oder *robeu, France > cefran, louche > chelou* usw.

2   *Rap* und *roman beur* – künstlerische Diskurse der Multikulturalität in Frankreich

Rap-Musik, Hip-Hop-Kultur und *littérature beure* tragen in Frankreich deutlich die Handschrift der Einwanderer der zweiten und dritten Generation (vgl. Androutsopoulos/Scholz 2002, Hüser 1997, 2003, Scholz 2003a). 90 Prozent der Rap-Musiker sind afrikanischer, arabischer oder antillanischer Herkunft. Die Texte ihrer Songs sind in Französisch verfasst und nicht selten auch mit afrikanischen oder arabischen Elementen durchsetzt. Sie fügen sich zu einem Diskurs, der auf der Französischsprachigkeit basiert, dessen Formen und Farben indessen nicht die der weißen französischen Gesellschaft sind, sondern die der multiethnischen *Banlieue*. Im Rap reklamieren die Jugendlichen ihren Anspruch, ein Teil der französischen Gesellschaft zu sein und protestieren zugleich gegen jenes Frankreich, das die republikanischen Werte gegen die Bedürfnisse und Interessen der Migranten verteidigt.

Rap

Die Integration der Einwanderer vor dem Hintergrund der dominierenden kulturellen und sozialen Normen der französischen Gesellschaft ist wohl das zentrale Thema des *roman beur*. Die Protagonisten dieser Literatur sind Franzosen, deren Eltern aus dem Maghreb stammen. *Beur* – ein Wort aus dem Verlan für *Arabe*, das bis vor zwei Jahrzehnten noch ein übles Schimpfwort für Franzosen arabischer Herkunft war – ist mit dem Slogan "J'y suis, j'y reste!" eine symbolhafte Bezeichnung für den Kampf um soziale Anerkennung geworden. Für die jungen *beur*-Autoren der späten achtziger und der neunziger Jahre wie AZOUZ BEGAG, FARIDA BELGHOUL oder MEHDI CHAREF ist Frankreich nicht nur das Land ihres literarischen Schaffens, wie es für Exilliteraten gilt. Für sie ist Frankreich Lebensmittelpunkt. Die Integration in diese Gesellschaft ist gleichzusetzen mit dem Einfordern von Gleichberechtigung (vgl. Asholt 1998). Ähnlich wie die Musiker der Rap-Szene autozentriert 'ihre' Geschichte erzählen, findet auch die *littérature beure* ihre Ausdrucksform in der autobiographischen Darstellung der Immigrationssituation. Auch für sie steht die *Banlieue*-Erfahrung im Zentrum der Reflexion, auch wenn sie diesen Ort als erfolgreiche Künstler und Autoren längst verlassen konnten. Schulisches Scheitern, Ghettoisierung, Drogen, Prostitution, Kriminalität und immer wieder auch die Auseinandersetzungen mit Polizei und der schlagkräftigen Sicherheitstruppe CRS markieren das Leben der Romanfiguren. Ihre Sprache ist – wie auch im Rap – das Französische. Ihr Kolorit erhält sie durch den Argot der *Banlieusards*, den *Verlan* und nicht selten durch Interjektionen aus dem Arabischen.

Roman beur

5.5.2

3   Frankophonie in Frankreich

Dass sich Frankreich auf seinem hexagonalen Territorium mit anderen Kulturen als der französischen schwer tut, gehört zu den bitteren historischen Erfahrungen der Okzitanen, Katalanen, Korsen, Bretonen, Basken, Elsässer und Flamen. Erneut wurde die Integrationsfähigkeit Frankreichs durch seine eigene koloniale Geschichte auf die Probe gestellt. Wenn bis zum Ende des Kolonialreichs die kolonialen Untertanen mit Ausnahme einiger *Évolués* und *Tirailleurs sénégalais* von französischem Boden ferngehalten werden konnten, kehrte sich dies nach dem Ende des Algerienkriegs und besonders seit den siebziger Jahren um. Ballungsräume wie Paris, Marseille, Toulouse oder Lyon wurden zu Zentren der Migration aus dem Maghreb, aus Schwarzafrika, Asien oder den Antillen. Die einstigen kolonialen Untertanen ergreifen von den *Banlieues* im Mutterland Besitz. Frankreich transformiert sich hier in einen Raum der Frankophonie.

Die "Kopftuch-Affäre" Mitte der neunziger Jahre, die auf eine Markierung der Grenze zwischen französischer laizistischer Schule einerseits und dem in der Schule selbstbewusst getragenen Kopftuch als Symbol muslimischer Identität andererseits hinauslief (vgl. u. a. Manfrass 1997, Asholt 1997), die aufwendigen, wenngleich längst nicht ausreichenden Sozialprogramme des französischen Staats zur Verbesserung der Lebenslage in den *"quartiers chauds"* oder die anhaltenden Proteste der *"Sans papiers"*, d. h. der illegalen Einwanderer, sind nur wenige Beispiele, die die Dramatik der Einwanderungsfrage verdeutlichen.[7] In der Topographie dieser Konfliktlagen ist immer wieder die *Banlieue* in der Diskussion, in der die Migranten der zweiten und dritten Generation in die französische Gesellschaft hineingewachsen sind. Französisch ist ihnen eine von Kindesbeinen an vertraute Sprache, ebenso wie Arabisch oder afrikanische Sprachen. In ihren Biographien kreuzen sich einerseits der Generationskonflikt mit ihren Eltern als der ersten Einwanderungsgeneration und andererseits die sozialen Konflikte infolge von ethnischer Marginalisierung und Rassismus in der französischen Gesellschaft.

---

7   Ein beeindruckendes und authentisches Zeugnis des Banlieue-Milieus von Paris gibt der Film "Wesh Wesh, qu'est-ce qui se passe" von RABAH AMEUR-ZAÏMECHE (Frankreich 2001).

5.5.3

6   Zusammenfassung

Die in diesem Kapitel vorgestellten vier Fallstudien zur diskursiven Praxis frankophoner Akteure sollten in einem allgemeineren Sinne verständlich machen, was es bedeutet, die Frankophonie als einen diskursiven Raum (vgl. Kapitel 1) zu begreifen. In einem etwas spezielleren Sinne ging es darum, die unter Abschnitt 5.1 genannten Thesen zur Heterogenität, zum Kampf um die Hegemonie und zur Normierung anhand der Inszenierungspraxis individueller wie kollektiver Akteure innerhalb der Frankophonie und im multikulturellen Milieu zu stützen und zu illustrieren. Die in den Thesen ausgedrückten Aspekte sozialer Organisation gehen von der Heterogenität sozialer Gruppen oder Gemeinschaften aus. Diese Heterogenität stellt den Ausgangspunkt für den Kampf um bzw. die Infragestellung von Hegemonie dar, wobei die Normierung als ein Instrument zu verstehen ist, die Hegemonie abzusichern und zu befestigen.

In den Fallstudien dürfte hinreichend deutlich geworden sein, dass die diskursive Praxis im frankophonen Milieu wesentlich mit der Inszenierung von ethnischen, sprachlichen oder sozialen Grenzen und, wie in jeder Gemeinschaft, mit Mustern sozialer Distinktion in Form von Ausgrenzung, Abgrenzung, Eingrenzung und Entgrenzung verbunden ist: Soziale Grenzen

- *Ausgrenzung*, wie es im kolonialen Diskurs gegenüber den afrikanischen oder antillanischen Untertanen ein häufiges Thema ist;
- *Abgrenzung*, wie sie sowohl im Diskurs sozialer Eliten gegenüber den vermeintlich "schlecht" französisch sprechenden Frankokanadiern praktiziert wird oder wie sie auf einer anderen Ebene im Diskurs von Jugendlichen aus der Rap-Szene gegenüber den Institutionen der französischen Gesellschaft und deren monolingualem Habitus inszeniert wird;
- *Eingrenzung*, wie sie im Diskurs der *créolité*-Vertreter die Stärkung autochthoner Ressourcen und lokaler Identifikation zum Ziel hat;
- *Entgrenzung*, wenn sich die Francophonie auf das Wirken als globaler Akteur einstellt und sich für nichtfrankophone Staaten öffnet, wobei Themen wie Wirtschaft, Technologie und Menschenrechte in den Vordergrund treten.

Die Inszenierung von Grenzen als Teil der diskursiven Dynamik geht mit der Bestimmung dessen einher, was es für die jeweiligen Gruppen und Individuen bedeutet, als Frankophone in einer multikulturellen Gesellschaft zu leben. Mit den Fallstudien dürfte die eingangs formulierte Heterogenitätsthese hinreichend empirische Stützung erfahren haben. Zugleich ist an den Fallstudien abzulesen, wie in der diskursiven Praxis der Akteure – ob nun als Kongolesen in Toronto oder als *Rapper* in der Pariser *Banlieue* – der Kampf um Emanzipation und kulturelle Hegemonie geführt wird. Schließlich können wir unter dem Eindruck von Globalisierung und weltweiten Migrationsprozessen verfolgen, wie nordamerikanische, afrikanische und europäische Städte zu Sammlungsräumen für Migranten aus den ehemaligen Kolonien werden, die dort im Minderheitenmilieu ihre kulturellen Formen an jenen der dominanten Gesellschaft reiben.

Dilemma   Wendet man die Dynamik der Institutionalisierung der Francophonie, wie sie in Kapitel 4 beschrieben wurde, andersherum, so zeigt sich, wie eine Schere zwischen den frankophonen Eliten in den Regierungsapparaten der Mitgliedsländer und den Institutionen der OIF auf der einen Seite und dem kulturellen und zivilgesellschaftlichen Leben in den frankophonen Gemeinschaften auf der anderen Seite aufgeht. Zwar agiert die OIF so, als wäre die Francophonie ein solidarisches Bündnis, doch auf der Ebene der Interaktion und der Wahrnehmung der frankophonen Kulturen untereinander wird dies nur sehr begrenzt wahrgenommen. Was verbindet schon die Frankophonen in Ontario oder auf den Seychellen mit den ebenfalls französisch sprechenden Valdostanern,[8] Marokkanern oder Madagassen? Oft wohl kaum mehr als ein sehr diffuses Wissen vom anderen. Die Wahrnehmung ihrer kulturellen Gemeinsamkeit als französisch sprechende Bürger ist vermutlich nicht mehr ausgeprägt als die gleichermaßen geringe Identifikation mit dem Spektakel der Gipfelkonferenzen oder der Neuauflage von Strategien und Programmen, es sei denn, sie gehören selbst zum Kreis der Akteure oder der politischen Elite. Das Dilemma gegenwärtiger Frankophonie-Politik besteht nicht zuletzt darin, dass die Wechselbeziehungen zwischen dem Geschäft der Institutionen und Akteure einerseits und den sozialen und diskursiven Räumen in der Frankophonie andererseits vage bleiben und nur wenig be-/erkannt sind.

Studium und Forschung   Weitgehend unerforscht ist hierbei, welche Auswirkungen die Politik und Programmatik der Francophonie auf die kulturelle Praxis und die Diskurse im frankophonen wie im nicht-frankophonen Milieu haben. Im Ringen um transnationale Akzeptanz steht der Blick in die Tiefe des Raums (noch) nicht auf der Agenda der Francophonie. Nicht weniger bedeutsam ist es, die bislang unbekannten, neuen Artikulationsräume, Identifikationsformen und Deutungsmuster zu erkennen, die im globalen Wandel ins Bewusstsein auch der frankophonen Gruppen, Gemeinschaften oder Staaten treten. Die Frankophonie wird so zu einem spannenden Feld von Studium und Forschung.

---

8   Einwohner der italienischen autonomen Region Val d'Aoste.

KAPITEL 6

Quo vadis, Francophonie?

Dass es viele Gründe gibt, der Francophonie ein langes Leben zu wünschen, schließt nicht aus, dass es andere Gründe gibt, ihr baldiges Ende herbeizusehnen. In Anbetracht der komplizierten internationalen Verhältnisse, die seit dem offiziellen Ende des Kolonialismus nicht einfacher geworden sind, ist dies kein Widerspruch. Dass Senegalesen, *Québécois*, Bulgaren oder Franzosen jeweils verschiedene Vorstellungen von Francophonie haben und unterschiedliche Erwartungen an sie knüpfen, ist nur natürlich, macht sie aber nicht stabiler. Dass die Francophonie in Frankreich und in den anderen Ländern keineswegs unumstritten ist und mit Skepsis[1] bedacht wird, hat auch mit Zweifeln daran zu tun, ob die Interessen, die im Rahmen dieses Bündnisses verfolgt werden, überhaupt auf dem richtigen Fundament stehen. Dass zwischen dem Geschäft auf der Ebene von Regierungen, bürokratischen Eliten und Spezialisten auf der einen Seite und den Bevölkerungen in den zur Francophonie zählenden Staaten auf der anderen Seite eine große Distanz besteht, wirft Fragen nach der Angemessenheit ihrer Strategie und ihrer Analysefähigkeit auf.

In den letzten Jahren haben sich viele Koordinaten der internationalen Politik, der politischen und militärischen Bündnisse, der Geldzirkulation und der Märkte verändert, die wiederum große Migrationsbewegungen ausgelöst und Grenzen verschoben haben. Was heißt das nun für die Francophonie, die durch Politisierung, Institutionalisierung und globales Engagement ihre entscheidende Prägung erfährt? Was wäre also, wenn …

---

1   Die Skepsis wird nicht nur in Bezeichnungen wie *"le projet francophone"* (u. a. in Le Monde, 15.8.1998, 10) deutlich, sondern auch in den Reflexionen von Insidern zu ihrer eigenen Tätigkeit im Rahmen von Institutionen der Francophonie (vgl. u. a. Gallet 1995, 47).

1   … wenn Frankreich seine Subventionen kürzte?

Frankreich ist der bedeutendste Geldgeber für die Francophonie. Doch ist es das auf immer? Was passierte, wenn es aus dem einen oder anderen Grund seine Finanzen neu verteilte und der Francophonie als internationaler Organisation weniger Mittel zuführte?

Dann wäre für Frankreich eine Möglichkeit vertan, mit Gewicht in der internationalen Arena aufzutreten. Da andere Länder im Rahmen der Francophonie andere Motive haben, als sich ein internationales Forum zu unterhalten, würde das finanziell anspruchsvolle Geflecht zwischenstaatlicher und multilateraler Beziehungen von den anderen Staaten kaum zusammengehalten und damit rissig werden.

Dann würden vielleicht viele Millionen Euro, Francs oder Dollar für pompöse Gipfeltreffen, Prestigeprojekte und diplomatischen Tourismus eine Bestimmung zugunsten tätiger Hilfe vor Ort erhalten. Vermutlich jedoch stünde für zahlreiche Entwicklungs- und humanitäre Programme deutlich weniger Geld zur Verfügung, weil ein Nachlassen der Sogwirkung französischer Investitionen bei anderen Ländern vermindertes Engagement bedeutete.

Dann müssten afrikanische Staaten Ernst machen mit eigenen Entwürfen für Alphabetisierung, für Schul- und Berufsbildung oder für die Entwicklung von Infrastrukturen.

2   … wenn mehr und mehr afrikanische Länder zum Englischen wechselten?

Dass seit der Entkolonialisierung die großen Investitionen Frankreichs und auch Belgiens in die Schulen Afrikas nur sehr magere Ergebnisse brachten, hat der Bericht von R. Chaudenson (2001) in aller Deutlichkeit gezeigt. Nicht nur die Dauerkrise des Schulwesens, sondern auch die geringe Lebenspraxis in französischer Sprache führen dazu, dass Französisch oft nicht einfach nur schlecht gelernt, sondern auch bald wieder vergessen wird.

Der Status des Französischen als offizielle Sprache ist veränderbar, wie sich in Ruanda und Madagaskar zeigte. Französisch ist überwiegend die Sprache einer Elite, die in der Lage ist, ihre intellektuellen Ressourcen auch zugunsten des Englischen zu mobilisieren, so sie nicht ohnehin schon anglophon ist. Teile der Eliten in

Kamerun, Ruanda, Mauritius, D. R. Kongo sind hierfür nur einige Beispiele. Daran wird vor allem sichtbar, dass in Afrika verbreitet ein anderes Verständnis von Frankophonie vorherrscht als in Frankreich, eines, das weniger statuspolitisch, sondern vor allem entwicklungspolitisch bestimmt ist. Die Frage danach, im Schatten welcher Großmacht am ehesten Entwicklungshilfe zu erwarten ist, hat nach dem Zusammenbruch der Sowjetunion die Konkurrenzsituation auf Frankreich und die USA verschoben. Dass West- und Zentralafrika längst nicht mehr nur eine *chasse gardée* Frankreichs und Belgiens sind, haben die Avancen der US-amerikanischen Außenpolitik zu Zeiten der Präsidentschaft Clintons und auch Bushs in aller Form deutlich gemacht.

Die Annahme jedoch, die Anglophonie brächte den armen Ländern der Erde mehr Wohlstand, kann mit einem Blick auf den Commonwealth abgewiesen werden. Gewinnträchtig ist sie wohl nur für diejenigen, die ohnehin das Heft des Handelns in der Hand halten.

3 … wenn neue afrikanische Eliten sich für ihre Kulturen engagierten?

Die Geißeln Afrikas – Diktaturen, Aids, Alkohol, Analphabetismus – lähmen den Kontinent, der im Diskurs der Francophonie oft als deren Zukunft, manchmal auch als deren Schicksal bezeichnet wird. Dass die Francophonie durchaus lernfähig ist, zeigt sich nicht zuletzt daran, wie sie von der lange Zeit auf Assimilation setzenden Politik französischer Einsprachigkeit abrückte und nun stärker auf die Förderung und den Erhalt der sprachlichen und kulturellen Vielfalt setzt. Bei Strafe eigener Marginalisierung in den internationalen Kommunikationsflüssen orientiert sich die Francophonie an alternativen Konzepten und strebt Allianzen an, in denen Spanisch, Arabisch, Portugiesisch, afrikanische und andere Sprachen und insgesamt die Mehrsprachigkeit vorkommen. Zudem gewinnt unter Bildungsexperten die Einsicht an Verbreitung, dass in Afrika bessere Bildung und bessere Französischkenntnisse erreicht würden, wenn zumindest in den ersten Schuljahren systematisch in den Herkunftssprachen unterrichtet würde.

Dies schafft Raum für einen Anfang und für eine Vision, jene vom Erhalt und von der Förderung der kulturellen Vielfalt in Afrika, in der Karibik oder der Inselwelt des Pazifiks. Es wäre fatal, wie M. Middell (2003, 17) schreibt, "wenn sich die außereuro-

6.3

päische Frankophonie unter das Paradigma einer 'nachholenden Modernisierung' zwingen ließe, denn im Bereich einer gelebten Mehrsprachigkeit können West- und Zentralafrika ebenso wie [...] die Karibik anderen Teilen der Welt eine Fähigkeit vermitteln, die in der neuen Ära der Globalisierung wichtiger denn je ist, auch wenn die Vorstellung des Englischen als einer *lingua franca* dem entgegenzustehen scheint".

6.3

KAPITEL 7

Datenrecherche und Bibliographie

1 Literatur- und Datenrecherche

1 Recherche in Bibliotheken

Über die in Kapitel 1 und im nachfolgenden Literaturverzeichnis genannten Titel hinaus kann im Katalog einer jeden Universitätsbibliothek im deutschsprachigen Raum sowohl in Bibliographien in Buchform als auch im elektronischen Katalog (OPAC) zu Stichwörtern wie *Frankophonie, francophone, Französisch* etc. weiterführend recherchiert werden. Für konventionelle Recherchen zu sprach- und literaturwissenschaftlichen Themen bieten sich Otto Klapp: *Bibliographie der französischen Literaturwissenschaft*, Frankfurt/M.: Klostermann, sowie die *Romanische Bibliographie*, hrsg. von G. Holtus, Tübingen: Niemeyer, an. Die für ältere Arbeiten noch immer erforderliche Suche im Zettelkatalog einer Bibliothek kann für die neueren Bestände komfortabler per Computer ausgeführt werden.

Zettelkatalog/ Bibliographien

Bücher lassen sich hierbei einfacher finden als Zeitschriftenartikel und Beiträge in Sammelbänden, die in den Bibliothekskatalogen oft nicht enthalten sind. Doch sind gerade Zeitschriften und auch Sammelbände als Orte der aktuellen wissenschaftlichen Diskussion bedeutsam, weshalb sie in die Recherche einbezogen werden müssen. Für die Recherche von Büchern steht der Karlsruher Virtuelle Katalog (KVK – unter: www.ubka.uni-karlsruhe.de/kvk.html) zur Verfügung, über dessen Suchmaske in allen Universitätsbibliotheken Deutschlands und in den Nationalbibliotheken in Deutschland, Österreich, der Schweiz, Italien, Frankreich, Großbritannien u.a. recherchiert werden kann. Auf der Suche nach Büchern und Zeitschriftenartikeln zur Frankophonie bieten sich in Deutschland die Verbundkataloge der Universitätsbibliotheken an. So gibt es beispielsweise den "Hessischen Verbundkatalog mit Zeitschriftenaufsätzen"; auch im Norddeutschen und in anderen Ver-

Online- Recherche

bundkatalogen kann nach Zeitschriftenaufsätzen recherchiert werden. Empfehlenswert ist die "Düsseldorfer Virtuelle Bibliothek: Romanistik" (www.uni-duesseldorf.de/ulb/rom.html), die sowohl umfangreiche Literaturangaben zu den vielen Feldern der Frankophonie als auch zahlreiche gut sortierte Sammlungen von Internet-Links zu Bibliographien und Bibliotheken, elektronischen und konventionellen Fachzeitschriften, zu Institutionen im Umfeld der Romanistik wie auch zu solchen der Francophonie und des frankophonen Raums enthält. Die Universitäts- und Landesbibliothek Bonn wiederum unterhält in Deutschland den Sammelschwerpunkt Romanistik (www.ulb.uni-bonn.de) und verfügt über einen umfangreichen Bestand an einschlägiger Fachliteratur. Im Aufbau befindlich und bereits jetzt eine ergiebige Informationsquelle über wissenschaftlich relevante Internetressourcen aus dem Bereich der Französischen Sprache und Literatur und der Frankophonie ist die "Virtuelle Fachbibliothek Romanistik" – www.guiderom.de – als Teil des Kooperationsverbunds "Virtuelle Fachbibliothek", zu dem zahlreiche weitere Fachbibliotheken für Geschichte, Ethnologie, den angloamerikanischen Kulturraum, Geowissenschaften etc. gehören (www.virtuellefachbibliothek.de). Wissenschaftliche Arbeiten zu Themen der Frankophonie können in der internationalen Bibliographie der Modern Language Association (www.mla.org/publications/bibliography) recherchiert werden; für historische Themen bietet sich auch die Datenbank "Historische Bibliographie und Jahrbuch der Historischen Forschung – online" unter www.historische-bibliographie.de an (beide sind jedoch außerhalb der Reichweite von Campuslizenzen kostenpflichtig). Nützlich ist weiterhin die Konsultation der "Elektronischen Zeitschriftenbibliothek" der Universitätsbibliothek Regensburg, über die eine Vielzahl von elektronischen Fachzeitschriften abgerufen werden können (http://rzblxl.uni-regensburg.de).

2   Recherche im Internet

Suchmaschinen   Die Frankophonie ist im Internet in all ihren Formen, Strukturen und Phänomenen mit unzähligen Internetseiten präsent (vgl. auch Mann 2002b). Als häufig genutztes Instrument zur Recherche im Internet stehen Suchmaschinen verschiedenen Typs zur Verfügung, die jeweils auch unterschiedliche Suchergebnisse erbringen. Für Recherchen im wissenschaftlichen Kontext empfiehlt sich folglich, auf die unterschiedlichen Typen zurückzugreifen. *AltaVista* steht hier für eine sog. Index-Suchmaschine, *Yahoo*! für eine sog. Katalog-Suchmaschine; *Metacrawler* steht als Beispiel für eine Metasuchmaschine, die die Anfragen gleichzeitig an mehrere andere

Suchmaschinen weiterleitet; *Google* und *Lycos* sind Index-Such-maschinen mit Katalog. Erfahrungsgemäß ist die Trefferquote zu Begriffen der Frankophonie sehr groß und die Durchsicht der Ergebnisse zeitraubend.

Es empfiehlt sich daher, die Suche durch die Verwendung von sog. booleschen Operatoren einzugrenzen: +, –, "...", *. Die Suche nach '+ *Frankophonie* + *Afrika*' führt uns (nur) zu Seiten, auf denen sowohl 'Frankophonie' als auch 'Afrika' vorkommen; die Suche nach '+ *Frankophonie* – *Afrika*' führt zu Seiten über Frankophonie unter Ausschluss von Afrika; die Suche nach '"*Frankophonie in Afrika*"' ergibt nur Treffer, in denen genau die Wortfolge 'Frankophonie in Afrika' enthalten ist. Durch das Einfügen des Zeichens * wird die Suche nach Varianten ausgelöst: 'Fran*ophonie' sucht somit nach der Schreibung 'Francophonie' und 'Frankophonie'; 'Afri*' sucht nach allen Wörtern, die mit 'Afri' anfangen: z. B. 'Afrika', 'Afrikanisch', 'Africain', 'Afrique'.

Andere Möglichkeiten, die Trefferquote zu reduzieren, sind Ein-grenzungen des Suchraums durch die gewählte Sprache – Eingabe des Suchbegriffs in deutscher, französischer oder englischer Schreibweise –, durch geographische oder zeitliche Begrenzungen oder durch Einschränkung auf einzelne Internetdienste.

Suchmaschinen und Informationsdienstleister zur frankopho-nen Welt sind *Nomade*: www.nomade.fr sowie *Francité*: www.fran-cite.com. Auf das frankophone Kanada und die frankophonen Räume der Erde sind *La toile du Québec* www.toile.qc.ca/francopho-nie/, *Gotcha*: www.gotcha.qc.ca und *Franco.ca*: www.franco.ca spe-zialisiert; auf das frankophone Afrika *Woyaa*: www.woyaa.com/indexFR.html.

Kaum eine Institution der Francophonie und im frankophonen Raum ist heute nicht mit einer eigenen Seite im Internet vertreten. Was man auf diesen *pages d'accueil* erfährt, ist jedoch von sehr unterschiedlichem Gehalt. Und ob man etwas nach einer gewissen Zeit unter der bisherigen Adresse noch wiederfindet, ist fraglich, weil das Medium Internet außerordentlich schnelllebig ist. Im Wei-teren wird lediglich eine kleine Auswahl von Adressen angeführt.

OIF – www.francophonie.org; AIF – http://agence.francopho-nie.org; AUF – www.auf.org; TV5 – www.tv5.org; CONFEMEN – www.confemen.org; AIMF – www.aimf.asso.fr. Die Recherche auf dem Server des *Centre de documentation et d'information de l'Agence intergouvernementale de la Francophonie* ist unter http://cifdi.franco-phonie.org möglich.

Über Frankreichs Außen-, Kultur- und Francophoniepolitik informieren die folgenden Seiten: www.diplomatie.gouv.fr; www.culture.gouv.fr. Die *Délégation générale à la langue française* fin-det man unter www.culture.gouv.fr/culture/dglf. Einen großen

Marginalien:
Operatoren

Frankophone Suchmaschinen

Institutionen der OIF

Staatliche Institutionen

7.1.2

Fundus an Dokumenten enthält *La documentation française* unter www.ladocfrancaise.gouv.fr bereit. Zugriff auf die Seiten anderer Regierungen erhält man unter: Kanada – http://Canada.gc.ca, Québec – www.gouv.qc.ca, Belgien – http://belgium.fgov.be, Schweiz – www. admin.ch/ch/f/bk/index. html.

Universitäten/
Institutionen

Zahlreiche Universitäten und wissenschaftliche Institutionen unterhalten spezielle Seiten zur frankophonen Kultur im Allgemeinen oder zu bestimmten frankophonen Räumen. Das Projekt *Clicnet* des Swarthmore College (Pennsylvania) bietet umfangreiche Daten und Texte zu den frankophonen Literaturen und Kulturen: www.swarthmore.edu/Humanities/clicnet/index. html; ebenso die Seite zu *Francophonies* der University of Toronto zur kanadischen und internationalen Frankophonie unter: http://french.chass.utoronto.ca. Zur Frankophonie im Kontext der Sprachpolitik (*aménagement linguistique*) in der Welt informiert ausführlich die Seite von JACQUES LECLERC an der Université Laval in Québec: www.tlfq.ulaval.ca/axl/. Das Projekt "400 ans de présence française au Canada 1604–2004" steht unter: www.uottawa.ca/ academic/crccf/passeport/400ans.html; Informationen zu den frankophonen Minderheiten in Kanada vermittelt www.franco-identitaire.ca. Auf die Frankophonie in Afrika ist die Seite der City University of New York (CUNY) spezialisiert: www.lehman.cuny. edu/depts/langlit/french/afrique. html, während für die frankophonen und kreolophonen Kulturen auf den Inseln der Karibik, des Indischen und des Pazifischen Ozeans die vorzügliche Homepage unter www.lehman.cuny.edu/ile.en.ile/ zu empfehlen ist. Umfangreiche Informationen zu den frankophonen Kulturen, international wie speziell in Belgien, hält die Seite der *Maison de la francité* in Brüssel bereit: www.synec-doc.be/francite. Umfangreich vernetzt und gut geordnet ist die Homepage des *Conseil international d'Études Francophones*: www.cief.info.

2 Literaturverzeichnis

Abou, Sélim / Haddad, Katia (Hg. 1994): Une Francophonie différentielle. Paris: L'Harmattan

Adamson, Ginette (éd. 1995): Francophonie plurielle. La Salle: Hurtubise

Adoveti, Stanislas Spero ([1972] 1998): Négritude et Négrologues. Paris: Le Castor Astral

AFI = L'Année francophone internationale. Québec: Université Laval 1992 ff.; www.francophone.net/afi

Agence intergouvernementale de la Francophonie, Programmation 2002–2003. www. aif.org

Ager, Dennis (1996): 'Francophonie' in the 1990s. Problems and Opportunities. Clevedon [u. a.]: Multilingual Matters

Ammon, Ulrich (1988): Funktionale Typen / Statustypen von Sprachsystemen. In: Ammon, Ulrich / Dittmar, Norbert / Mattheier, Klaus Jürgen (Hg. 1988): Sociolinguistics/Soziolinguistik. Ein internationales Handbuch zur Wissenschaft von Sprache und Gesellschaft. Berlin: Walter de Gruyter, 1. Halbband, 230–263

Androutsopoulos, Jannis / Scholz, Arno (2002): On the recontextualization of hip-hop in European speech communities: a contrastive analysis of rap lyrics. In: PhiN (Philologie im Netz) 19/2002, 1, 1–42, http://www.fu-berlin/phin/phin19/p19t1.htm.

Antoine, Régis (1992): La littérature franco-antillaise. Haïti, Gouadeloupe, Martinique. Paris: Karthala

Asholt, Wolfgang (1997): Nachbarn mit schwieriger Vergangenheit und ungewisser Zukunft: Frankreich und der Maghreb. In: Frankreich-Jahrbuch 1997, Opladen: Leske+Budrich, 39–58

Asholt, Wolfgang (1998): Vom "roman-beur" zur "culture croisée"? In: Frankreich-Jahrbuch 1998. Opladen: Leske+Budrich, 203–213

Baggioni, Daniel (1990): Dictionnaire créole réunionnais/français. Paris: L'Harmattan/Éd. Azalées

Baggioni, Daniel (1996): Éléments pour une histoire de la francophonie (idéologie, mouvements, institutions). In: Robillard, Denis de / Beniamino, Michel (dir. 1993/1996), vol. II, 789–806

Baggioni, Daniel / Breton, Roland (1996): Communauté(s) linguistique(s): espace(s) francophone(s) et réseaux de communications: Le problème de la délimitation d'un/des ensemble(s) dans la 'francophonie'. In: Robillard, Denis de / Beniamino, Michel (dir. 1993/1996), vol. II, 887–901

Baggioni, Daniel / Robillard, Denis de (1990): Île Maurice: Une Francophonie paradoxale. Paris: L'Harmattan

Bakker, Peter (1997): A language of our own: the genesis of Michif, the mixed Cree-French language of the Canadian Metis. New York: Oxford University Press

Bal, Willy (1977): Unité et diversité de la langue française. In: Reboullet, André / Tétu, Michel (dir. 1977): Guide culturel: civilisation et littératures d'expression française. Paris: Hachette/Québec: Les Presses de l'Université Laval, 5–28

Balibar, Renée (1985): L'institution du français. Essai sur le colinguisme des Carolingiens à la République. Paris: PUF

Balibar, Renée / Laporte, Dominique (1974): Le français national. Paris: Hachette

Bambridge, Tamatoa / Barraquand, Hervé / Laulan, Anne-Marie / Lochard, Guy / Oillo, Didier (éds. 2004): Francophonie et mondialisation. Paris: CNRS Editions

Barrat, Jacques (dir. 1997): Géopolitique de la francophonie. Paris: Les Presses Universitaires de France

Barthes, Roland (1957): Mythologies, Paris: Seuil

Bauer, Roland (1999): Sprachsoziologische Studien zur Mehrsprachigkeit im Aostatal. Tübingen: Niemeyer

Bavoux, Claudine (2000): Le français de Madagascar. Contribution à un inventaire des particularités lexicales. Bruxelles: Duculot

Beniamino, Michel (1996): Le français de la Réunion. Inventaire des particularités lexicales. Paris: EDICEF/AUPELF

Beniamino, Michel (1999): La Francophonie littéraire. Essai pour une théorie. Paris: L'Harmattan

Benzakour, Fouzia / Gaadi, Driss / Queffélec, Ambroise (2000): Le français au Maroc. Lexique et contacts de langues. Bruxelles: Duculot

Berg, Christian / Halen, Pierre / Angelet, Christian (Hg. 2000): Littératures belges de langue française. Bruxelles: Le Cri

Berschin, Helmut / Felixberger, Josef / Goebl, Hans (1978): Französische Sprachgeschichte. München: Hueber

Beti, Mongo (1974): Perpétue ou l'habitude du malheur. Paris: Buchet/ Chastel

Beti, Mongo (1979): La ruine presque cocasse d'un polichinelle. Paris: L'Harmattan

Beti, Mongo / Tobner, Odile (1989): Dictionnaire de la Négritude. Paris: L'Harmattan

Binder, Wolfgang (Hg. 1998): Creoles and Cajuns. French Louisiana – la Louisiane Française. Frankfurt/M. [u. a.]: Peter Lang

Blampain, Daniel (dir. 1997): Le français en Belgique: une langue, une communauté. Louvain-la-Neuve: Duculot

Bochmann, Klaus (1989): Regional- und Nationalitätensprachen in Frankreich, Italien und Spanien. Leipzig: Verlag Enzyklopädie

Bochmann, Klaus et al. (1993): Sprachpolitik in der Romania. Zur Geschichte sprachpolitischen Denkens und Handelns von der Französischen Revolution bis zur Gegenwart. Eine Gemeinschaftsarbeit der Leipziger Forschungsgruppe "Soziolinguistik" [...] unter Leitung von Klaus Bochmann. Berlin/New York: W. de Gruyter

Bochmann, Klaus (1997): Frankophonie als inneres Ordnungsprinzip der französischen Nation. In: Francophonie et globalisation. Materialien zur V. Französischen Sommeruniversität, hrsg. vom Frankreich-Zentrum der Universität Leipzig/Institut français de Leipzig, 60–69

Bonn, Charles / Naget, Khadda / Mdarhri-Alaoui, Abdallah (Hg. 1996): Littérature maghrébine d'expression française. Vanves, Montréal: Edicef AUPELF-UREF

Born, Joachim / Dickgießer, Sylvia (1989): Deutschsprachige Minderheiten. Ein Überblick über den Stand der Forschung für 27 Länder. Mannheim: Institut für deutsche Sprache

Bouchard, Gérald (dir. 1993): La construction d'une culture. Le Québec et l'Amérique française. Sainte-Foy: Les Presses de l'Université Laval

Boulanger, Jean-Claude (1992): Dictionnaire québécois d'aujourd'hui. Montréal: Dicorobert

Boutros-Ghali, Boutros (2002): Emanciper la Francophonie. Paris: L'Harmattan

Bouraoui, Hédi (1995): La francophonie à l'estomac. Paris: Nouvelle du Sud

Bourdieu, Pierre (1982): Ce que parler veut dire. L'économie des échanges linguistiques. Paris: Fayard

Bourdieu, Pierre (2001): Langage et pouvoir symbolique. Paris: Fayard

Brahimi, Denise (2001): Langue et littératures francophones. Paris: Ellipses

Brasseur, Patrice / Chauveau, Jean-Paul (1990): Dictionnaire des régionalismes de Saint-Pierre et Miquelon. Tübingen: Niemeyer

Brasseur, Patrice (2001): Dictionnaire des régionalismes du français de Terre Neuve. Tübingen: Niemeyer

Breton, Roland (1996): Le français à Pondichéry: des réalités au mythe. In: Robillard, Denis de / Beniamino, Michel (dir. 1993/1996), vol. II, 725–731

Bruchet, Josseline (2001): Langue française et Francophonie. Répertoire des organismes et associations œuvrant pour la promotion de la langue française. Paris: La Documentation française

Bruézière, Maurice (1983): L'Alliance française. Histoire d'une institution. Paris: Hachette

Brunot, Ferdinand (1966–1979): Histoire de la langue française des origines à nos jours. Nouv. éd. avec compléments bibliographiques, vols. I–XIII. Paris: A. Colin

Budach, Gabriele / Erfurt, Jürgen (Hg. 1997): Identité franco-canadienne et société civile québécoise. Avec une introduction de Klaus Bochmann. Leipzig: Leipziger Universitätsverlag

Budach, Gabriele (2003): Diskurse und Praxis der Alphabetisierung von Erwachsenen im frankophonen Kanada. Frankfurt/M. [u. a.]: Peter Lang

Buijtenhuijs, Robert (1996): French Military Interventions: The Case of Chad. In: Kirk-Greene, Anthony / Bach, Daniel (Hg. 1996), 213–227

Bulot, Thierry (dir. 1999): Langue urbaine et identité. Langue et urbanisation linguistique à Rouen, Venise, Berlin, Athènes et Mons. Paris: L'Harmattan

Cajolet-Laganière, Hélène / Martel, Pierre (1995): La qualité de la langue. Québec: Institut québécois de recherche sur la culture

Calvet, Louis-Jean (1992): Les langues des marchés en Côte d'Ivoire. In: Calvet, Louis-Jean (Hg. 1992): 111–191

Calvet, Louis-Jean (1994): Les voix de la ville. Introduction à la sociolinguistique urbaine. Paris: Payot

Calvet, Louis-Jean (1996): Y a-t-il une politique linguistique de la France en Afrique indépendante? In: Grenzgänge. Beiträge zu einer modernen Romanistik (3), Bd. 5, 53–62

Calvet, Louis-Jean (Hg. 1992), Les langues des marchés en Afrique. Paris: Didier Erudition

Cardinal, Linda (1994): Ruptures et fragmentations de l'identité francophone en milieu minoritaire: un bilan critique. In: Sociologie et sociétés 26 (1), 71–86

Cerquiglini, Bernard (dir. 2003): Les langues de France. Paris: PUF

Cerquiglini, Bernard / Corbeil, Jean-Claude / Klinkenberg, Jean-Marie / Peters, Benoît (éds. 2002): Le français dans tous ses états. Paris: Flammarion

Certeau, Michel de / Julia, Dominique / Revel, Jacques (1975/²1992): Une politique de la langue: La Révolution française et les patois. Paris: Gallimard

Chaudenson, Robert (1979): Les Créoles français. Paris: Nathan

Chaudenson, Robert (1988): Proposition pour une grille d'analyse des situations linguistiques de l'espace francophone. Paris: ACCT

Chaudenson, Robert (1989): 1989 – Vers une révolution francophone? Paris: L'Harmattan

Chaudenson, Robert (1991): La francophonie: représentations, réalités, perspectives. Paris: Didier Erudition

Chaudenson, Robert (1993): La typologie des situations de francophonie. In: Robillard, Denis de / Beniamino, Michel (dir. 1993/1996), vol. I, 357–370

Chaudenson, Robert (1997): L'enseignement et la diffusion du français en Afrique: Réalités et perspectives. In: Frankreich-Zentrum der Universität Leipzig (Hg. 1997): Francophonie et globalisation. Vᵉ Université d'été française, Universität Leipzig: Frankreich-Zentrum der Universität Leipzig 1997, 9–18

Chaudenson, Robert (2001): 30 ans de programmes de coopération à l'Agence intergouvernementale de la Francophonie. Bilan critique 1970–2000. Paris: Education et Langues

Chaudenson, Robert (2003): La créolisation: théorie, applications, implications. Paris: L'Harmattan

Chevrier, Jacques (1999): Littératures de langue française d'Afrique noire. Paris: Nathan

Chia, E. / Gerbault, J. (1992): Les nouveaux parlers urbains: le cas de Yaoundé. In: E. Gouaini, N. Thiam et alii. (Hg. 1992): Des langues et des villes. Actes du colloque international de Dakar du 15–17 décembre 1990. Paris: ACCT & Didier Erudition, 263–278

Christadler, Marieluise / Uterwedde, Henrik (Hg. 1999): Länderbericht Frankreich. Geschichte, Politik, Wirtschaft, Gesellschaft. Bonn: Bundeszentrale für politische Bildung

Cichon, Peter (1998): Sprachbewusstsein und Sprachhandeln. Romands im Umgang mit Deutschschweizern. Wien: Braumüller

Cichon, Peter (Hg. 1996): Das sprachliche Erbe des Kolonialismus in Afrika und Lateinamerika. Wien: Edition Praesens

Cichon, Peter et al. (Hg. 1998–1999): Martinique: Sprachen und Gesellschaft. In: Quo vadis, Romania? Zeitschrift für eine aktuelle Romanistik 12/1998–13/1999

Cichon, Peter / Czernilofsky, Barbara (Hg. 2001): Mehrsprachigkeit als gesellschaftliche Herausforderung. Sprachpolitik in romanischsprachigen Ländern. Wiens: Edition Praesens

Confiant, Raphaël / Ludwig, Ralph / Poullet, Hector (2002): Débat: Créolité, métissage et hybridation. Quelques questions d'actualité. In: Riesz, Jánosz / Porra, Véronique (Hg. 2002), 153–160

Coquery-Vidrovitch, Cathérine (dir. 1992): L'Afrique occidentale au temps des Français. Colonisateurs et colonisés, c. 1860–1960. Paris: La Découverte

Corzani, Jack et al. (1998): Littératures francophones 2: les Amériques: Haïti, Antilles-Guyane, Québec. Paris: Belin

Coussy, Jean (1996): The Franc Zone: Original Logic, Subsequent Evolution and Present Crisis. In: Kirk-Greene, Anthony / Bach, Daniel (Hg. 1996), 160–181

Delas, Daniel (1999): Littératures des Caraïbes de langue française. Paris: Nathan

Deniau, Xavier (1983/³1995): La Francophonie. Paris: PUF

Depecker, Loic (1989): Les Mots de la Francophonie. Paris: Belin

Depestre, René (1980): Bonjour et adieu à la négritude. Paris: Ed. Robert Laffont

Desbiens, Jean-Paul (1960/²1988): Les insolences du Frère Untel. Montréal: Les Éditions de l'Homme

Dion, Robert / Lüsebrink, Hans-Jürgen / Riesz, János (Hg. 2002): Ecrire en langue étrangère. Interférences de langues et de cultures dans le monde francophone. Frankfurt/M.: IKO – Verlag für interkulturelle Kommunikation

Diop, Papa Samba (1995): Ecriture romanesque et cultures régionales au Sénégal – Des origines à 1992. De la lettre à l'allusion. Frankfurt/M.: IKO – Verlag für Interkulturelle Kommunikation

Dongala, Emmanuel B. (1998): Les petits garçons naissent aussi des étoiles. Paris: Le Serpent à Plumes

Dor, Georges (1996): Anna braillé ène shot (Elle a beaucoup pleuré). Essai sur le langage parlé des Québecois. Montréal: Lanctôt

Dumont, Fernand (1993): Genèse de la société québécoise. Montréal: Boréal

Dumont, Pierre (1990): Le français langue africaine. Paris: L'Harmattan

Dumont, Pierre (1992): La francophonie par les textes. Vanves: EDICEF/AUPELF

Dumont, Pierre (2001): L'interculturel dans l'espace francophone. Paris: L'Harmattan

Durand, Alain-Philippe (Hg. 2002): Black, Blanc, Beur. Rap Music and Hip-Hop Culture in the Francophone World. Lanham (MD)/Oxford: The Scarecrow Press

Durand, Jean-François (Hg. 1999): Regards sur les littératures coloniales. Tome I: Afrique francophone: Découvertes; Tome II: Approfondissements. Paris: L'Harmattan

Eloy, Jean-Michel (Hg. 1995): La qualité de la langue? Le cas du français. Paris: Champion

Erfurt, Jürgen (1992): Sprachpolitik in Belgien. In: Dahmen, Wolfgang et al. (Hg. 1992): Germanisch und Romanisch in Belgien und Luxemburg. Romanistisches Kolloquium VI, Tübingen: Niemeyer, 3–27

Erfurt, Jürgen (1993): Bildungsdiskurse, Bildungsreformen und Sprachpolitik im 19. Jahrhundert in Frankreich. In: Bochmann, Klaus et al., 239–279

Erfurt, Jürgen (1995): Français en France – Français au Canada: Französisch oder 'französische Sprachen'. Sprachliche Variation und Sprachwandel in der alten und neuen Romania. In: Grenzgänge. Beiträge zu einer modernen Romanistik (2), Bd. 3, 93–120

Erfurt, Jürgen (Hg. 1996): De la polyphonie à la symphonie. Méthodes, théories et faits de la recherche pluridisciplinaire sur le français au Canada. Leipzig: Leipziger Universitätsverlag

Erfurt, Jürgen (1997): Ma langue maternelle c'est l'anglais – oui, well, mon père était anglais, pis ma mère était française. In: Dow, James R. / Wolff, Michèle (Hg. 1997): Languages and Lives. New York: P. Lang, 155–170

Erfurt, Jürgen (1997a): Frankophonie oder Frankophonien, Französisch oder französische Sprachen: Soziolinguistische Aspekte im Spannungsfeld von Globalisierung und Regionalisierung. In: Francophonie et globalisation. Vᵉ Université d'été française, Universität Leipzig: Frankreich-Zentrum der Universität Leipzig 1997, 31–41

Erfurt, Jürgen (1997b): Über dead ducks und die weißen Neger Amerikas: Kultur- und Identitätskonflikte in der kanadischen Frankophonie. In: Francophonie et globalisation. Vᵉ Université d'été française, Universität Leipzig: Frankreich-Zentrum der Universität Leipzig 1997, 70–90

Erfurt, Jürgen (1997c): Identité culturelle et pratiques langagières en milieu minoritaire: Le cas des francophones au sud de l'Ontario. In: Budach, Gabriele / Erfurt, Jürgen (Hg. 1997), 171–180

Erfurt, Jürgen (1998): Politiques linguistiques du monde associatif francophone en Ontario. In: Etudes canadiennes / Canadian Studies, nr. 45/1998, 163–177

Erfurt, Jürgen (1999): Le changement de l'identité linguistique chez les Franco-Ontariens. Résultats d'une étude de cas. In: Labrie, Normand / Forlot, Gilles (Hg. 1999), 59–77

Erfurt, Jürgen (2000): Unilinguismus versus Bilinguismus. Sprachpolitische Diskurse frankophoner Assoziationen in Ontario (Kanada): in: Peter Stein (Hg. 2000): Frankophone Sprachvarietäten / Variétés linguistiques francophones. Hommage à Daniel Baggioni. Tübingen: Stauffenburg, 191–210

Erfurt, Jürgen (2000a): Frankophone Minderheiten, Migration und *mixité* in Kanada. In: Zeitschrift der Gesellschaft für Kanadastudien, Bd. 37, 97–112

Erfurt, Jürgen (Hg. 2003): "Multisprech": Hybridität, Variation, Identität. [Reihe Osnabrücker Beiträge zur Sprachtheorie (OBST) 65], Duisburg: Gilles & Francke

Erfurt, Jürgen (2003): "Multisprech": Migration und Hybridisierung und ihre Folgen für die Sprachwissenschaft. In: Erfurt, Jürgen (Hg. 2003): 5–33

Erfurt, Jürgen (2003a): L'église catholique: entre conservatisme et mondialisation. In: Heller, Monica / Labrie, Normand (dir. 2003), 117–146

Erfurt, Jürgen / Laue, Ines (1995): Französisch in Nordamerika. Ein Forschungsbericht. In: Grenzgänge. Beiträge zu einer modernen Romanistik (2), Bd. 3, 2. Jg., 135–168

7.2

Erfurt, Jürgen / Heller, Monica / Labrie, Normand (2001): Sprache, Macht und Identität im französischsprachigen Kanada. Ein Forschungsbericht. In: Zeitschrift für Kanadastudien, Bd. 39, 44–67

Farandjis, Stélio (1989): Francophonie et Humanisme: Débats et Combats. Paris: Tougui

Farandjis, Stélio (1991): Francophonie fraternelle et civilisation universelle. Paris: Éd. de l'espace européen

Fendler, Ute (1994): Interkulturalität in der frankophonen Literatur der Karibik. Frankfurt/M.: IKO – Verlag für Interkulturelle Kommunikation

Fleischmann, Ulrich (1969): Ideologie und Wirklichkeit in der Literatur Haitis. Berlin: Colloquium Verlag

Fleischmann, Ulrich (1986): Das Französisch-Kreolische in der Karibik. Tübingen: Narr

Francillon, Roger (Hg. 1996–1999): Histoire de la littérature en Suisse romande. 4 vols., Lausanne: Payot-Lausanne

François, Alexis (1959): Histoire de la langue française cultivée. 2 tomes. Genève: Alexandre Jullien

Frémy, Dominique / Frémy, Michèle (Hg. 2004): Quid 2004. Paris: R. Laffont

Gallet, Dominique (1995): Pour une ambition francophone. Le désir de l'indifférence. Paris: L'Harmattan

Gasquay-Resch, Yannick (Hg. 1994): Littérature du Québec: histoire littéraire de la francophonie. Vanves: EDICEF/UREF

Gauthier, François / Lerclerc, Jacques / Maurais, Jacques (1993): Langues et constitutions. Recueil des clauses linguistiques des constitutions du monde. Québec: Gouvernement du Québec

Giordan, Henri (1982): Démocratie culturelle et droit à la différence. Rapport au Ministre de la culture. Paris: La Documentation Française

Glinga, Werner (1990): Literatur in Senegal. Geschichte, Mythos und gesellschaftliches Ideal in der oralen und schriftlichen Literatur. Berlin: Dietrich Reimer

Glück, Helmut (2002): Deutsch als Fremdsprache in Europa vom Mittelalter bis zur Barockzeit. Berlin/New York: Walter de Gruyter

Gossen, Carl Th. (1957): Die Einheit der französischen Schriftsprache im 15. und 16. Jahrhundert. In: Zeitschrift für romanische Philologie (73), 427–459

Greif, Hans-Jürgen / Ouellet, François (2000): Literatur in Québec: eine Anthologie: 1960–2000 / Littérature québécoise. Heidelberg: Synchron

Grimes, Barbara / Grimes, Joseph (Hg. 1997): Ethnologie. Dallas, Texas: Summer Inst. of Linguistics

Grimm, Jürgen (Hg. 1994): Französische Literaturgeschichte. 3., um die frankophonen Literaturen außerhalb Frankreichs erweiterte Auflage. Stuttgart/Weimar: Metzler

Grimm, Jürgen (Hg. 1999): Französische Literaturgeschichte. 4., überarbeitete und aktualisierte Auflage. Stuttgart/Weimar: Metzler

Guilhaumou, Jacques (1989): Sprache und Politik in der Französischen Revolution. Frankfurt/M.: Suhrkamp

Guillou, Michel (1988): La Francophonie s'éveille. Paris: Berger Levreault

Guillou, Michel (1993): La Francophonie, nouvel enjeu mondial. Paris: Hatier

Hagège, Claude (1987): Le français et les siècles. Paris: Odile Jacob

Hagège, Claude (1996): Le français. Histoire d'un combat. Paris: Editions Michel Hagège

Halen, Pierre (1993): Le petit Belge avait vu grand. Une littérature coloniale. Bruxelles: Labor

Halen, Pierre / Riesz, János (Hg. 1995): Littératures du Congo-Zaïre. Amsterdam/Atlanta: Rodopi

Hamel, Réginald (Hg. 1997): Panorama de la littérature québécoise contemporaine. Montréal: Guérin

Hausser, Michel / Mathieu, Martine (1998): Littératures francophones. III. Afrique noire, Océan indien. Paris: Belin

Hawkins, Peter (1996): Esquisse d'une comparaison des mondes anglophone et francophone. In: Robillard, Denis de / Beniamino, Michel (dir. 1993/1996), vol. II, 835–845

Hazaël-Massieux, Marie-Christine (1999): Les créoles: l'indispensable survie. Paris: Editions Entente

HCF 1986 = Haut Conseil de la Francophonie (1986): Rapport sur l'état de la francophonie dans le monde 1985. Paris: La documentation française

HCF 1989 = Haut Conseil de la francophonie (1989): État de la francophonie dans le monde. Données nouvelles 1989. Paris: La documentation française

HCF 1997 = Haut Conseil de la francophonie (1997): État de la francophonie dans le monde (1997). Données 1995–1996. Paris: La documentation française

HCF 1999 = Haut Conseil de la francophonie (1999): État de la francophonie dans le monde (1999). Données 1997–1998. Paris: La documentation française

HCF 2001 = Haut Conseil de la francophonie (2001): État de la francophonie dans le monde. Données 1999–2000. Paris: La Documentation française

Heller, Monica (1994): Crosswords: Language, Education and Ethnicity in French Ontario. Berlin/New York: Mouton de Gruyter

Heller, Monica (1996): Langue et identité: l'analyse anthropologique du français canadien. In: Erfurt, Jürgen (Hg. 1996), 19–36

Heller, Monica (1999): Linguistic Minorities and Modernity. London/New York: Longman

Heller, Monica (2002): Élements d'une sociolinguistique critique. Paris: Didier

Heller, Monica / Labrie, Normand (dir. 2003): Discours et identité: la francité canadienne entre modernité et mondialisation. Bruxelles: Éditions modulaires européennes

Hofmann, Sabine (2001): Die Konstruktion kolonialer Wirklichkeit. Eine diskursanalytische Untersuchung französischer Karibiktexte des frühen 17. Jahrhunderts. Frankfurt/New York: Campus

Holtus, Günter / Metzeltin, Michael / Schmitt, Christian (Hg. 1990): Lexikon der romanistischen Linguistik. Bd. V,1 – Französisch. Tübingen: Niemeyer

Hüser, Dietmar (1997): Black-Blanc-Beur – Jugend, Musik und Integration in den Vorstädten französischer Ballungszentren. In: Frankreich-Jahrbuch 1997, Opladen: Leske+Budrich, 181–201

Hüser, Dietmar (2003): Hip-Hop und Rap in Frankreich. Online-Publikation: www.uni- saarland.de/~gg14rhah/lexikon/hiphop/hiphop.htm

Jablonka, Frank (1997): Frankophonie als Mythos. Variationslinguistische Untersuchungen zum Französischen und Italienischen im Aosta-Tal. Wilhelmsfeld: Egert

Jablonka, Frank (2001): La francophonie du Val d'Aoste: mythe langagier et politique linguistique. In: Cichon, Peter / Czernilofsky, Barbara (Hg. 2001), 15–30

Jahn, Janheinz (1966): Geschichte der neoafrikanischen Literatur. Eine Einführung. Düsseldorf-Köln: Eugen

Jones, Mari C. (2001): Jersey Norman French. A Linguistic Study of An Obsolescent Dialect. Oxford: Blackwell

Jones, Bridget / Miguet, Arnauld / Corcoran, Patrick (Hg. 1996): Francophonie: mythes, masques et réalités. Enjeux politiques et culturels. Paris: Publisud

Joubert, Jean-Louis / Siphanthong, Bouchanh (1997): Littératures francophones d'Asie et du Pacifique. Paris: Nathan

Joubert, Jean-Louis et al. (1986): Les littératures francophones depuis 1945. Paris: Bordas

Joubert, Jean-Louis (dir. 1994): Littératures francophones d'Afrique de l'Ouest: anthologie. Paris: Nathan

Joubert, Jean-Louis et al (Hg. 1997): Littératures francophones d'Europe. Paris: Nathan

Juillard, Caroline (1995): Sociolinguistique urbaine. La vie des langues à Ziguinchor (Sénégal). Paris: CNRS Éditions

Kazadi, Ntole (o.J.): L'Afrique afro-francophone. Aix-en-Provence: Diffusion Didier Erudition

Kiefner, Theo (1993): Glaubensflüchtlinge französischer und provenzalischer Sprache in Deutschland (Hugenotten, Wallonen und Waldenser). In: Dahmen, Wolfgang / Holtus, Günter et al. (Hg. 1993): Das Französische in den deutschsprachigen Ländern. Tübingen: Narr, 39–53

Kirk-Greene, Anthony / Bach, Daniel (Hg. 1996): State and Society in Francophone Africa since Independence. Oxford: St. Martin's Press

Kolboom, Ingo (1999): Quelle approche pour la Francophonie? Plaidoyer pour une réflexion allemande et franco-allemande. In: Grenzgänge. Beiträge zu einer modernen Romanistik (6) Bd. 12, 169–182

Kolboom, Ingo (2002): Francophonie: Von der kulturellen zur politischen Frankophonie. In: Kolboom, Ingo / Kotschi, Thomas / Reichel, Edward (Hg. 2002), 462–469

Kolboom, Ingo (Hg. 2002): Frankophonie – nationale und internationale Dimensionen. München: München: Hanns-Seidel-Stiftung

Kolboom, Ingo / Kotschi, Thomas / Reichel, Edward (Hg. 2002): Handbuch Französisch. Sprache, Literatur, Kultur und Geschichte. Berlin: Erich Schmidt Verlag

Koller, Christian (2001): "Von Wilden aller Rassen niedergemetzelt". Die Diskussion um die Verwendung von Kolonialtruppen in Europa zwischen Rassismus, Kolonial- und Militärpolitik (1914–1930). Stuttgart: Steiner

Kom, Ambroise (1996): Education et démocratie en Afrique: le temps des illusions. Paris: L'Harmattan

Kom, Ambroise (2000): La Malédiction francophone. Défis culturels et condition postcoloniale en Afrique. Münster/Hamburg/London: LIT Verlag

Kom, Ambroise (Hg. 2001): Dictionnaire des œuvres littéraires de langue française en Afrique au sud du Sahara. Bd. I: Des Origines à 1978. Bd. II: De 1979 à 1989. Paris: L'Harmattan

Kouadio N'Guessan, Jérémie (2000): Le français et la question de l'identité culturelle ivoirienne. In: Dumont, Pierre et al. (Hg. 2000): La coexistence des langues dans l'espace francophone, approche macrosociolinguistique. Paris: AUF, 199–207

Kramer, Johannes (1992): Das Französische in Deutschland. Stuttgart: Steiner

Kremnitz, Georg (1983): Français et créole: ce qu'en pensent les enseignants: le conflit linguistique à la Martinique, Hamburg: Buske

Kremnitz, Georg (1990): Gesellschaftliche Mehrsprachigkeit. Institutionelle, gesellschaftliche und individuelle Aspekte. Ein einführender Überblick. Wien: Braumüller

Kremnitz, Georg (1991): Die Durchsetzung von Nationalsprachen in Europa. Hagen: Fernuniversität-Gesamthochschule Hagen

Kremnitz, Georg (1995): Sprachen in Gesellschaften. Annäherung an eine dialektische Sprachwissenschaft. Wien: Braumüller

Kremnitz, Georg (1999): Mehrsprachigkeit in der EU: Träume und Realitäten. In: Grenzgänge. Beiträge zu einer modernen Romanistik (6), Bd. 12, 6–16

Kremnitz, Georg (2004): Mehrsprachigkeit in der Literatur. Wie Autoren ihre Sprache wählen. Wien: Edition Praesens

Kremnitz, Georg / Tanzmeister, Robert (Hg. 1995): Literarische Mehrsprachigkeit. Multilinguisme littéraire. Zur Sprachwahl bei mehrsprachigen Autoren. Soziale, psychische und sprachliche Aspekte. Wien: IFK Internationales Forschungszentrum Kulturwissenschaften 1995 [Reihe: IFK-Materialien 1/96]

Krosigk, Friedrich von (1999): Frankreich: Koloniale Tradition und postkoloniale Transformation. In: Christadler/Uterwedde (Hg. 1999): 484–500

Kube, Sabine (2003): Das Nouchi in Abidjan – Vom Argot der Straßenkinder zur zukünftigen Nationalsprache der Côte d'Ivoire? In: Jürgen Erfurt (Hg. 2003), 131–153

Labrie, Normand / Grimard, Marcel (2000): Minorisés/marginalisés: éthique de la recherche sur les gais et lesbiennes francophones. In: Grenzgänge. Beiträge zu einer modernen Romanistik (7), Bd. 13, 24–31

Labrie, Normand / Forlot, Gilles (Hg. 1999): L'enjeu de la langue en Ontario français. Sudbury: Prise de parole

Labrie, Normand / Lamoureux, Sylvie A. (dir. 2003): L'éducation de langue française en Ontario: enjeux et processus sociaux. Sudbury: Prise de parole

Lafage, Suzanne (1978): Rôle et place du français populaire dans le continuum langues africaines / français de Côte d'Ivoire. In: Le français moderne 3, 209–219

Lafage, Suzanne (1998): Hybridation et "français des rues" à Abidjan. In: Queffélec, Ambroise (Hg. 1998): Alternances codiques et français parlé en Afrique. Aix en Provence: Publications de l'Université de Provence, 279–291

Laforest, Marty (1997): États d'âme, état de langue. Essai sur le français parlé au Québec. Montréal: Nuit Blanche

Laroussi, Foued (1997): Les jugements épilinguistiques du locuteur tunisien sur sa langue maternelle: une stigmatisation en cache une autre. In: Peuples Méditerranéens / Mediterranean Peoples, nr. 79, 141–152

Laroussi, Foued (Hg. 1997): Plurilinguisme et identités au Maghreb. Rouen: Publications de l'Université de Rouen

Léger, Jean-Marc (1987): La francophonie: grand dessein, grand ambiguïté. Montréal: Hurtibise

Le Scouarnec, François-Pierre (1997): La Francophonie. Montréal: Boréal

Lösch, Hellmut (2000): Die französischen Varietäten auf den Kanalinseln in Vergangenheit, Gegenwart und Zukunft. Wien: Edition Praesens

Ludwig, Ralph (1996): Francophonie et hispanophonie: Points de comparaisons et hypothèse. In: Robillard, Denis de / Beniamino, Michel (dir. 1993/1996), vol. II, 819–833

Lüdi, Georges (1996): Migration und Mehrsprachigkeit. In: Goebl, Hans / Nelde, Peter H. / Stary, Zdenek / Wölck, Wolfgang (1996): Kontaktlinguistik. Contact Linguistics. Linguistique de contact. Ein internationales Handbuch zeitgenössischer Forschung. Berlin/New York: W. de Gruyter, 1. Halbband, 320–327

Lüdi, Georges (1996): Mehrsprachigkeit. In: Goebl, Hans / Nelde, Peter H. / Starek, Zdenek / Wölck, Wolfgang (Hg. 1996), 233–245

Lüdi, Georges (1998): Romanische Migrantensprachen nach dem Zweiten Weltkrieg. In: Holtus, Günter / Metzeltin, Michael / Schmitt, Christian (Hg. 1998):

Lexikon der romanistischen Linguistik, Tübingen: Niemeyer, Bd. VII, 585–601

Lüdi, Georges (Hg. 1987): Devenir bilingue – parler bilingue. Tübingen: Niemeyer

Lüdi, Georges / Py, Bernard (2002): Être bilingue. – 2. éd. revue, Bern [u. a.]: Lang

Lüsebrink, Hans-Jürgen (1990): Schrift, Buch und Lektüre in der französischsprachigen Literatur Afrikas. Zur Wahrnehmung und Funktion von Schriftlichkeit und Buchlektüre in einem kulturellen Epochenumbruch der Neuzeit. Tübingen: Niemeyer

Lüsebrink, Hans-Jürgen (1995): "Identités mosaïques". Zur interkulturellen Dimension frankophoner Literaturen und Kulturen. In: Grenzgänge. Beiträge zu einer modernen Romanistik (2), Bd. 4, 6–22

Lüsebrink, Hans-Jürgen (1998): Geschichtskultur im (post)kolonialen Kontext. Zur Genese nationaler Identifikationsfiguren im frankophonen Westafrika. In: Assmann, Aleida / Friese, Heidrun (Hg. 1998): Identitäten. Erinnerung, Geschichte, Identität 3, Frankfurt/M.: Suhrkamp, 401–426

Lüsebrink, Hans-Jürgen (2003): La conquête de l'espace public colonial: prises de parole et formes de participation d'écrivains et d'intellectuels africains dans la presse à l'époque coloniale (1900–1960). Frankfurt/M. [u. a.]: IKO – Verlag für Interkulturelle Kommunikation

Lüsebrink, Hans-Jürgen (2003): Amerikanisierung und Antiamerikanismus in der frankophonen Welt (am Beispiel Frankreich und Québec). In: Dokumente, Heft 4, 2003, 11–18

Lüsebrink, Hans-Jürgen / Walter, Klaus Peter (Hg. 2004): Interkulturelle Medienanalyse. Methoden und Fallbeispiele aus den romanischen Kulturen des 19. und 20. Jahrhunderts. St. Ingbert: Röhrig Universitätsverlag

Lüsebrink, Hans-Jürgen / Walter, Klaus-Peter et al. (2004): Französische Kultur- und Medienwissenschaft. Eine Einführung. Tübingen: Narr

Luthi, Jean-Jacques (Hg. 1986): Dictionnaire général de la Francophonie. Paris: Letonzey et Aué

Maas, Utz (1984): "Als der Geist der Gemeinschaft eine Sprache fand". Sprache im Nationalsozialismus. Versuch einer historischen Argumentationsanalyse. Opladen: Westdeutscher Verlag

Manfrass, Klaus (1997): Migration aus den Maghrebländern nach Frankreich. In: Frankreich-Jahrbuch 1997. Opladen: Leske + Budrich, 135–158

Mann, Roberto (2002a): Institutionen und Programme der internationalen Frankophonie. In: Kolboom, Ingo / Kotschi, Thomas / Reichel, Edward (Hg. 2002), 469–473

Mann, Robert (2002b): Frankophonie im Internet. In: Kolboom, Ingo / Kotschi, Thomas / Reichel, Edward (Hg. 2002), 473–476

Markov, Walter (1982): Die Revolution im Zeugenstand. Frankreich 1789–1799. 2 Bd. Leipzig: Reclam

Martel, Marcel (1997): Le deuil d'un pays imaginé: rêves, luttes et déroute du Canada français. Ottawa: Les Presses de l'Université d'Ottawa

Martel, Pierre / Cajolet-Laganière, Hélène (1996): Le français québécois. Usages, standard et aménagement. Québec: Les Presses de l'Université Laval

Martin, Michel Louis (1996): Armies and Politics: The 'Lifecycle' of Military Rule in Sub-Saharan Francophone Africa. In: Kirk-Greene, Anthony / Bach, Daniel (Hg. 1996), 78–96

Massart-Piérard, Françoise (1999): La Francophonie internationale. Courrier hebdomadaire, nr. 1655, Bruxelles: Centre de recherche et d'information sociopolitique

Maugey, Axel (1987): La Francophonie en direct. Tome 1: L'espace politique et culturel. Tome 2: L'espace économique. Québec: Les publications du Québec

Maugey, Axel (1993): Le roman de la francophonie. Paris: Jean-Michel Place

M'Bokolo, Elikia (1985): L'Afrique au XXe siècle. Paris: Seuil

Meintel, Deirdre et al. (Hg. 1997): Le quartier Côte-des-Neiges à Montréal. Les interfaces de la pluriethnicité. Paris: L'Harmattan

Memmi, Albert (1994): Der Kolonisator und der Kolonisierte. Zwei Portraits [frz. Original: Portrait d'un colonisé précédé du Portrait du colonisateur. Paris 1966]. Hamburg: Europäische Verlagsanstalt

Mendo Ze, Gervais (dir. 1999): Le français langue africaine. Enjeux et atouts pour la francophonie. Paris: Publisud

Meney, Lionel (1999): Dictionnaire québécois français. Montréal, Toronto: Guérin

Meschonnic, Henri (1997): De la langue française. Essai sur une clarté obscure. Paris: Hachette

Meeuwis, Michael (1997): Constructing Sociolinguistic Consensus: A Linguistic Ethnography of the zarian Community in Antwerp. Belgium, Duisburg: LiCCA

Meyer, Jean / Tarrade, Jean / Rey-Goldzeiguer, Annie / Thobie, Jacques (1991): Histoire de la France coloniale. Des origines à 1914. Paris: A. Colin

Middell, Katharina / Middell, Matthias (1998): Migration als Forschungsfeld. In: Grenzgänge. Beiträge zu einer modernen Romanistik (5), Bd. 9, 6–23

Middell, Matthias (2003): Kann man die Frankophonie als Weltregion auffassen? In: Grenzgänge. Beiträge zu einer modernen Romanistik (10), Bd. 19, 7–28

Middell, Matthias / Höpel, Thomas (1993): Einführung in die französische Geschichte 1500–1945. Leipzig: Leipziger Universitätsverlag

Midiohouan, Guy Ossito (1994): Du bon usage de la francophonie. Essai sur l'idéologie francophone. Porto-Novo (Bénin): Éd. CNPMS

Moatassime, Ahmed (2001): Francophonie – Monde arabe: un dialogue est-il possible? Paris: L'Harmattan

Mohamed, Ahmed (2003): Langues et identité. Les jeunes maghrébins de l'immigration. Fontenay-sous-Bois: Sides

Mongo-Mboussa, Boniface (2002): Désir d'Afrique. Essai. Préface d'Ahmadou Kourouma. Postface de Sami Tchak. Paris: Gallimard

Moura, Jean-Marc (1999): Littératures francophones et théorie postcoloniale. Paris: PUF

Mudimbe, V.-Y. (1967): Psychologie de la Négritude. In: Études Congolaises (Kinshasa) X, 5, 1–13

Müller, Bodo (1975): Das Französische der Gegenwart. Varietäten – Strukturen – Tendenzen. Heidelberg: Carl Winter Universitätsverlag

Nadeau, Jean-Benoît (2002): Les Français aussi ont un accent. Mésaventures anthropologiques d'un Québécois en Vieille-France. Paris: Payot

Neumann-Holzschuh, Ingrid (1985): Le créole de Breaux Bridge, Louisiane: études morphosyntaxiques, textes, vocabulaire. Hamburg: Buske

Nkono, Mukendi (1983): Un Nègre à l'Académie française. Senghor démasqué … L'Afrique dupée. In: Peuples Noirs, Peuples Africains, nr. 35, 24–40

Noiray, Jacques (1998): Littératures francophones 1, le Maghreb. Paris: Belin

N'Sial, Sesep (1993): La Francophonie au cœur de l'Afrique. Le français zaïrois. Aix-en-Provence: Institut d'Études Créoles et Francophones

Office des affaires francophones (1999): Les francophones en Ontario. Profil statistique. Toronto

7.2

Perrot, Marie-Eve (1995): Aspects fondamentaux du métissage français / anglais dans le chiac de Moncton (Nouveau-Brunswick/Canada). Thèse pour le doctorat à l'Université de la Sorbonne Nouvelle, Paris III. Paris

Piron, Maurice (1970): Francophonie et francité. Bulletin de l'Académie Royale de Langue et Littérature française. Bruxelles

Ploog, Katia (2000): La norme dans l'observation des normes abidjanaises: étude d'un continuum linguistique. In: Lengas 48, 103–128

Ploog, Katia (2001): Le non-standard entre norme endogène et fantasme d'unicité. In: Cahiers d'études africaines, 163–164, XLI-3–4, 423–442

Plourde, Michel (dir. 2000): Le français au Québec. 400 ans d'histoire et de vie. Québec: Fides/Les Publications du Québec

Pöll, Bernhard (1998): Französisch außerhalb Frankreichs. Geschichte, Status und Profil regionaler und nationaler Varietäten. Tübingen: Niemeyer

Poirier, Claude (Hg. 1994): Langue, espace, société. Les variétés du français en Amérique du Nord. Sainte-Foy: Les Presses de l'Université Laval

Poirier, Claude (dir. 1998): Dictionnaire historique du français québécois. Sainte-Foy: Les Presses de l'Université Laval

Porra, Véronique (2000): Le Nègre fondamental. Léopold Sédar Senghor sous les feux croisés de la critique africaine. In: Neue Romania, Nr. 23, 81–106

Posner, Vessela (2003): Francophonie de prédilection. Un essai sur le passé et l'état actuel de la francophonie en Bulgarie. In: Grenzgänge. Beiträge zu einer modernen Romanistik (10), Bd. 19, 81–93

Prinz, Manfred (1992): Die kulturtragenden Institutionen Senegals – Zwischen kolonialem Erbe und Unabhängigkeit. Saarbrücken/Fort Lauderdale: Breitenbach

Prinz, Manfred (1995): Frankophone Literatur Senegals und die Kultur der "schweigenden Mehrheit". Frankfurt/M.: IKO – Verlag für Interkulturelle Kommunikation

→ Rapport Mondial sur le Développement Humain / Human Development Report 2002 – United Nations Development Programme (UNDP). New York: Oxford University Press; http://www.undp.org/currentHDR_F

Reboullet, André / Tétu, Michel (dir. 1977): Guide culturel: civilisation et littératures d'expression française. Paris: Hachette

Ricard, Alain (1995; ²1998): Littératures d'Afrique noire. Des langues aux livres. Paris: Karthala

Riesz, János (1984): Mongo Beti. In: Arnold, H. L. (Hg. 1988): Kritisches Lexikon zur fremdsprachigen Gegenwartsliteratur. München: text & kritik, 17 S.

Riesz, János (1988; en collaboration avec P. S. Diop): Léopold Sédar Senghor. In: Arnold, H. L. (Hg.): Kritisches Lexikon zur fremdsprachigen Gegenwartsliteratur. München: text & kritik, 14 S.

Riesz, János (1996): Zwei Gesichter der "Frankophonie". In: Ulferts, Hella / Franzbach, Martin (Hg. 1996): Togo, Kamerun und Angola im euro-afrikanischen Dialog. Bremen: Universität Bremen, 18–43

Riesz, János (1998): Französisch in Afrika. Sprache durch Herrschaft. Frankfurt/M.: IKO – Verlag für Interkulturelle Kommunikation

Riesz, János (2000): Koloniale Mythen – Afrikanische Antworten. Europäisch-afrikanische Literaturbeziehungen I. 2. verb. und um sechs Kapitel erw. Auflage. Frankfurt/M.: IKO – Verlag für Interkulturelle Kommunikation

Riesz, János (2003a): "Frankophonie" – Überlegungen zur Geschichte ihrer Anfänge und der Narration ihrer frühen Entwicklung. In: Grenzgänge. Beiträge zu einer modernen Romanistik (10), Bd. 19, 94–123

Riesz, János (2003b): Die Erfindung der "Frankophonie". Koloniales Erbe und globale Perspektiven im Widerstreit. In: Faber, Richard (Hg. 2003): Imperialismus in Geschichte und Gegenwart. Würzburg: Königshausen und Neumann

Riesz, János / Porra, Véronique (Hg. 1998): Français et Francophones. Bayreuth: Schultz & Stellmacher

Riesz, János / Porra, Véronique (Hg. 2002): Enseigner la Francophonie. Bremen: Palabres Editions

Robillard, Denis de / Beniamino, Michel (dir. 1993/1996): Le français dans l'espace francophone, vol. I – 1993, vol. II – 1996. Paris: Champion

Robillard, Denis de (2000): F comme la guerre des Francophonies n'aura pas lieu. In: Cerquiglini, Bernard / Corbeil, Jean-Claude / Klinkenberg, Jean-Marie / Peters, Benoît (éds. 2000), 75–93

Rossillon, Philippe (dir. 1995): Atlas de la langue française. Paris: Bordas

Roy, Jean-Louis (1989): La Francophonie. L'émergence d'une Alliance? Montréal: Hurtibise

Roy, Jean-Louis (1993): La francophonie. Le projet communautaire. Montréal: Hurtibise

Roy, Jean-Louis (1995): Mondialisation, développement et culture. La médiation francophone. Montréal: Hurtibuse

Roy, Sylvie (2002): Valeurs et pratiques langagières dans la nouvelle économie. Une étude de cas. Thèse de Ph.D., University of Toronto, OISE

Salhi, Kamal (Hg. 2002): French in and out of France. Language Policy, Intercultural Antagonisms and Dialogue. Oxford/Bern [u. a.]: Peter Lang

Schlieben-Lange, Brigitte (1996): Idéologie, révolution et uniformité de la langue. Liège: Mardaga

Schmidt, Bernd (1997): Madagaskar. Zur Geschichte seiner Sprache und Kultur. Aachen: Shaker

Schmitt, Christian (1990): Der Begriff der Frankophonie. In: Holtus, Günter / Metzeltin, Michael / Schmitt, Christian (Hg. 1990): Lexikon der romanistischen Linguistik. Tübingen, Max Niemeyer Verlag, Bd. V, 1, 686–703

Schnapper, Dominique (1991): La France de l'intégration: Sociologie de la nation en 1990. Paris: Gallimard

Schnapper, Dominique (1994): La communauté des citoyens. Sur l'idée moderne de la nation. Paris: Gallimard

Scholz, Arno (2003): "Explicito Lingo". Funktionen von Substandard in romanischen Rap-Texten (Italien, Frankreich, Spanien). In: Erfurt, Jürgen (Hg. 2003), 111–129

Scholz, Arno (2003a): Der französische Rap als Lyrik der Gegenwart? In: Febel, Gisela / Grote, Hans (Hg. 2003): L'état de la poésie aujourd'hui. Perspektiven französischsprachiger Gegenwartslyrik. Frankfurt/M. u. a.: Peter Lang, 241–255

Seiler, Falk (2004): Normen und Identitäten im Sprachkontakt Französisch-Kreolisch auf Martinique. In: Grenzgänge. Beiträge zu einer modernen Romanistik (11), Bd. 22, 68–83

Senghor, Léopold Sédar (1964): Liberté I. Négritude et Humanisme. Paris: Seuil

Senghor, Léopold Sédar (1977): Liberté III. Négritude et civilisation de l'universel. Paris: Seuil

Senghor, Léopold Sédar (1980): La poésie de l'action. Paris: Stock

Settekorn, Wolfgang (1988): Sprachnorm und Sprachnormierung in Frankreich. Tübingen: Niemeyer

Settekorn, Wolfgang (1995): Bouhours, die Sprache, die Anderen und der Krieg. Betrachtungen zu den Entretiens d'Ariste et d'Eugène. In: Jürgen Trabant

(Hg.): Die Herausforderung durch die fremde Sprache. Berlin: Akademie Verlag, 35–75

Silverstein, Paul (2002): "Why Are We Waiting to Start the Fire?" French Gangsta Rap and the Critique of State Capitalism. In: Durand, Alain-Philippe (Hg. 2002), 45–67

Simard, Yves (1994): Les français de Côte d'Ivoire. In: Langue française, nr. 104, 20–36

Spear, Thomas C. (éd. 2002): La culture française vue d'ici et d'ailleurs. Treize auteurs témoignent. Préface d'Édouard Glissant. Postface de Maryse Condé. Paris: Karthala

Stäbler, Cynthia (1995): Entwicklung mündlicher romanischer Syntax. Das français cadien in Louisiana. Tübingen: Narr

Stein, Peter (1997): Kreolistik. In: Grenzgänge. Beiträge zu einer modernen Romanistik (4), Bd. 8, 96–121

Subjetzki, Ruth (1996): Das Français Populaire d'Abidjan: eine neue Kreolsprache? In: Grenzgänge. Beiträge zu einer modernen Romanistik (3), Bd. 5, 92–104

⤳ Summer Institute of Linguistics (2004): Ethnologue. Languages of the World. 14th Ed. (May 2004): www.ethnologue.com

Taylor, Charles (1992): Rapprocher les solitudes. Ecrits sur le fédéralisme et le nationalisme au Canada. Sainte-Foy: Les Presses de l'Université Laval

Tétu, Michel (1992): La Francophonie. Histoire, problématique, perspectives. Préface de L. S. Senghor. 3e éd. revue et corrigée. Montréal: Guerin

Tétu, Michel (1997): Qu'est-ce que la Francophonie? Vanves: Hachette-Edicef

Thériault, Joseph-Yvon (1995): L'identité à l'épreuve de la modernité. Moncton: Les Éditions de l'Acadie

Thériault, Joseph-Yvon (Hg. 1999): Francophonies minoritaires au Canada: de l'état des lieux. Moncton (N.-B.): Les Éditions de l'Acadie

Thériault, Joseph-Yvon (2002): Critique de l'américanité. Mémoire et démocratie. Montréal: Éd. Québec Amérique

Thobie, Jacques / Meynier, Gilbert / Coquery-Vidrovitch, Catherine / Ageron, Charles-Robert (1990): Histoire de la France coloniale. 1914–1990. Paris: A. Colin

Towa, Marcien (1971): Léopold Sédar Senghor: Négritude ou servitude? Yaounde: Éd. CLE

Trépanier, Cécyle (1993): La Louisiane française au seuil du XXIe siècle. La commercialisation de la culture. In: Bouchard, Gérald (dir. 1993): La construction d'une culture. Le Québec et l'Amérique française. Sainte-Foy: Les Presses de l'Université Laval, 361–394

Valdman, Albert (1996): Le français en Louisiane. In: Robillard, Denis de / Beniamino, Michel (dir. 1993/1996), vol. II, 633–650

Valdman, Albert (dir. 1979): Le français hors de France. Paris: H. Champion

Valdman, Albert (ed. 1997): French and Creole in Louisiana. Topics in Language and Linguistics. New York and London: Plenum Press

Viatte, Auguste (1969): La Francophonie. Paris: Larousse

Wenezoui, M. (1988): Entre langue coloniale et langue nationale: le franc-sango des étudiants de Bangui. In: Lengas 23, 25–35

Witte, Ludo De (2001): Regierungsauftrag Mord. Der Tod Lumumbas und die Kongo-Krise. Leipzig: Forum Verlag

7.2

Personen- und Sachregister

1. Personenregister

2. Sachregister

UTB Geschichte

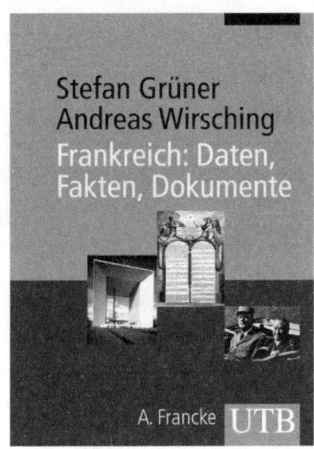

Stefan Grüner
Andreas Wirsching

Frankreich: Daten, Fakten, Dokumente

UTB 2401 M, 2003, X, 237 Seiten,
€ 16,90/SFr 30,10
UTB-ISBN 3-8252-2401-5

Rasch auf zum Teil verstreute und schwer zugängliche Informationen über andere Länder zugreifen zu können, ist heute notwendiger denn je. Solchen Bedürfnissen kommt dieses Buch entgegen, das zuverlässig über die wichtigsten Prozesse in Politik und Geschichte, Wirtschaft und Gesellschaft Frankreichs informiert. Dabei wird ein Rückblick auf das Mittelalter und die Frühe Neuzeit gegeben, der Schwerpunkt liegt jedoch auf der Entfaltung des modernen Frankreich seit der großen Französischen Revolution 1789. Eine Zeittafel sowie zahlreiche Tabellen und Übersichten bereiten die Informationen anschaulich auf; über die politische Geschichte informiert die ausführliche Dokumentation der wichtigsten Verfassungstexte ebenso wie eine knappe Einführung in die Verfassungs- und Parteiengeschichte Frankreichs. Ein Glossar mit wichtigen Schlüsselbegriffen zur französischen politischen Kultur rundet den Band ab.

Preisänderungen vorbehalten

A. Francke

UTB Romanistik

Vilmos Bárdosi
Stefan Ettinger
Cécile Stölting

Redewendungen Französisch / Deutsch

UTB 1703 M, 3. Aufl., 2003,
XXVIII, 259 Seiten, zahlr. Abb. u. Tab.,
€ 17,90/SFr 31,70
UTB-ISBN 3-8252-1703-5

Etwa 1.000 Redewendungen des Französischen werden in diesem Band jeweils französisch und deutsch umschrieben und – falls möglich – auch durch eine entsprechende deutsche Redewendung wiedergegeben. Abweichend von den bisherigen Sammlungen zur Idiomatik bzw. Phraseologie sind die Redewendungen thematisch gegliedert. Diese Anordnung ermöglicht es dem Benutzer, Schlüsselbegriffe, wie z.B. „avarice, gaspillage, courage, peur, colère", sprachlich auszudrücken. Ein umfangreicher Übungsteil mit Schlüssel trägt zum Erlernen und Vertiefen der Redewendungen bei und erlaubt die Verwendung dieses Lernwörterbuches in sprachpraktischen Kursen und im Eigenstudium. Der französische und deutsche Index sowie ein Verzeichnis der französischen Schlüsselbegriffe runden das Arbeitsbuch ab.

Preisänderungen vorbehalten

A. Francke

narr studienbücher

Hans-Jürgen Lüsebrink /
Klaus Peter Walter / Ute Fendler /
Georgette Stefani-Meyer /
Christoph Vatter

Französische Kultur- und Medienwissenschaft

Eine Einführung

narr studienbücher, 2004, VI, 261 Seiten,
€ 22,90/SFr 40,10
ISBN 3-8233-4963-5

Ziel des Bandes ist es, eine auf den Kulturraum Frankreich spezifizierte Einführung in die Medienkunde zu geben, die die Vermittlung der wichtigsten theoretischen Grundlagen und eines Analyseinstrumentariums mit der Veranschaulichung durch konkrete Fallstudien und Demonstrationsbeispiele verbindet. Die systematische Darstellung soll Studienanfängern im Bereich der Landes- und Medienkunde und der immer mehr an Bedeutung gewinnenden interkulturellen Studien eine solide und leicht fassliche Überblicksdarstellung an die Hand geben.

Aus dem Inhalt:

Teil I: Theoretische und methodische Grundlagen
Französische Kultur- und Medienwissenschaft: systematische und historische Dimensionen (Hans-Jürgen Lüsebrink); Grundbegriffe der Semiotik (Georgette Stefani-Meyer)

Teil II: Kulturelle Medien und Gattungen
Printmedien (Georgette Stefani-Meyer); Hörfunk (Klaus Peter Walter); Kino und Spielfilm (Klaus Peter Walter); Fernsehen (Klaus Peter Walter); Semi-Oralität (Hans-Jürgen Lüsebrink); Intermedialität (Ute Fendler); Neue Medien: Internet und Multimedia (Christoph Vatter)

Nachwort. Herausforderungen und Perspektiven einer französischen Kultur- und Medienwissenschaft (Ute Fendler / Christoph Vatter)

 **Narr Francke Attempto Verlag**
Postfach 2567 · D-72015 Tübingen · Fax (07071) 75288
Internet: http://www.narr.de · E-Mail: info@narr.de

BIN TRAVERLER FORM

Cut By: Irene #4 **Qty** 42 **Date** 7/2/26

Scanned By: _____ **Qty** _____ **Date** _____

Scanned Batch ID's

_____

_____

Notes / Exceptions

_____

_____